Naser Hegazy
Geheimnisse der Liebe, Ehe und Sexualität

Eine analytische Aufklärungs- und Betrachtungsweise in Bezug auf die ganz natürlichen Bedürfnisse von Mann und Frau – da und dort und überall auf der Welt

Naser Hegazy

Geheimnisse der Liebe, Ehe und Sexualität

Eine analytische Aufklärungs- und Betrachtungsweise in Bezug auf die ganz natürlichen Bedürfnisse von Mann und Frau – da und dort und überall auf der Welt

Re Di Roma-Verlag

Bibliografische Information der Deutschen Nationalbibliothek:
Die Deutsche Nationalbibliothek verzeichnet diese Publikation in der Deutschen Nationalbibliografie; detaillierte bibliografische Daten sind im Internet über http://dnb.ddb.de abrufbar.

ISBN 9783868704693

Umschlagillustration: IS2 / photocase.com

www.rediroma-verlag.de
15,95 Euro (D)

Inhalt

Erster Teil: Geheimnisse der Liebe

Das erste Kapitel: Die Bedeutung der Liebe

Was bedeutet Liebe?

In der Geschichte von "Eintausend und eine Nacht" wird die Frage gestellt: Welche Bedeutung hat die Liebe für uns Menschen? – In diesem Märchen wird uns erzählt:

„Als die Tochter des Wesirs eines Nachts am Fenster saß, um auf die Straße zu gucken, beobachtete sie unter den Soldaten einen jungen Mann, der ihr außergewöhlich schön erschien. Jemand rief seinen Namen, sodass sie wusste, wie er hieß: Anas Alwegoud. Sie konnte ihren Blick nicht von seinem ebenmäßigen Gesicht abwenden,; sie war augenblicklich fasziniert von seinem herzlichen Lächeln, und auch seine Gestalt mit den breiten Schultern gefiel ihr sehr. Er bemerkte sie jedoch nicht gleich, und so nahm sie einen Apfel, öffnete das Fenster und warf den nach ihm. Da endlich wandte er ihr sein Gesicht zu, und als er sie erblickte, erschien sie ihm wie eine Lichtgestalt – so herrlich und so rein, wie der Mond nächtens den Himmel erhellte. Er war wie verzaubert von ihrem Anblick und schloss die junge Frau sofort in sein Herz.

Als die Tochter des Wesirs schließlich wieder in ihr Bett ging, erfüllte Anas immer noch ihr Denken und Fühlen, und sie beschloss, ihm einen Brief zu schreiben, in dem sie ihm ihre liebevollen Gefühle mitteilte. Anschließend wickelte sie den Brief in ein selbst gesticktes Seidentuch und legte ihn unter ihr Kissen …“[(1)]

Was hier beschrieben wird, bezeichnet man allgemeinhin auch als Liebe auf den ersten Blick. Was sich zwischen Anas Alwegoud und der Tochter des Wesirs in diesem Märchen entwickelt hat, entspricht dem, was sich jeden Tag und in jedem Moment zwischen Frauen und Männern auf der ganzen Welt ereignet..

In der Dichtung lesen wir dann solcherart Beschreibungen wie: „Als sie ihn erblickte, erhöhte sich sogleich ihr Herzschlag …“– Oder: „Er sah sie an, und in dem Moment ging ihm das Herz auf …“.

Ähnlich wird das auch in den „Hollywood“-Liebesfilmen dargestellt, wie z. B. in „Der letzte Ritter“. Hier übernehmen attraktive Schauspieler, beispielsweise Richard Gere und Julia Ormond, die Rollen von Anas Alwegoud und der Tochter des Wesirs.

In griechischen Märchen wird die Liebe anders beschrieben bzw. veranschaulicht, nämlich als ein kleines Kind, das mit goldenen und silbernen Pfeilen spielt und da und dort und ab und zu, ganz nach Belieben, einen Pfeil abschießt, und so zwei Herzen trifft und miteinander verbindet. Dieses Kind ist blind, deshalb kann es seine „Opfer“ nicht bewusst auswählen. Das ist nämlich die echte Bedeutung der Liebe: der Geliebte oder die Geliebte weiß möglicherweise gar nicht genau, warum er ausgerechnet diesen Menschen liebt, oder warum er sich gerade in diese Person verliebt hat. Dieses Bild steht für die Willkürlichkeit dessen, „wo die Liebe hinfällt“, und auch für den Umstand, dass sich die Liebenden oftmals selbst nicht den Grund für ihre plötzliche Verliebtheit oder die Person, auf die ihre Wahl gefallen ist, erklären können. Nicht umsonst sagt man auch, dass „Liebe blind macht“ und daher für rationale Begründungen unzugänglich ist.

Wie bei folgendem Beispiel, das hier stellvertretend für zahlreiche Paare genannt wird: Eine 20jährige Frau liebt einen 30 Jahre älteren, verheirateten Mann, und sie sagt: "Ich liebe ihn sehr und kann ohne ihn nicht leben." Möglicherweise kann er ihre Liebe gar nicht ebenso erwidern. Dennoch bleibt ihre Liebe zu ihm davon unberührt, als ob es außer ihm keinen anderen Mann auf der Welt für sie gäbe. Würde man sie nach ihren Gefühlen fragen, dann wäre ihre Antwort vielleicht: „Ich weiß auch nicht, ich liebe ihn einfach! Warum, das kann ich nicht erklären, und ich will es auch gar nicht. Ich fühle mich mit ihm einfach, wie durch eine starke Kraft, innerlich verbunden, so, als ob ich hypnotisiert wäre. Ich denke ständig an ihn; nichts ist meinen Augen lieber, als ihn anzusehen; ich freue mich, wenn meine Ohren seine Stimme hören. mein Herzenswunsch ist seine Nähe. Ich liebe ihn, aber dennoch bin ich oft sehr traurig …" Würde man sie nach dem Grund für ihre Liebe fragen, dann wäre die Antwort wahrscheinlich: "Mir gefällt eben alles an ihm: seine Weisheit, seine ausgeglichene Art, seine gesicherte Position, seine Reife, seine Männlichkeit … – er ist ein erfahrener Mann, der einen starken Charakter hat …“ – Dennoch gibt es einen Grund, der sie unglücklich macht: „Aber er ist verheiratet; er hat sogar Kinder, die älter sind als ich. Er macht mir diesbezüglich nichts vor, und ich weiß, dass ich darauf Rücksicht nehmen muss. Trotzdem möchte ich für immer mit ihm zusammenbleiben. Denn auch nur hin und wieder in seiner Nähe zu sein, das genügt mir schon …“

Man mag nach diesem Geständnis erstaunt den Kopf schütteln und denken, dass diese junge Frau bedauernswert, ja vielleicht sogar verrückt ist, und dass eigentlich ja sie die Betrogene ist. Aber wer kann denn sagen, dass die Liebe einer Logik folgt, oder von der Vernunft gesteuert wird? – Liebe ist eben auch mal verrückt und mal rebellisch.

Vielleicht liebt ein Mann eine Frau, Monate, Jahre sogar. Er weiß jedoch nicht, wie er ihr das sagen soll. Er hat nicht den Mut, über seine heimlichen Gefühle mit ihr offen zu sprechen.

Vielleicht liebt ein Mann eine Frau, und er redet mit ihr über seine beruflichen und privaten Interessen und über all die Dinge des Lebens. Aber seine Liebe zu ihr, die für ihn so wichtig ist, die sein Denken und Fühlen bestimmt und sein Herz berührt, die kann er ihr nicht gestehen. Er kann den Gedanken nicht ertragen, diese Frau zu verlieren oder auf sie zu verzichten. Denn sein Herz schlägt nur für sie. Aber die Empfindungen in seinem Kopf sind von der Vernunft geprägt. Er hofft insgeheim, dass sie ihn auch liebt. Aber da sie es ihm bisher ebenfalls nicht gesagt hat, ist er verunsichert.

Vielleicht liebt ein Mann aber auch ein Mädchen, das nicht so stark wie er Liebe für ihn empfindet. Deshalb versucht er, sie zu erobern und sucht immer wieder ihre Nähe. Denn er fühlt sich mit jeder Faser seines Herzens zu ihr hingezogen. Aber sie fühlt das nicht; sie ist ihm innerlich nicht so nahe, oder sie hat sich, nach einer anfänglichen Zuneigung, von ihm entfernt, weil er nicht das verkörpert hat, was sie von ihm erwartet hat. Er sorgt sich um sie, doch sie interessiert sich nicht wirklich für ihn, oder zumindest nicht so, dass sie sich mit ihm auf eine enge Beziehung einlassen möchte, nach der Devise: „Freundschaft ja, aber Liebe nicht!“ – Er liebt sie aber über alles; er kann sich ein Leben ohne sie nicht vorstellen. Er möchte mit ihr zusammenbleiben, um jeden Preis. Denn sie ist mit den anderen Frauen, die er bisher kennen gelernt hat, nicht vergleichbar. Sie ist anders, er meint, dass er und sie füreinander geschaffen sind. Sie ist für ihn eine Prinzessin, die anderen Mädchen sind hingegen, im übertragenen Sinne natürlich, Sklavinnen. Sie ist gebildet und hat eine fürsorgliche, herzenswarme Art; die anderen sind dagegen, in übertriebener Auffassung, Dummköpfe mit einem meist närrischen, oberflächlichen Getue. Sie sind das Gegenteil von ihr – oder von dem, was er in ihr sehen möchte. Denn sie erfüllt in seinen Augen, in seinen Gefühlen, in seinem Herzen alles, was er von seiner Idealfrau erwartet. Seine Sinne reagieren bei ihrem Anblick sofort mit freudigen Impulsen; sein ganzes Dasein ist darauf konzentriert, möglichst oft ihre Gegenwart zu genießen. Er versucht in jeder Art, ihre Aufmerksamkeit zu erlangen.

Aber falls das auf Dauer ohne Erfolg geschieht, ist er enttäuscht und mehr und mehr frustriert. Er versucht immer wieder, an ihre Gefühle zu appellieren, um endlich ihr Herz zu gewinnen. Doch wenn ihr Herz es ablehnt, sich mit seinem zu verbinden, gibt er irgendwann seine Liebesbemühungen auf. Dennoch kann er die Augen nicht von ihr lassen, wenn er ihr begegnet; in seiner Fantasie ist sie seine Herzallerliebste. Er beobachtet sie bei jeder Gelegenheit, die sich ihm bietet. Er bemerkt in ihrem Gesicht jede Regung; er sieht, wie sie sich bewegt und wie sie auf dieses und jenes reagiert, oder einfach nur ganz still ist. Er sieht alles Schöne an ihr; betrachtet sie wie ein anderes, fast wie ein „höheres“ Wesen. Er hält sie möglicherweise für ein engelsgleiches Geschöpf oder eine Heilige. Er sieht in ihr das Idealbild seines Schönheitsbegriffs. Er wünscht sich von ihr eine zärtliche Geste, ein vertrauliches Lächeln, denn ihre weibliche Ausstrahlung, ihre geschmeidige Art sich zu bewegen, ihr freundlicher Charakter … – alles an ihr fasziniert ihn; nimmt ihn gefangen. Falls sie dünn ist, gefällt ihm ihre schlanke Figur; falls sie kurzhaarig ist, mag er ihre Frisur. Ist sie grazil und klein, findet er große, üppig gewachsene Frauen weniger attraktiv. Und falls sie gerne lacht, dazu laut und schallend, dann ist dies für ihn eine glückliche Fügung. Dann hat sie nämlich Humor, ist nicht so introvertiert und schüchtern, sondern selbstbewusst, weltoffen und weniger zurückhaltend. Das Gleiche gilt, wenn sie Make-up benutzt, sich also gerne schminkt, sich modisch kleidet und sich für zeitgemäße Themen und zukunftsorientierte Trends interessiert. Denn er liebt sie als eine aufgeschlossene Frau, die es als eine Herausforderung annimmt, sich mit anderen Kulturen zu befassen und ihr Leben eigenständig zu gestalten. Und wenn sie von mehreren Männern als begehrenswert empfunden wird, ist er eifersüchtig. Andererseits bewundert er ihr Freiheitsgefühl, ihre soziale und tolerante Einstellung. Dennoch möchte er sie für sich gewinnen, mit ihr möglichst oft alleine sein und mit ihr einen gemeinsamen Lebensweg planen.

Falls sich also ein Mann durch eine einseitig empfundene Liebe quält, zu einer Frau, die seine Gefühle nicht – oder nicht ausreichend – erwidert, bzw. diese gar nicht wahrnimmt, muss er zu Kompromissen bereit sein, wenn er nicht auf sie verzichten will. Aber das ist eine unglückliche Komponente und keinesfalls zufriedenstellende Konstellation in seinem Leben – insbesondere sein Liebesleben betreffend.

Oder umgekehrt: falls eine Frau einen Mann liebt, der ihre Liebe nicht erwidert bzw. gar nicht wahrnimmt, dann kann das zu einer echten Qual für sie werden. Dann quält sie sich ebenso mit inneren Konflikten, die zu Resignation und schließlich zu einer veränderten Selbstwahrnehmung bzw. einem verminderten Selbstwertgefühl führen können. Denn die empfundene Ablehnung hat ja keinen betont männlichen oder weiblichen Bezug. Unerwiderte Empfindungen können darüber hinaus „gequält werden" von einer emotionalen Blockade, die sich belastend auswirken und schließlich auch andere Lebensbereiche beeinflussen kann. Denn wenn er „ernste Absichten" hat, mit einer bestimmten Frau „anzubändeln", oder sie das Bedürfnis, sich in jeder Beziehung auf einen bestimmten Mann einzulassen, aber er bzw. sie – die jeweiligen „Bestimmten" – sich dem Ansinnen verweigern, dann kann das für die jeweils Betroffenen physisch und psychisch unangenehme Folgen haben.

Aber dennoch verlieren beide – also Mann und Frau – meist nicht gleich die Geduld und Hoffnung, wenn es tatsächlich um tiefe Liebesgefühle geht. Sie verlassen sich darauf, dass es möglicherweise doch noch zu einer Annäherung kommen könnte – oder jedenfalls zu einer „gütlichen Einigung" bzw. zu einer guten Freundschaft, aus der sich später eventuell mehr entwickelt. Sie „ertrinken" fast in ihrem emotionalen Fangnetz, aber aufgrund dieser Haltung gelingt es ihnen, sich am Rettungsring festzuklammern. Denn die Hoffnung gehört zu den lebenswichtigsten Leitmotiven der Menschen. Falls die aufgegeben wird, kann der Rettungsring seine Funktion nicht mehr erfüllen; er wird ausgefranst und dünn, sodass der Ertrinkende keinen Halt mehr daran findet:

Liebesentzug ist also eine echte Qual! Die Qual der Liebe ist peinigend, besonders dann, wenn der Liebesentzug überraschend erfolgt und unabänderlich ist.

Die seelische Abkapselung bzw. Entfernung der oder des Geliebten kann sich sogar zu einer gefährlichen Krankheit entwickeln, wenn dies für einen der Beteiligten zu plötzlich und damit zu schmerzhaft vollzogen wird. Es kann sogar dazu führen, dass der oder die Betroffene das Dasein nicht mehr als lebenswert empfindet.

Die Sehnsucht ist ein elementares Symptom der Liebe, denn diese überschwenglichen Empfindungen füllen das Herz der oder des Liebenden mit Dynamik und Energie. Die Seele wird dabei mit Freude und optimistischen Gedanken und Gefühlen versorgt, mit dem Verlangen nach Zärtlichkeit und Zuwendung. Es gibt gegen die Liebe kein Medikament oder Mittel, die „Qual" muss ausgelebt und demnach durchgestanden werden.

Trotz aller Anstrengungen und Bemühungen kann es aber ihrer- oder seinerseits dennoch zu einem Entzug kommen, aus ersichtlichen Gründen – zum Beispiel, weil eine andere Frau oder ein anderer Mann in „die Quere" gekommen sind – oder aus möglicherweise rational nicht erklärbaren Motiven. Es kann sich auch um Begründungen handeln, die dem Partner aus Rücksichtnahme nicht genannt werden, um ihn seelisch nicht zu verletzen. Denn in jeder Liebe finden auch Kämpfe statt, die sich eigendynamisch ergeben, weil beide Partner ihre Vorstellungen und Wünsche in die Beziehung einbringen möchten.

Vielleicht liebt ein Mann ein Mädchen, das er gar nicht persönlich kennt, das er niemals von Angesicht zu Angesicht gesehen hat, weil er ihr bisher gar nicht persönlich begegnet ist. Er hat die Hand des Mädchens nicht berührt, hat ihr nicht in die Augen gesehen, weil das „Kennenlernen" mittels einer Bekanntschaftsanzeige in der Zeitung oder per Internet erfolgt ist. Das Inserat, das Internet, die Telefondrähte stellen demzufolge die ersten Mittel dar, mit denen er mit der Liebe bzw. mit der Frau, die er zu „seiner Liebsten" machen möchte, verbunden ist. Diese repräsentieren somit die Hoffnung und lassen sozusagen eine Ader entstehen, durch die die warme Strömung der Sehnsucht, die schließlich mit Leidenschaft und Liebe angereichert wird, hin und her fließen kann.

Es mag ja sein, dass am Anfang der Bekanntschaft eventuell sogar eine falsche Telefonverbindung eine Rolle gespielt hat, oder dass der Kontakt nur aus Spaß, Sympathie oder Zufall entstanden ist. Aber dann, als sich daraus eine Beziehung entwickelt hat und sich füreinander tiefere Gefühle eingestellt haben, da hat sich bei den beiden Verliebten etwas Wesentliches verändert. Denn nun halten sie sich aneinander fest, und das Telefon bzw. Handy wird für sie das wichtigste Gerät, um sich ihre Liebe gegenseitig immer wieder zu versichern. Und wenn es mit der Gefühlsvermittlung mal nicht so funktioniert, wie sie es sich wünschen, dann hört die Ader sofort auf, das Blut hin und her zu pumpen. Und wenn in einer Ader eine Blockade entsteht, ist das Herz in einer Art Schockzustand.

Diese Liebe lässt beide Partner spüren, dass der eine nicht auf den anderen verzichten möchte. Oder der eine Partner ergibt sich dem anderen, opfert sich für ihn auf, denn Liebe kann sich wie eine Sucht auswirken. Demzufolge ist er oder sie – oder sind beide gleichermaßen – süchtig nach den jeweiligen Liebesbekundungen des anderen bzw. nach einem bestimmten Charakterzug oder einer Eigenschaft in ihm, die er gar nicht wahrhaftig wahrnehmen, also mit der Hand anfassen kann. Die Worte sind nicht in Fleisch und Blut umsetzbar und in Nerven und Seele umwandelbar. Sie können nicht ins Dasein oder in etwas Greifbares, also in „ein Wesen“, verwandelt werden.

Die Liebe kann auch deshalb für beide Partner eine „Qual“ sein, weil sie mal Entzug, mal Leidenschaft, mal Sehnsucht in sich vereint. Liebe ist also keine feste Konstante, die als Maßgabe geltend gemacht werden kann oder als manipulative Strategie das Verhalten steuert. Gefühle können schwankend sein, mal so, mal so die Stimmung beeinflussen.

Dennoch möchte sie als liebevolle Frau ständig bei ihm sein, um ihm, falls er krank ist, seine Schmerzen erträglicher zu machen. Und wenn sie traurig ist und weint, wünscht er sich als liebevoller Mann, bei ihr zu sein, um mit seiner Hand die Tränen von ihrer Wange zu wischen. Empathie und Fürsorge sind demzufolge in einem Liebesverhältnis starke Verbündete.

Manchmal ist die Ausdrucksfähigkeit der Liebe aber auch mangelhaft oder missverständlich, die Liebesbemühungen sind wie gelähmt und so schwach wie ein Spinnennetz, das im Herzen der Verliebten die Zerreißprobe nicht besteht. Möglicherweise passiert das nach der ersten Ernüchterung, wenn die Verliebtheitsphase von der Vernunft, der Wahrheit und der Wirklichkeit überschattet wird.

Die intensive Art der Liebe ist meist nämlich fantasievoll und auch, in gewisser Weise, etwas wahnsinnig. Denn Liebe beinhaltet außer Fantasiegebilden auch Wahngedanken.

Was hat zum Beispiel Kais1, der als berühmter „Verrückter" in die Geschichte einging, an seiner Liebsten Laila so besonders gefunden? – Er hat in ihr etwas Bestimmtes besonders gefunden, das er durch seine Fantasie erfunden hat. Darüber hinaus hat er an diese Eigenschaft geglaubt, bis diese in seinem Innern herangewachsen ist und sich in mehreren Gestalten, nämlich innerlich, äußerlich und ringsum entwickelt hat. Dies kann nur er sehen und empfinden, als würden sich diese Gestalten tatsächlich vor seinen Augen befinden. Sie ist dann „leibhaftig" in seinem Kopf, in seinen Ohren erklingt ihre Stimme und mit seinen Füßen geht er zu ihr. Wenn Kais an seine Liebste denkt, dann sieht er sie; wenn er sich an ihre Worte erinnert, dann hört er sie. Und wenn er seine Füße in Bewegung setzt, dann geht er „im Geiste" zu ihr, bzw. zu ihnen, diesen Gestalten. Denn die verhalten sich bisweilen despotisch, sie lassen nämlich nicht los bzw. nach. Aber das möchte er ja auch gar nicht, da sie für ihn den Charakter und die Gestalt Lailas darstellen, die er sich so in idealisierter Form vorstellt, und nicht so, wie sie in Wirklichkeit ist.

Wenn man ihm sagen würde: "Such dir eine andere Frau! Auch wenn du Laila als deine Paradiesjungfrau betrachtest, in der Realität ist sie es nicht, weder in Bezug auf ihre charakterlichen noch auf ihre körperlichen Eigenschaften ..." – Dann sagt er sicher: "Würdest du sie mit meinen Augen sehen, dann hättest du nichts anderes als Lailas reine Schönheit im Sinn: Wenn du in ihre Augen blicken und so wie ich deren Einflüsse wahrnehmen und auf dich wirken lassen könntest. Wenn du auf ihre Lippen und Zähne achten und so wie ich von ihrem zärtlichen Lächeln fasziniert sein würdest ..."

Der Grund dafür ist ganz plausibel: Laila wird von anderen anders gesehen als von Kais. Für ihn ist sie etwas Besonderes, das andere an ihr nicht bemerken. Er betrachtet sie als ein besseres bzw. schöneres Wesen, das die anderen Menschen in ihrer Person nicht erkennen können.

Dieser total verliebte – und damit auch etwas verrückte – Kais ist ein Dichter, und da die meisten Lyriker besonders fantasiebegabt und gefühlsbetont sind, mehr als andere Menschen, sieht er in Laila, seiner Liebsten, seine Traumfrau. In seinen Gedanken ist sie es möglicherweise schon als Idealbild gewesen, bevor sie leibhaftig in sein Leben getreten ist. Und in seinen Gedichten wünscht er sich diesen Idealzustand, bis sie „in ihrem Grab ruht".

„Liebe der Vorstellung" – „Vorstellung der Liebe" … – das hängt demnach eher von der seelischen Befindlichkeit ab als von der körperlichen. Je seelenbetonter das Erleben der Liebe stattfindet, desto intensiver wird diese Liebe, und umso größer wird die Verlustangst.

Kais Vater hat ihm gesagt: "Wer ist denn eigentlich Laila, der du all die Schönheit und die Zärtlichkeit zuschreibst? – Sie ist doch nur eine kleine, schurkische Frau mit hervorquellenden Augen … – Hör auf, sie in deinen Gedichten zu verherrlichen. Du kannst in deiner Sippe bestimmt eine bessere Frau finden als Laila …" – Aber Kain erwiderte: „Die Verräter sagen, dass Laila klein ist. Aber mir wäre es egal, wenn sie nur eine Elle groß und breit wäre. Sie sagen auch, dass sie Glotzaugen hat. Aber ich meine, die edelsten unter den Vögeln sind diejenigen, die Glotzaugen haben."(2) – Für Kais sind diese Mangelerscheinungen, die andere an Laila bemerkt haben – bezüglich ihres Kleinwuchses, ihres Schurkischseins, ihrer Glotzaugen – kein Grund, sich von ihr abzuwenden. Er sieht sie eben mit „seinen Augen", er nimmt sie mit seinem Herzen wahr. Ihr äußeres Erscheinungsbild ist für ihn nicht maßgeblich. Er sieht diese Eigenarten, aber sie interessieren ihn nicht; sie sind ihm egal, sie stören ihn nicht. Im Gegenteil: weil sie so klein ist, regt das möglicherweise umso mehr seinen Beschützerinstink an, und wenn sie Glotzaugen hat, so symbolisieren die für ihn sein Schönheitsbild. So ist Laila eben in seinem Kopf bzw. in seiner Fantasie, das spiegelt sich aber auch in seinem Fühlen und Handeln wider.

Denn Liebe besteht ja nicht nur aus Fantasie, auch wenn sie ein bedeutendes Element der Liebe darstellt und als unlösbarer Baustein in dem Gefüge gilt. Eine fantasievolle Liebe kann, metaphorisch betrachtet, mit einem weißen Vogel verglichen werden, der aus Glas besteht. Deswegen muss er immerzu fliegen, denn sobald er die Erde berührt, zerbricht er in kleine Scherben. Deshalb fliegt „der Vogel der Liebe" immerzu am Himmel. Aber irgendwann ist auch er mal erschöpft und möchte sich ausruhen. Doch wenn er den Boden berührt, oder – in metaphorischer Umsetzung – die Wirklichkeit, dann zerschellt er. Er tötet sich sozusagen selbst.

In einer anderen Geschichte kommt die Liebe beispielsweise so zum Ausdruck: Eine junge Frau und ein junger Mann sind Studienkollegen – jedenfalls am Anfang ihrer Bekanntschaft. Aber dann hat sich diese lockere Beziehung in eine enge Freundschaft gewandelt, und quasi im Handumdrehen, als wären im Himmel zwei Wolken miteinander zusammengestoßen, hat es „Liebe“ geregnet.

Diesbezüglich gilt die Freundschaft als eine erwartete Entwicklung, die sich aus der Bekanntschaft ergeben hat. Genauso kann eine Liebe zu einer erwarteten Entwicklung der Freundschaft werden. Manchmal dauert es aber auch eine gewisse Zeit, bis der eine oder andere der beiden Partner sich darüber klar geworden ist, dass sich in seinen Gefühlen etwas geändert hat; dass er für den anderen mehr empfindet, nämlich Liebe, und dass er es ihm gegenüber offenbaren kann. Wenn beide davon überzeugt sind, dass sie sich ineinander verliebt haben, ist das der Idealzustand. Sie können sich eingestehen, was sie dabei empfinden und wie sie diese Liebe in ihrem Leben gedeihen lassen möchten. Das ist dann kein sinnloser Drang mehr oder ein unausgereifter Gemütszustand. Denn nun hat er nur noch „Augen für sie“, und sie muss dauernd an ihn denken und ist darauf konzentriert, ihm zu gefallen. Er vermisst sie, wenn sie sich von ihm entfernt, und sie weint, wenn er nicht so oft bei ihr ist, wie sie es sich wünscht. Er betrachtet sie fortan als „die schönste Frau der Welt“, und sie ihn als „den stärksten Mann der Welt“. Denn er liebt ihre Schönheit, und sie liebt seine Stärke. Sie ist diejenige, die er im Grunde seines Herzens gesucht und die er sich gewünscht hat. Sie ist sein Idol und für ihn der wichtigste Mensch auf dieser Welt.

Wenn diese Liebe dann über Jahre hält, beiden Partnern schöne Träume beschert und zu einem festen Verhältnis geworden ist, dann sind es verbindliche Versprechen und Vertrauensbeweise, die die Liebe wie einen Schutzwall umgeben. Diese direkte oder indirekte Abmachung gilt gleichfalls bei einer Fernbeziehung, also wenn sich die Liebenden nicht täglich sehen können. Dann wird diese Beziehung durch Briefe und mit häufigen Geschenken gefestigt und das Telefon wird zur Verbindungsschnur.

In einer echten Liebe kann es aber auch – wie anfangs bereits erwähnt – zu „Wahnsinnsfantasien“ kommen, ebenso können sich Widerstände, Zerreißproben und Zweifel einstellen; auch die Eifersucht spielt oftmals bei der Paarbindung eine nicht zu unterschätzende Rolle. Die Verliebten bleiben auch kaum verschont von Missgunst und Neid, beispielsweise, wenn ein früherer Partner sich zurückgewiesen fühlt, oder wenn es gar zu Verleumdungen und hinterhältigen Verunglimpfungen kommt.

Liebe muss auch diesen Anteil aushalten, denn es heißt „in guten und in schlechten Zeiten“. Auch emotionale Kälte, bisweilen stürmische Meinungsverschiedenheiten, die die Beziehung wie ein Erdbeben mit allerlei Folgeerscheinungen belasten … – alles das gehört zum Klärungsprozess eines Liebesverhältnisses dazu. Dabei kann nämlich eine Verständigungsbasis erreicht werden, trotz unterschiedlicher Vorstellungen, die sich wie Tag und Nacht zueinander verhalten. Denn wenn die Liebe, wie ein Baum, tief verwurzelt ist, dann ist sie im Boden so stark befestigt, dass sie bei einem heftigen Wind nicht gleich umkippt. Und wenn die Liebenden nach dem Sturm wieder zu einem friedlichen Verhalten finden, dann erreichen sie meist schnell wieder ihren vertrauten Zustand. Denn sie wollen ihre Liebe ja nicht aufgeben, sondern sie nach ihren jeweiligen Wünschen gestalten, damit sie bestehen bleibt.

An das letzte Beispiel anknüpfend: Die Studienjahre vergehen, aber, im Idealfall, die Liebe nicht. Der junge Mann beginnt, sich auf seine berufliche Laufbahn einzustellen und seinen eigenen Lebensplan in die Tat umzusetzen. Ein anderer, ca. zehn Jahre älterer Mann beginnt, seine Lebensgefährtin zu umwerben. Die junge Frau überlegt sich – vereinfacht ausgedrückt: mit ihrem eigenen Kopf oder mit dem ihrer Mutter vielleicht, die für ihre Tochter eigentlich eine andere bzw. „bessere“ Zukunft geplant hat –, diesen Mann zu heiraten. Wenn sie dies aus Kalkül beschließt und ihre Liebe nicht echt und fest genug oder mit Nebengedanken behaftet ist, dann zerstört sie den „Palast der Liebe“ auf dem Stein der Wirklichkeit – das heißt: Liebe beinhaltet eine bebaubare, oder eine zerstörbare Wirklichkeit. Liebe bewirkt Freude und Traurigkeit. In diesen Gefühlen sind auch Geheimnisse enthalten, ebenso eine dubiose Dunkelheit. In der Liebe haben spielerische Triebe und Unsinn genauso ihre Berechtigung wie das körperliche Verlangen und der Wunsch nach Zärtlichkeit. Es kann sogar zu Szenen der Unterwerfung und der Demütigung kommen.

Was also ist die Liebe?

Algahez, der berühmteste unter den arabischen Literaten des 9. Jahrhunderts, hat dazu nicht nur eine Meinung, sondern zwei: Eine bezieht sich auf das Denken und Fühlen in der Liebe, die andere auf die Leidenschaft und die Liebesglut.[(3)]

Bezüglich des Denkens und Fühlens in der Liebe meint er, dass dieser Begriff in der Beziehung zu den Empfindungen in einer festen Verbindung mit der Bedeutung steht, auf die sie hinweist. Die Liebe hat demnach keine andere Bedeutung. Bezüglich der Liebesglut meint er, dass sie eher mit einer Krankheit zu vergleichen ist, von der der Geist sowie der Körper befallen und folglich beseelt wird. Dieser „Krankheit" kann man sich nicht einfach entziehen, außer durch eine Art Vorbeugung – indem man die Liebe gar nicht erst an sich heranlässt. Die Liebesglut besteht demnach aus einer extrem starken Gefühlsbindung, aber es ist eher ein Begehren. Es ist eine starke Sehnsucht und ein Verbundenheitsgefühl; das Glück. Harmonie, Vollkommenheit einbezieht und nach einer totalen Zusammengehörigkeit strebt. Also meint er, dass die Liebe im „Normalfall" nichts anderes bedeutet als das, was sie an Neigungen und Regungen in den Verliebten erzeugt, während die Liebesglut einer Krankheit gleicht, die sich aus den Liebesempfindungen ergibt und nur durch Verzicht vermieden werden kann.

Der Unterschied zwischen Liebe und Liebesglut, so hat auch Ibn Elarabi, einer der größten arabischen Philosophen es beschrieben, ist der, dass die Liebesglut eine übertriebene Empfindung der Liebe ist, und auch ein überzogenes Gefühl der geliebten Person gegenüber, durch die die Liebesglut entstanden ist. Er fügt allerdings hinzu, dass es ja die Absicht und das Ansinnen der Liebe ist, dass die Liebenden in Liebesglut zueinander finden. Also ist die Liebe demnach eine allgemeine Eigenschaft, die Liebesglut hingegen eine besondere, die voller Intensität in die Tiefe der Herzen dringt.

Dies deckt sich mit der Meinung, die „Safs Bros", also die berühmtesten der arabischen Schriftsteller, vertreten, nämlich, wie bereits erwähnt, dass die Liebesglut einer übertriebenen Gefühlslage entspricht und die überzogene Neigung zu einer Person darstellt, die den Ausschluss von allen anderen bedeutet.(4) Also ist mit der Liebesglut die aufrichtige, die intensive Liebe gemeint, und diese Zuneigung ist dadurch entstanden, weil sich beide Partner wiederholt einander zugewandt haben in inniger Verbundenheit.

Also bedeutet Liebe eine besondere Neigung zu einer bestimmten Person bzw. zu einer bevorzugten Verbindung mit diesem Menschen. Das führt dazu, dass der- oder diejenige, ohne es als ausdrückliche Willensentscheidung beeinflussen zu können, sich zu dem geliebten Menschen bekennt und sich mehr und mehr zu ihm hingezogen fühlt. Die Geliebten möchten sich berühren, eindeutig füreinander da sein, sich umeinander kümmern. Sie möchten sich andauernd im Blick behalten, ständig miteinander in Verbindung stehen, und sie vermissen einander, wenn sie mal nicht zusammen sein können. Sie möchten den geliebten Menschen für sich alleine haben, verhalten sich sozusagen besitzergreifend und egoistisch, sobald sie mit ihm eine feste Beziehung eingegangen sind. Sie wollen künftig Freude und Leid mit ihm teilen und mit dem oder der Liebsten alle Pläne und Wünsche möglichst im Zusammenwirken verwirklichen.

Die erste Stufe der Liebe ist also die Bewunderung und das Interesse beim Kennenlernen. Dann erfolgt eventuell die Freundschaft, danach machen sich erste Liebesanzeichen bemerkbar. Alsdann folgt die Leidenschaft, anschließend die Liebesglut und schließlich die intensive Liebesglut, die sich der Stufe des Wahnsinns, des Liebeswahns, nähert.

Das zweite Kapitel: Die Gründe der Liebe

Zwischen dem Bewundern und der Liebe gibt es demnach einen feinen Faden der Freundschaft, der mehr und mehr zu einem dicken Garn wird. Alsdann wird die Beziehung mit Leidenschaft und Liebesglut gefüllt, bis ein reißfestes Seil entstanden und die Stufe der intensiven Liebesglut erreicht ist. Nun entsteht das körperliche Verlangen und der Wunsch, mit einer Heirat die Liebesbeziehung zu krönen und eine Familie zu gründen. Auch dieser Prozess verläuft in der Regel in mehreren Stufen: Nach dem Bewundern, der Freundschaft, der Liebe und der Liebesglut folgt das Eheversprechen, das hier zu Lande traditionsgemäß als Verlobung durchaus noch üblich ist. Das Paar kann während dieser Phase des ehelichen Versprechens prüfen, ob es sich einer Heirat, einer Bindung auf Lebenszeit, gewachsen fühlt. Dadurch entstehen nämlich für das Ehepaar Pflichten und Rechte, und nicht zuletzt Verantwortlichkeit und Zuverlässigkeit dem Partner gegenüber. Der feine Faden, der sich unsichtbar zwischen dem Bewundern und der Liebe gebildet hat, bewirkt etwas Elementares, nämlich: dass das Bewundern als erster Schritt zur Liebe geführt hat. Demzufolge hat sich aufgrund der Bewunderung bereits eine Entscheidung zugunsten der Liebe entwickelt … – oder, im

Negativfall, eben nicht. Im positiven Fall ist die Liebe immer größer und stets umfassender geworden. Der feinste Faden, der die Liebe in eine feste Beziehung „verwickelt“ hat, besteht aus hochsensiblen Antennen, die das Bedürfnis der gegenseitigen Berührung gesteigert haben, erst vorsichtig und zaghaft, dann exzessiver und fordernder, schließlich in totaler Gefühlsbindung.

In der Geschichte "Eintausend und eine Nacht" wird diese Bewunderung anschaulich dargestellt, denn in der steht es sinngemäß so geschrieben: Hinter den Kulissen gab es vier Nachdienerinnen, unter denen sich ein Mädchen befand, das älter als 15 und jünger als 14 Jahre alt war. Es hatte einen runden Mund, große, schwarze Augen und zusammengewachsene Augenbrauen. Ihre vollen Lippen wirkten, als wären sie dem Ring des Salomon nachgebildet, und ihre Zähne waren wie weiße Perlen und Korallen. Als der Mann das Mädchen sah, verlor er augenblicklich den Verstand; sein Geist war verwirrt. Dann erblickte er ihren schön gewachsenen Körper(5) und bewunderte nun die ganze Gestalt des Mädchens …

Das ist die Bewunderung, die auf den ersten Blick erfolgt.

Ibn Sina, einer der größten persischen Philosophen und Wissenschaftler des mittleren Jahrhunderts meint diesbezüglich, dass die Ebenmäßigkeit des Gesichts, die allgemeinhin als Schönheitsideal gilt, der wichtigste Anreiz für den Aufmerksamkeits- und Bewertungsgrad und damit für die Bewunderung ist, die als Folge Liebe entstehen lässt. Allerdings fügt er hinzu, dass dies meist nur eine oberflächliche Gefühlsgrundlage entstehen lässt. Denn Menschen, die außergewöhnlich attraktiv sind, die feine Gesichtszüge haben, die ihnen durch die naturgegebene Form und die göttliche Schöpfung geschenkt wurden, verhalten sich häufig eingebildet und eitel. Sie meinen, aufgrund ihres guten Aussehens stünde ihnen bevorzugtes Benehmen und Bewunderung zu, sodass sie sich nicht sonderlich um Freundschafts- und Sympathiebeweise bemühen müssten. Und es ist ja auch so: Der erste Eindruck bezieht sich auf das äußere Erscheinungsbild. Der äußere Schein lässt die innere Schönheit oftmals verblassen, sodass sie nicht zum Vorschein kommt. Aber dann bleibt es meist auch bei einer Schein-Liebe.

Also gibt er zu bedenken, dass die Schönheit der Menschen sozusagen aus der Schönheit der Natur entstanden und damit eine der Gaben Allahs ist. Diese Darstellungsmerkmale haben deshalb für alle Menschen Gültigkeit, sodass alle gleichermaßen beliebt sein und geachtet werden sollten und niemand bevorzugt wird.[(6)] Diese Bewunderung ist aber heutzutage oftmals auch auf Menschen ausgerichtet, die sich als Prominente oder Stars im Fernsehen, im Kino oder samt und sonders in den Medien und in der Öffentlichkeit präsentieren. Sie werden aufgrund ihres Aussehens bewundert, das meist nicht naturgegeben ist. Aber da sie damit Erfolg zu haben scheinen, neben ihren mehr oder minder ausgeprägten Fähigkeiten im Showgeschäft, werden sie zu Idolen, zu Ikonen fast, verherrlicht. Sie sind also deshalb prominent und haben einen Starstatus erreicht, weil sie Glamour, Glanz und Schönheit vermitteln und bei den Zuschauern eine gewisse Magie und Fantasie entstehen lassen. Sie werden idealisiert, weil sie gewissermaßen abgesondert sind, nicht erreichbar für die „normalen Menschen“. Denn weil die Sterne so weit von uns entfernt sind und kein menschliches Wesen sie berühren kann, sehen wir nur ihr Glitzern, und dadurch wirken sie so strahlend und so verheißungsvoll. Doch kämen wir ihnen zu nahe, dann würde ihr Feuer uns verbrennen; nur die große Entfernung zu ihnen schützt uns vor der Illusion, „nach den Sternen greifen zu können“. Die Stars, die wir so bewundern, strahlen auf eine andere Weise, denn sie sind ja menschliche Wesen. Sie brennen nicht, und wir würden uns an ihnen auch nicht verbrennen, wenn wir in ihre Reichweite kämen. Sie erscheinen uns nur in der besten Gestalt und in einer Idealisierung, die wir nur sehen – bzw. sehen möchten. Wir kennen sie ja nicht persönlich und wirklich, wissen meist nichts über die andere Seite ihres Lebens, die möglicherweise dunkel und enttäuschend ist, und nicht so schillernd, wie wir uns das vielleicht vorstellen. Aber das ist eine allgemeine bzw. gesellschaftliche Entwicklung, denn schillernde Persönlichkeiten wurden schon immer bewundert.

Ich kenne ein Mädchen, das eines der hübschesten ist, dass ich bisher in meinem Leben gesehen habe – meine Kollegin an der Fakultät. Einer meiner Freunde hat es geliebt, aber er hat es nicht gewagt, sich ihr zu nähern, geschweige denn, sie anzusprechen. Er war unglücklich über diese unerfüllte Liebe. Er war einfach zu schüchtern und total verwirrt, wenn er diesem Mädchen begegnete, und selbst wenn sich zwischen ihnen dreißig Personen befanden, machte ihn das nervös.

Er hatte also nur die Möglichkeit, das schöne Bild, das er sich von dem Mädchen machte, zu genießen. Er bewunderte mit seinen Augen ihre Schönheit, er war von ihrem Erscheinungsbild und dessen Vollkommenheit fasziniert und schwärmte: „Was für eine Schönheit …“ – Aber er traute sich nicht, ihr das zu sagen, weil er befürchtete, dass sie ihn abweisen oder gar auslachen würde. Er fügte diesem Bild insgeheim jedoch immer mehr schillernde und schmückende Elemente sowie verschönernde und verzierende Farben hinzu. Allerdings nur in seiner Fantasie, sodass er es in ein noch idealisierteres Bild verwandelte und somit zu einer Vollkommenheit gelangte, die schöner und strahlender gar nicht sein konnte. Außerdem träumte er oft von seinem geradezu vergötterten Geschöpf, und er meinte natürlich auch, dass es die besten Eigenschaften hatte und dass es an ihren Moralvorstellungen, ihrer Sittlichkeit und Tugend nichts zu bemängeln gab. Er machte mehr aus ihr, als er ertragen konnte. Für ihn war das Mädchen schließlich ein nahezu übermenschliches Wesen – und damit wurde sie für ihn so unerreichbar wie ein Stern. Alles, was er mit ihr in Verbindung brachte, ging über seine Vorstellungskraft hinaus, und so traute er sich gar nicht mehr, sich ihr zu nähern.

Der Wahngedanke ist manchmal nämlich stärker als die Wirklichkeit, und es ist schwieriger, die wahren Fakten zu begreifen, als die, die uns die blühende Fantasie in extremen Farben und Formen vorspielt.

Diese übermäßige Bewunderung mag aufgrund der Stilisierung ins Unermessliche übersteigert – ja, nahezu verblendet sein. Aber auch aus dieser Begeisterung kann eine Liebe entstehen, wenn sich diese aus dem ungezügelten Maß in ein „Normalmaß“ verwandelt, das für beide Partner erträglich ist – insbesondere für denjenigen, dem diese Bewunderung und Idealisierung gilt. Denn diese übermäßige Verehrung muss derjenige ja aushalten können.

In dieser Liebe, die sich als allzu starke Liebesglut „entzündet“ hat, kann sich aber auch aus der anfänglichen Bewunderung und dem winzigen Hoffnungsschimmer ein Licht entwickeln, das den Partner so erscheinen lässt, wie er ist, nämlich mit menschlichen Schwächen und Stärken. Dieser „Lichtblick“ kann eine Liebe ermöglichen, die das „brennende Feuer“ löscht bzw. den Liebeswahn verhindert. Doch die Strecke ist so unendlich wie die, die zwischen uns und den Sternen liegt. Falls es nämlich nicht zu dieser „Belichtung“ bzw. Einsicht kommt, kann es bei dem manisch bzw. überspannt veranlagten Verehrer zu psychischen Verhaltensstörungen und sogar zu Wahnvorstellungen kommen.

Beim Bewundern entsteht also der erste feine Faden, der erst zur Freundschaft, dann zur Liebe führt, oder bis zur Grenze dessen, was wir, dem menschlichen Ermessen nach, unter Liebe verstehen. Doch wenn die Eigenschaft der vollkommenen Schönheit mit einem Glorienschein verziert wird, geschieht es leicht, dass diese Menschen nicht nur äußerlich von jedem Makel freigesprochen werden. Auch innerlich wird alles, was ihnen möglicherweise als Nachteil angelastet werden könnte, ignoriert. Und wenn das von dem Bewunderer als „vollkommene Liebe" betrachtet und empfunden wird, kann das das Liebesverhältnis belasten. Eine solche exzentrische bzw. exzessive Betrachtung kann auf Dauer kaum ein Mensch aushalten. Denn der Bewunderer will ja gar nicht sehen, was hinter der Fassade steckt. Dann müsste er sich nämlich mit seinen eigenen Fehlern bzw. Unzulänglichkeiten befassen, und dann wäre er, mit dem „vergötterten" Geschöpf verglichen, eine noch armseligere Gestalt.

Wenn die Bewunderung demnach eine der bedeutsamsten Beweggründe und eine der existentiellsten Leitmotive für die Liebe darstellt, dann sollten wir ein anders wichtiges Motiv nicht vergessen: den Wunsch nämlich, die Liebe als eine elementare Quelle zu betrachten, und aus ihr die Hoffnung zu schöpfen, dass sie uns, gemeinsam mit dem geliebten Menschen, auf den richtigen Weg bringt. Wenn man die Liebe opfert, ist es das Ende der Quelle – und damit der Hoffnung und Motivation.

Der Wunsch zur Liebe ist also als eine Art innerliche Bereitschaft und Vorbereitung zu betrachten, sich darauf einzulassen. Allerdings ist dies nicht unbedingt notwendig, weil sich die Liebe auch ganz spontan einstellen kann, wie etwa Blitz und Donner, oder aus heiterem Himmel. Deshalb ist der Wunsch nicht vorsätzlich geplant und kann daher auch nicht willentlich beeinflusst werden.

Ibn Hazm, einer der einflussreichsten Lehrer der Liebe und einer der berühmtesten Philosophen in Andalusien, behauptet jedoch, dass es die plötzliche Liebe gar nicht gibt. Er glaubt auch nicht an die „Liebe auf den ersten Blick". Seiner Ansicht nach entwickelt sich Liebe durch den langen Umgang miteinander und durch die gegenseitige Vertrautheit und Harmonie.[(7)] Der Wunsch nach Liebe ist, seiner Meinung nach, insbesondere bei Heranwachsenden, die sich mit ihrer eigenen Identitätsfindung beschäftigen und damit, wie sie beim anderen Geschlecht ankommen, besonders ausgeprägt. Sie haben ein stärkeres Verlangen nach der Liebe als ältere Menschen, die bereits Erfahrungen damit gesammelt haben. Aber das ist ja auch durchaus verständlich. Sie fühlen sich hingezogen zum anderen Geschlecht, denn das ist eine angeborene, also ganz natürliche Neigung und Neugier. Dadurch fühlen sie den instinktiven Wunsch, diese geheimnisvolle und wunderbare Welt der Liebe kennen zu lernen, mit allen Konsequenzen, den Liebesfreuden und den Liebesqualen. Also ist dies ein Impuls, der vom Instinkt angetrieben wird und die Menschen dazu bringt, ihre liebevollen Gefühle, die „aus tiefem Herzen kommen", bei dem- oder derjenigen einzubringen, der oder die ihm als liebeswürdig erscheint. Das kann sich dann bis zur Liebesglut entwickeln, und daraus entsteht schließlich Sehnsucht und der Wunsch, mit der geliebten Person alle Dinge des Lebens fortan gemeinsam zu erleben. Und wenn die Verliebten beginnen, sich gegenseitig zu vermissen, dann ist das ein sicheres Zeichen für ihre tiefe Zuneigung. Denn wenn diese Gefühle erwidert werden, dann ist das gegenseitige Liebesglück vollkommen.

Diese Empfindungen beschränken sich natürlich nicht nur auf Heranwachsende und junge Leute. Die Liebe kann auch älteren Menschen eine Liebesstimmung bescheren, die sie aus dem Gleichgewicht bringt, weil sie damit vielleicht gar nicht mehr gerechnet haben. Allerdings kann es bei älteren Menschen dazu kommen, dass der oder die Geliebte etwa so alt ist wie die eigenen Kinder, oder dass der- oder diejenige verheiratet ist (wie bereits geschildert). In diesem Fall ist die Liebe gefährdeter und komplizierter, denn es kommt meist zu Heimlichkeiten. Und es gibt in solchen Situationen immer jemanden, der bei einer Trennung unter dem Verlust leidet; oftmals sind sogar Kinder davon betroffen.

Es gibt auch Heranwachsende, deren Herzen dauernd geöffnet sind, weil sie sich nicht gleich für eine feste Beziehung entscheiden wollen. Sie bevorzugen kurzfristige Affären oder oberflächliche Liebesverhältnisse, wechseln sozusagen von einem zum oder einer zur anderen. Diese Liebeleien sind möglicherweise für eine gewisse Zeit ernst gemeint; auch sie bescheren dem verliebten Paar Glücksmomente, aber nur ein vermeintliches Liebesglück. Das betrifft ebenso ältere Menschen, die sich möglicherweise damit schwer tun, sich für einen Partner zu entscheiden, weil sie insgeheim immer noch auf die Traumfrau oder den Traummann warten. Sie sind bindungsscheu, oder sogar bindungsunfähig. Das kann passieren, wenn sie, wie in dem Beispiel geschildert, ein übertriebenes Bild von ihrem Idol bzw. von einem geliebten Menschen haben.

Allerdings gibt es auch Jungedliche, die sich erst mal in Liebesdingen ausprobieren wollen – das ist beim männlichen Geschlecht eher ausgeprägt als bei den jungen Frauen. Doch mittlerweile hat sich hinsichtlich der monogamen Einstellung bei denen auch etwas geändert.

Die Herzen dieser „Liebesnomaden" sind wie Luxushotels, in denen es bequem und unverbindlich zugeht. Sie nutzen jede Gelegenheit, aber es ist eher ein Liebesspiel. Die Männer sehen sich als „Jäger", die Frauen betrachten sie als „leichte Opfer" oder Trophäen, und die Frauen hoffen immer wieder, dass es doch noch den einzigen Richtigen, den Supermann für sie gibt. Sie sind wie die Fliegen, die wissen, dass eine Spinne sie unweigerlich als Beutetier fangen wird. Sie wollen auch lieben, weil sie die Einsamkeit in ihrer Freizeit nicht aushalten, oder ihnen, wenn sie ein Liebespärchen sehen, ihr Solodasein schmerzhaft bewusst wird. Denn der Mensch ist nicht dafür geschaffen, alleine zu sein; er kann ohne menschliche Wärme und Zuwendung nicht existieren. Es sei denn, er ist seelisch verkrüppelt, weil er enttäuscht worden ist. Aber insgeheim wünscht er sich auch einen Partner an seiner Seite.

Andererseits sollte sich aber auch niemand hektisch von einer vermeintlichen Beziehung in die andere stürzen, nur weil die Familienangehörigen, Freunde, Kollegen und Leute im nahen Umfeld eine glückliche Liebesbeziehung gefunden haben und der- oder diejenige mit Neidgefühlen reagiert, weil er oder sie sich nur noch in deren Gegenwart wie „Randfiguren" fühlen. Die Liebe kommt nämlich zu jedem Menschen, wenn er wirklich bereit ist, sich darauf einzustellen. Manchmal dauert es etwas länger, bis er die einzigartige, richtige Frau oder sie den einzigartigen, richtigen Mann fürs Leben gefunden hat. Aber schließlich werden sie den Liebespartner direkt vor ihren Augen erblicken, wenn sie genau hinschauen. Das Abwarten lohnt sich, und auch das Beobachten … – bis auf den bewundernden Blickkontakt das erste Gespräch folgt. Daraufhin haben sich dann zwei Menschen gefunden, und fortan begeben sie sich gemeinsam auf den Pfad der Liebe. Sie werden auf ihm schreiten, wie es all die Liebenden vor ihnen getan haben und alle künftig tun werden. Die Bewunderung und die Verzauberung haben dafür gesorgt, und ab sofort werden alle ihre Sinne aufeinander abgesstimmt sein. Sie werden füreinander da sein und sich von ganzem Herzen verbunden fühlen. Sie werden genau hinhören und hinsehen, wenn der oder die Liebste etwas sagt oder tut; sie werden miteinander denken und fühlen, wenn außerhalb ihres Beziehungsgeflechts Dinge geschehen; sie werden sich wie im „Gleichschritt durchs Leben“ bewegen. Denn das Liebeshormon wirkt wie ein Betäubungsmittel, das den Betroffenen ins Gehirn, ins Herz und in die Nerven gespritzt worden ist. Es wird deren Bewusstsein beeinflussen. Aber auch wenn das Bewusstsein sich wieder auf eine „normale“ Sichtweise eingestellt hat, bleiben die wunderbaren Träume und der Wunsch erhalten, dass alles sich so entwickelt, wie es für beide erstrebenswert und gut ist, mit einem leicht trunkenen Gefühl, dem Geruch von Jasmin und der Farbe Türkis vielleicht, und mit anderen Einflüssen des Sinneszaubers. Nun werden beide von ihrer gemeinsamen Zukunft träumen und die Freude miteinander teilen, dass sie als Liebespaar zueinander und als Lebenspartner zusammengefunden haben. Er sieht in ihr die hübscheste und liebenswerteste Frau, und sie sieht in ihm den gut aussehenden und liebenswertesten Mann auf der Welt. Alles an ihr fasziniert ihn, und alles an ihm entzückt sie. Beide nähern sich immer mehr dem Idealzustand der Liebe. Dies ist jetzt nicht nur ein Lippenbekenntnis, sondern äußert sich in einem innigen Kuss, mit dem beide ihre Leidenschaft und Liebesbereitschaft zum Ausdruck bringen. Diese Intimität und diesen intensiven Kuss haben sich beide gewünscht, in ihrem Herzen und in ihrem Kopf, um ihn dem einzigartigen Menschen zu schenken, der es, in ihrem Vorstellungsvermögen, wert ist. Denn durch ihn erfolgt das körperliche Verlangen, das eine unbedingte Vertrautheit voraussetzt.

Alles das hat bisher nur die Fantasie der beiden Verliebten beflügelt, bis sie sich in der körperlichen Liebe gegenseitig die Erfüllung geschenkt haben, die zu einer glückseligen Zweisamkeit führt. Die romantisch veranlagten Liebespaare können sich das meistens schon vorher in ihrer Fantasie vorstellen, wenn es in der Wirklichkeit bisher nur zu zaghaften Berührungen zwischen ihnen gekommen ist und sie sich für den körperlichen Liebesakt Zeit gelassen haben, um sich ihrer gegenseitigen Zuneigung sicher zu sein. Wenn sie ihm einen liebevollen Blick, ein vertrauliches Lächeln geschenkt hat, ist allein das schon ein Zeichen gewesen, das ihn beglückt und ihm genügt hat, sich alles andere vorzustellen, was ein Liebespaar miteinander tut. Danach stellen sich die Gedanken und Gefühle ganz selbstverständlich auf den Liebespartner ein, nachdem die Hemmungen überwunden sind und sie ihre Herzen füreinander ganz und gar geöffnet haben. Jetzt sind sie sich, im Idealfall, beide darüber einig, dass sie sich gefunden haben und sich dem Partner hingeben wollen.

Alles das hat also mit dem Bewundern angefangen, darin besteht nämlich die Magie der Liebe. Das damit entstandene Vertrauensverhältnis ermöglicht es ihnen, offen miteinander zu reden und sich alles mitzuteilen, was ihnen auf der Seele liegt, ohne sich die Worte lange überlegen zu müssen. .Der Mann wird ihre Schönheit hervorheben und dabei möglicherweise etwas übertreiben, weil er weiß, dass die Frauen das mögen. Die wiederum wissen, dass er die Wirklichkeit mit „schönen Worten" umschmeichelt. Sie lassen sich darauf ein und können diese Worte aus seinem Mund nicht oft genug hören. Es geht ihnen unter die Haut und ans Herz; es klingt in ihren Ohren, gegen jede Vernunft, betörend und vielversprechend, wenn er ihre Augen und Lippen wunderschön findet, ebenso ihr Haar und ihre Haut, und überhaupt alles an ihr mit Komplimenten bedenkt. Es ist quasi so, als würden beide, symbolisch betrachtet, „aus dem Fenster der Freundschaft ins Haus der Liebe springen". Die Freundschaft, die am Anfang der Bekanntschaft den Weg für die Liebe geebnet hat, damit alle Blockaden bewältigt werden konnten, um das Herz der Geliebten zu erobern … – das entspricht geradezu einer planerischen Aufgabe, die im Erfolgsfall zur Liebe führt. Und da dies in der Regel, möglicherweise unbewusst, immer und überall so verläuft, haben alle Liebespaare mehr oder minder auf diese Weise zu ihrem Verliebtsheitszustand gefunden. Allerdings müssen diese Gefühle aufrichtig erwidert werden, also auf Gegenseitigkeit ausgerichtet sein, um eine Liebesbeziehung entstehen zu lassen. Die drei Worte, die so verheißungsvoll klingen, „ich liebe dich", müssen beide ehrlich und von ganzem Herzen aussprechen und fühlen können. Denn mit dem Ausspruch „ich liebe dich" gibt man dem geliebten Menschen zu verstehen, dass man bereit ist, alles für ihn zu tun.

Manche wissen vielleicht gar nicht genau, warum sie sich ausgerechnet in diesen Menschen verliebt haben und welche Magie dabei eine Rolle gespielt hat – außer, dass er oder sie einem bestimmten Idol entsprochen hat, sodass von vornherein von diesem Menschen eine faszinierende Wirkung ausgegangen ist., Das kann sich auf ein bestimmtes Äußeres, auch auf gewisse Eigenschaften beziehen. Das Füreinander und Miteinander wird zum Lebensmittelpunkt, denn diese Gemeinsamkeit macht stark. Er richtet sich nach ihr, sie richtet sich nach ihm, gegenseitig sagen sie sich: „ich liebe dich!", und damit sind die Weichen für eine gemeinsame Zukunft gestellt. In dieser Verliebtheitsphase zweifeln beide zu keiner Zeit daran, dass sich daran jemals etwas ändern könnte. Diese Gedanken und Gefühle sind mit der Vernunft nicht zu erklären und zu steuern. Falls die Frau die Gefühle des Mannes von Anfang an erwidert, muss er jetzt keine großen Anstrengungen unternehmen, um sie zu erobern. Dann ist der „Gleichklang der Herzen" gesichert. Manche Frauen öffnen ihre Herzen angesichts der Liebesbemühungen eines Mannes jedoch nicht sofort und lassen ihn, um ihn gründlich zu prüfen, erst mal etwas „zappeln". Dann muss er sich manchmal Monate oder gar Jahre bemühen, bis er sie von seinen Empfindungen und der Ernsthaftigkeit seiner Liebe überzeugt hat. Wenn das Herz eines Mädchens nicht gleich für ihn schlägt, oder etwas wankelmütig ist, dann hat er drei Möglichkeiten: entweder mit viel Geduld den „Schlüssel" zu finden, oder sich zurückzuziehen, wenn er meint, dass seine Eroberungsversuche zwecklos sind. Er kann ihr allerdings auch mit letzter Entschlossenheit die Heirat anbieten und sie so zu einem Bekenntnis ihrer Gefühle drängen. Mit dieser Konsequenz und nach dieser Offenbarung – bzw. Offensive – muss er dann, je nach ihrer Reaktion, über sein weiteres Verhalten entscheiden.

In den griechischen Legenden wird erzählt, dass der Mann und die Frau einst in einem einzigen Körper „vereint" waren. Dieser Körper, der rund wie ein Ball war, hatte vier Hände sowie vier Beine und zwei Gesichter. Er bewegte sich schnell und nutzte seine acht Seiten, um sich fortzubewegen. Diesem halb weiblichen, halb männlichen Gebilde war eine solche Kraft gegeben, die bis zum Himmel reichte. Deshalb beschloss Göttervater Zeus, diesen runden Körper in zwei Teile zu trennen, damit demzufolge seine Kraft gemindert wurde. Das Experiment gelang, indem er das Gebilde in ein weibliches und ein männliches Geschlecht geteilt hatte.

Seit dieser Zeit haben beide Geschlechter den starken Wunsch, sich in Liebe einander zu nähern, um sich, wie einst, in einem einzigen Körper zu vereinen. Diese Assimilation (Angleichung) wird dann als Liebe empfunden, die sich bis zur Liebesglut steigern kann.

In dieser Legende kommt demnach deutlich zum Ausdruck, dass jeder Mensch in dieser Welt einstmals mit einem dem anderen Geschlecht zugehörigen Halbkreis eine Kugel gebildet hat. Beide haben sich somit ergänzt und ein Ganzes dargestellt. Die Menschen bleiben demnach, sinnbildlich betrachtet, „halbkreisförmig“, bis sie ihr „Gegenstück“, den anderen Halbkreis nämlich, gefunden haben und sich mit ihm assimilieren, also vereinen – wie es, der Legende nach, dem Original entsprochen hat. Folglich ist es, der griechischen Mythologie gemäß so, dass jeder Mann eine Frau hat, die ihm ähnelt, und die in einer übersinnlichen Verbindung zu ihm gehört. Demgemäß hat jede Frau einen Mann, der sie ebenso ergänzt und ihr quasi ermöglicht, eine „Vervollständigung“ zu erreichen, und damit eine Vollkommenheit. Beide suchen demnach jeweils die andere Hälfte, die eine Person nämlich, die nur zu ihnen passt, und nicht zu einem anderen Menschen. Da bei dieser Suche meist nicht gleich die richtigen „Hälften“ bzw. Paare zusammenfinden, kommt es zu allerlei Verstrickungen und Verwirrungen. Aber die gehören zum Leben und Lieben dazu ... – bis endlich der oder die einzig Richtigen sich „gesucht und gefunden“ haben.

In der Liebe, wie sie hier beschrieben wird, gibt es eine ähnlich geartete Bedeutung, denn, es heißt ja nicht umsonst über Liebespaare, die sich besonders eng verbunden fühlen: „sie sind füreinander geschaffen“ – genauso, wie er und sie es sich gewünscht haben. Alles in ihrem Herzen und ihren Sinnen ist auf diesen einen Menschen eingestellt: sie bewundert ihn, sie sieht in ihm ihren Traummann, ihren Wunschpartner, und er denkt ebenso von ihr; sie ist seine Traumfrau, seine Wunschpartnerin. Beide haben in ihren Herzen ein ähnlich geartetes Bild des Partners verinnerlicht, nach dem Leitmotto: „gleich und gleich gesellt sich gern!“.

Es heißt aber auch: „Gegensätze ziehen sich an!“; das bezieht sich jedoch nicht auf diese griechische Legende, sondern darauf, dass Paare eher unterschiedlich sind in ihren Verhaltensweisen. Ein Sprichwort lautet: „Die Vögel setzen sich zusammen entsprechend deren Formen“ – das heißt: die Liebenden fühlen sich zu ähnlichen Menschen des jeweils anderen Geschlechts hingezogen. Denn das Verständigen zwischen denjenigen, die ähnlich denken und fühlen, ist einfacher und klarer, sodass sie einen Höchstgrad an Einvernehmlichkeit erreichen. Aber meist neigt ein romantisches, sanftmütiges Mädchen ohnehin dazu, sich einem gefühlvoll und romantisch veranlagten Mann zuzuwenden, der an einer eher nüchtern, pragmatisch und sachlich denkenden jungen Frau höchstwahrscheinlich kein Interesse hat.

Algahez hat seine Meinung über die Bedeutung der Liebe hinsichtlich der Ähnlichkeit und des Zueinanderpassens sinngemäß in etwa so erläutert: „Der Grad der Gleichheit an die Liebesglut kommt normalerweise in der Natur nicht vor, außer, wenn es sich um eine Beziehung zwischen Mann und Frau handelt, die sich lieben. Das liegt an der Ähnlichkeit der beiden Menschen, da sie aus einer Schöpfung stammen. Sie haben ähnliche Moralvorstellungen, ähnliche Charakterzüge und einen ähnlich ausgebildeten Geist, sodass sie einander kennen und ihre Herzen sich somit verdoppeln." Also meint er, dass die Liebe aufgrund einer Verhältnismäßigkeit bezüglich der Gleichartigkeit entstanden ist. Dies ist beispielsweise dann gegeben, wenn die Ähnlichkeit zwischen zwei gegengeschlechtlichen Personen hinsichtlich der äußeren Form bzw. Gestalt, ihrer Eigenarten und Gewohnheiten auffällig ist, die ihnen von der Schöpfung eingegeben worden sind. Demnach bezieht sich die Liebe überwiegend auf die seelische Verbindung zu einem ähnlich charakterisierten Menschen oder zu einer Art Vorbild (wie es die „Safa Bros" in ihrem Brief über die Liebesglut darstellen). Wenn diese Liebesbeziehung auf eine natürliche Art entstanden ist, also unverkrampft und ohne Komplexe und Komplikationen, dann ist sie die reinste und stärkste Liebe. Wenn jedoch die Komponenten der Mangelhaftigkeit eingedrungen sind, dann kommt diese Liebe nicht aus dem Herzen, sondern ist durch eine vorgegebene Absicht entstanden oder durch eine Entscheidung, die das Herz nur oberflächlich getroffen hat. Denn es ist ein großer Unterschied, ob etwas aus dem Herzen kommt, oder ob es das Herz kaum berührt hat. Das ist ebenso bei einer natürlichen Perle oder einer industriell gefertigten bzw. nachgemachten, obwohl die Ähnlichkeit gegeben ist.

Vielleicht ist die Ähnlichkeit bzw. Gleichheit bezüglich der Liebenden aber als eine Antwort auf die Frage zu verstehen: „Warum liebe ich gerade diesen Menschen so besonders?" – Die wichtigste Frage ist jedoch: „Warum ist die Ähnlichkeit so besonders?" Die Antwort ist einfach: Man möchte den anderen sehen, als würde man in einen Spiegel schauen. Man möchte sich in seiner eigenen Gestalt und seinem angeborenen Verhalten in ihm erkennen, und ebenso in seinem Umgang mit sich selbst sowie mit den Mitmenschen. Man möchte, quasi reflektorisch, immer „zu sich selbst zurückkehren", wie ein Magnet, der sozusagen als Ausgangspunkt und als Zentrum gilt. Deshalb reagiert man so spontan auf einen Menschen, der einem ähnelt – ja, fast gleicht. Man beobachtet ihn, ist fasziniert, und dennoch verblüfft, und stellt möglicherweise Vergleiche an, die eigene Verhaltensmuster betreffen. Man kann die Blicke nicht von ihm wenden; es ist so, als würde man sein Ebenbild beobachten. Denn die eigenen Eigenarten und Eigenschaften werden einem augenblicklich bewusst. Es ist so, als würde man diesen Menschen schon lange kennen; als würde man sich in ihm widerspiegeln. Diese Erkenntnis macht neugierig; auch deshalb ist man bereit, sich spontan auf diesen Menschen einzulassen, weil man eine Nähe, eine Seelenverbundenheit spürt. Der Ausspruch, „ich habe das Gefühl, dass ich dich schon lange kenne", der in einem solchen Fall an den bisher eigentlich unbekannten Menschen gerichtet wird, ist ehrlich gemeint und nichts anderes als das Erfassen der Ähnlichkeit und das Erstaunen darüber. Das Gefühl der „Gleichheit", das sich nach dem „Kennenlernen" bei manchen Liebespaaren einstellt, mag etwas euphorisch klingen, ist aber auch eine Feststellung, die den Grad der „seelischen Verwandtschaft" darstellt. Dieses „Gefühl des Kennens" bringt gewissermaßen eine Ruhe und einen Vertrauensvorschuss in die Beziehung ein. Denn natürlicherweise neigt der Mensch dazu, mit demjenigen ein enges Verhältnis einzugehen, der seiner eigenen Wesensart am ehesten entspricht.

Die Liebe des Menschen, der sich zu demjenigen bekennt, der ihm in seiner eigenen Verhaltensweise ähnelt, bedeutet jedoch nicht, dass er mit diesen Eigenschaften uneingeschränkt einverstanden ist, oder dass er sie nicht kritisch sieht – so, wie er diese insgeheim möglicherweise bei sich selbst als bedenklich einstuft. Denn diese Wahrnehmung bezieht sich ja nicht nur auf die guten Eigenschaften, sondern auch auf die eher negativen bzw. schlechten, obwohl man die am Anfang der Beziehung nicht bemerken möchte, oder sie, um die Harmonie nicht zu stören, negiert. Dazu kann man auch die Frage stellen: „Ist es möglich, dass man jemanden aufgrund seiner Eigenschaften liebt, die man selbst nicht besitzt?" Und weiter gefragt: „Oder die man selbst nicht auslebt bzw. die man möglichst vermeidet?" – Diesbezüglich stellt sich als Nächstes die Frage: „Kann dieses Bewundern bezüglich einer Eigenschaft, die wir selbst nicht haben oder die wir an uns selbst nicht gutheißen, dazu führen, dass wir diese in Verbindung mit der geliebten Person, die dies verkörpert, anders sehen? – Nämlich: dass wir den anderen dafür bewundern, dass er etwas tut, was wir uns selbst nicht trauen würden?"

Eigentlich ist es ja so, dass wir Menschen aufgrund ihrer guten Eigenschaften lieben, die uns nicht gegeben sind oder nur unzureichend. Allerdings kann das nicht als „Ähnlichkeit der Charaktere oder Eigenschaften“ bezeichnet werden. Dennoch kann es zu einer Anziehungskraft, die sich bis zu einer Liebesbeziehung entwickelt, kommen – wie etwa bei der eines eher hässlichen Mannes zu einer hübschen Frau, oder bei der einer schwachen, sehr weiblich wirkenden Frau zu einem starken, sehr maskulin wirkenden Mann. Demnach gehören bei der Frau das Attribut der Attraktivität und beim Mann das der Kraft zu den am meisten bevorzugten bzw. geachteten Merkmalen der Vollkommenheit. Und natürlicherweise wünschen sich die Menschen jeweils die anderen, vermeintlich besseren und wirkungsvolleren Eigenschaften des Partners, die sie nicht haben. Demzufolge wollen sie daran partizipieren, um vollkommener zu sein und ebenfalls bevorzugt zu werden. Denn jede Art der Vollkommenheit ist beliebt und wird spontan „geliebt“, und so stehen Schönheit und Stärke an erster Stelle auf der Wunschliste.

Diese Ansicht entspricht auch der Theorie der Individualität. Denn die Augen erfassen auf den „ersten Blick“ die Schönheit und verbinden damit das Verlangen nach der Vollkommenheit. Und weil Allah im Innern der Menschen für beides selbstständige Maßstäbe und entsprechende Normen angelegt hat, sind alle danach auf der Suche. Deshalb sind die Schönheit und die Vollkommenheit „angeborene Bedürfnisse“, die als Keimlinge in jedem Menschen vorhanden sind und mehr oder minder das Wohlgefühl bzw. das Wunschdenken beeinflussen. Die Wurzeln in unseren Herzen pflanzen sich somit als Kerngedanken fort. Sie bringen uns dazu, jemanden zu bewundern, der außer der körperlichen Attraktivität eine ähnliche Auffassung vom Leben hat. Denn wenn die innerlichen Normen und die äußere Schönheit eine Einheit bilden, dann ist der Einklang erreicht – bezogen auf das, was sich im Innern befindet und dem, was die Augen sehen. Dann ist die Liebe perfekt; dann haben sich zwei Menschen fürs Leben gefunden.

Das dritte Kapitel: Die Erklärung der Liebe

Kann man das Gefühl der Liebe erklären oder gar ermessen? Ist es möglich, Liebe als Gefühl zu analysieren und einzuschätzen, gemäß einer wissenschaftlich fundierten Untersuchung, die an experimentellen Maßstäben gemessen werden kann?

Als Ausdruck des Empfindens oder der Gefühle gibt es beim ersten Blickwechsel mit dem potentiellen „Liebesobjekt“ kaum Unterschiede, nicht einmal zwischen Mann und Frau. Beide reagieren ähnlich, wenn auch auf eine andere Art, bei der ersten Begegnung. Da sind andere Gefühlsregungen eindeutiger, beispielsweise Angst, Ärger, Freude, auch Scham oder Scheu, und genauer zu unterscheiden.

Daraus sind durchaus logische Schlussfolgerungen zu ziehen, da das Gehirn sich ursächlich einmischt, wenn „zwei sich gefunden haben“. Das steht auf jeden und in jedem Fall fest. Denn es fungiert auch als Zentrum für all die anderen Empfindungen, ist also ebenso eine Art Schaltzentrale für die Seele, die das gesamte Gefühlsleben „im Griff“ hat – somit das Bewusstsein, das Denken und Fühlen sowie das Verhalten und die Willenskraft.

Die Liebe ist demnach eine Gefühlsaufwallung, die im Gehirn stattfindet, bevor sie das Herz erreicht. Demzufolge ist das Gehirn der Impulsgeber für die Liebe.

Dr. Michael Lipowitz, der als Forscher das Psychiatrie-Institut in New York unterstützt, hat in seinem Buch, das er 1983 veröffentlicht hat, ausdrücklich betont, dass es eine Beziehung zwischen Liebe und Gehirn gibt.[(8)]

Aber wie passiert das? – Das beantwortet Professor Philip Schiffer ganz eindeutig mit der Feststellung, dass das Zentrum der Liebe das Gehirn ist, denn dort befindet sich auch der Kern des Gedächtnisses. Wenn die Augen der Betroffenen sich treffen, sendet der Sehnerv ein magnetisches Signal zum Zentrum des Gedächtnisses im Gehirn, um das erhaltene Bild aufzunehmen und gemäß der Eigenschaften im Unterbewusstsein zu speichern. Dort wird es analysiert und erforscht. Falls sich im Zentrum des Gedächtnisses ein positives Prüfungsergebnis ergeben hat, wird von dort aus ein Signal ins Gehirn mit einer bestimmten Frequenz ins Zentrum der Liebe, ebenfalls im Gehirn, gesendet. Danach erfolgen Signale mit einer höheren Frequenz in das „formchemische Material“. Das hat wiederum Einfluss auf den Herzschlag[9] und alle anderen Empfindungen und Erscheinungsarten.

Die wissenschaftliche Analyse von Professor Philip Schiffer stimmt demnach mit den Erläuterungen im vorherigen Kapitel über die „Motive der Liebe“ überein, die Dr. Michael Lipowitz in seinem Buch sinngemäß so erklärt hat: Die chemische Substanz, die durch die Liebe entsteht und diese folglich verursacht, wird PEA genannt. „Die Chemie muss stimmen“, wie es so leichthin gesagt wird, wenn es um die Anziehungskraft von Mensch zu Mensch geht, hat diesbezüglich einen echten Bezug. Denn diese Chemie gibt denjenigen, die sich verliebt haben, auf hormonelle Art die Glücksgefühle, die Lebhaftigkeit und Vitalität, wenn sie mit dem- oder derjenigen zusammentreffen, die diese Empfindungen in ihnen ausgelöst hat. Diese chemische Substanz wird dann vom Gehirn zum Herzen und im ganzen Körper in Umlauf gebracht. Da sie als Aktivierungsmittel eine starke Ausdruckskraft besitzt, leistet der Körper gegen diese Fremdeinwirkung möglicherweise erst mal Widerstand. Danach senkt sich der Einfluss jedoch, und nach der „heftigen Verliebtheitsphase“ stellt sich allmählich das Alltagsgefühl, also das übliche, somit das vorherige Gefühl wieder ein. Dadurch ist die Liebe allerdings einer erneuten Prüfung ausgesetzt: Entweder hat sich die emotionale Gemütsbewegung bei dem Liebespaar intensiviert oder normalisiert, oder es ist ein Nachlassen zu spüren, sodass der Bestand der Beziehung möglicherweise in Frage gestellt wird.

In der Darlegung der Forschungsarbeit wird allerdings erwähnt, dass diese Substanz ihre Wirkungskraft bis zu vier Jahren entfalten kann. Nach dem Ende des „Liebesrausches“, wenn Pflichten und Routine den Tagesablauf wieder bestimmen, und möglicherweise ein Kind die Liebesbeziehung bereichert, scheidet das Gehirn eine andere Chemie aus, ENDORPHINS genannt, das dem natürlichen Opium entspricht. Diese sorgt nun für die Gemütsruhe. Es stärkt bei dem Paar das gegenseitige Sicherheitsbedürfnis sowie das Verantwortungsgefühl und das Vertrauensverhältnis. Falls der Anteil dieser Substanz aufgrund negativer Einwirkungen gesenkt wird – durch die Trennung des Paares, den Tod des Partners oder eine tiefgründige Verstimmung, die das Verhältnis trübt –, kann dies Depressionen und psychosomatische oder seelische Erkrankungen zur Folge haben. OXYTOCIN hilft dem Mann dann, die Lebenslust und auch die Liebeslust beim Geschlechtsverkehr wiederzuerlangen, sei es mit der bisherigen Partnerin oder einer neuen Geliebten, wenn er beispielsweise der Monogamie entfliehen möchte.

Alle Erscheinungen, die beim körperlichen Austausch der Gefühle entstehen, also beim Geschlechtsverkehr – die Gesichtsröte, der beschleunigte Herzschlag, der Schweiß und alles das, was bei der Sexualität die Verliebten beeinflusst –, sind chemische „Ausscheidungen“ bzw. Folgen des im Kopf und im Körper triebgesteuerten Prozesses. Das hat nichts damit zu tun, ob das Liebespaar schon lange zusammen ist, oder sich erst kürzlich zusammengetan hat Das Gehirn veranlasst, dass diese Stoffe als Konsequenz des seelischen Zustandes eingesetzt werden, und dazu einige anregende AMPHETAMINE Diese Aus- bzw. Einwirkungen können als „Symptome der Liebe" bezeichnet werden. Sie gelten aber auch als Symptom für die Reaktion als solche, denn die Liebe ist ja eine Reaktion, ebenso wie Angst, Ärger oder Freude und Lust. Die Reaktion der Liebe vereinigt alle anderen Reaktionen in sich, denn der oder die Verliebte befürchtet vielleicht, dass er oder sie doch nicht der oder die einzige Richtige ist. Denn im Grunde möchte jede Frau und jeder Mann für den Partner die wichtigste Person in der Welt sein. Das führt dazu, dass sie sich entweder wohl und zufrieden fühlen, oder eben unausgeglichen und unzufrieden. Es erscheint fast so, ob ihr Leben davon abhängt, wie sie von ihrem Partner bzw. ihrer Partnerin wahrgenommen werden. Das führt dazu, dass sie sich so anpassungsfähig und geschmeidig wie möglich geben, auf ihr äußeres Erscheinungsbild achten und auch auf die Spielregeln, ihren Sprachgebrauch und auf ein angemessenes Verhalten samt und sonders. Denn dieser „gute Eindruck“ soll in ihrem oder seinem Herzen einen festen Platz erhalten. Die Verliebten wollen in den Augen ihres Gegenübers begehrenswert erscheinen und deren Herzen für immer erobern, nach dem Leitmotto: Man kann jede Liebe verlieren, aber nicht seine Liebe. Jede Sorge lässt sich nicht abwenden, aber wenn man dennoch zu einer zufriedenen Lebenseinstellung gelangt, dann ist dies eine Zufriedenheit, mit der man einigermaßen gut leben kann. Denn jede Veränderung in dem Verhältnis, also im Auge des Betrachters, kann die Liebe erschüttern, vor allem, wenn von einem der Beteiligten das Denken füreinander, das Fühlen miteinander und das Interesse für die Paargemeinschaft nicht mehr ausreicht. Dann fühlt derjenige, der seine Liebe nicht aufgeben möchte, die Gefahr, dass die Gefühle des Partners sich verändert haben. Er fürchtet die innere

Distanz oder gar die Trennung, denn das Verlieren des geliebten Menschen ist mehr als ein Verlust der Seele. Wenn man die verliert, hat der Körper sein Leben verloren.

Derjenige, der an der Liebe festhalten möchte, reagiert mit Eifersucht, wenn der oder die Geliebte sich einem anderen Menschen zuwendet. Eifersucht ist im Grunde eine Verlustangst, die sich auf einen übersteigerten Besitzanspruch bezieht. Das irreale Denken und Fühlen führt dazu, dass alles in Frage gestellt und mit Frust belegt wird, was der Partner ohne den anderen macht. Der fühlt sich möglicherweise ausgegrenzt, meint, er würde bei ihm nicht mehr die erste Stelle einnehmen. Dies kann sich zu einer Identitäts- bis Lebenskrise entwickeln, mit Minderwertigkeitskomplexen und psychischen Störungen.

Denn mit dem Geliebten hat sich das Leben auf eine positive Art verändert; gemeinsam sind die „Dinge des Lebens“ besser zu schaffen, die Liebe bringt sie in eine gute Stimmung, und dies überträgt sich auf die Familie. Freunde, Kollegen und die Menschen im nahen Umfeld. Insofern wird alles durch die berüchtigte „rosarote Brille“ betrachtet, und nicht so, wie es wahrhaftig bzw. wirklich ist.

Omm-Kolsum, eine arabische Sängerin, die im zwanzigsten Jahrhundert berühmt geworden ist, besingt das Verliebtsein in einem ihrer Lieder sinngemäß so: "*Die Verliebten sehen in allen Menschen die Schönheit... aus ihrem Mund erscheint die Fröhlichkeit übermütiger und überschwänglicher ...*" – Sie beschreibt die Sterne und singt: "*Die Sterne erscheinen ihnen schöner und strahlender als vorher*", und über die Bäume: "*Sie sehen die Bäume begrünt, bevor der Frühling ihre Blätter mit frischem Grün schmückt...*". Und sie gibt ihrem Liebhaber zu verstehen: "*Durch deine Augen liebe ich das Leben!*"

In einem anderen Lied besingt sie die Veränderung des Lebens und insbesondere die Romantik und Stimmung, die sich nachts bei den Verliebten einstellt, dem Sinne nach so: "*Statt der Einsamkeit der Nacht fühle ich mich beschützt ...*", und: „*"Statt der Sinnlosigkeit des Lebens fühle ich Liebe".*

Die Liebe kann somit unser Leben tatsächlich verändern, ihm einen Sinn geben, und damit unser Verständnis und unsere Wahrnehmung auf angenehme Weise beseelen. Das bezieht sich, wie es in dem Lied zum Ausdruck kommt, auf die Menschen in unserem Umfeld, auf den Mund, die Sterne, die

Bäume, das nächtliche Beschütztwerden. Die Bedeutungen, das Denken und die Eindrücke sind beeinflusst von dieser Sinnesströmung. Der Einfluss der Liebe erhöht die Sensibilität, die Sentimentalität und auch das Sozialempfinden insgesamt. Die Liebeshormone, die dies erzeugen, sind allerdings auch, wenn sie sich im Übermaß entwickeln, für die Traumgebilde und Wahngedanken zuständig. die in der realen Welt nur schwer umsetzbar sind. Er sagt oder schreibt seiner Geliebten vielleicht: "… deine Anwesenheit und deine Liebe wärmt meinen Körper und erfreut mein Auge. Ich fühle mich, als würde dein warmer Atem mein Blut erhitzen, sodass ich die Kälte des Lebens nicht mehr spüre. Deine Worte wirken wie ein Zauber auf mich und das zärtliche Du klingt wie eine berauschende Melodie in meinen Ohren. Deine Wärme umfängt mich; meine Liebe zu Dir bindet mich so stark an dich, dass ich mich nicht mehr von dir entfernen kann. Fühlst du meine leidenschaftliche Liebe auch, und wie meine Seele und meine Sinne von dir eingenommen sind? – Du bist für mich wie eine zweite Seele, die mir die Freude am Leben schenkt und mich fröhlich und glücklich macht. Du bist in meinen Augen, in meinem Herzen, in meiner Leidenschaft und Liebesempfindung alles, was ich mir wünsche. Ich fühle dich und mich, wenn du nicht bei mir sein kannst. Du bist mit mir und ich bin mit dir, und deine Seele atmet immer mit, gemeinsam mit meiner Seele …"

Er möchte die Möglichkeit haben, sie immerzu zu beschützen und für sie alles zu tun, was in seiner Kraft steht. Und sie wünscht sich, dass sich daran niemals etwas ändert, und dass es für ihn und für sie immer eine gemeinsame Wellenlänge und eine glückliche Zukunft geben wird.

Diese liebevolle Beziehung, die so oder ähnlich in gesagter oder geschriebener Form zum Ausdruck kommt – oder heutzutage auch im Internet in den so genannten sozialen Netzwerken geäußert wird, wenn beide nicht ständig zusammen sein können –, soll also beständig bleiben, in Treue und zum Wohl für beide. Die Liebe soll demnach durch nichts und niemanden erschüttert werden; beide wollen zusammen bleiben und miteinander alle möglicherweise auftretenden Probleme oder widrigen Umstände aus ihrem Verhältnis räumen.

Wie kann dieses Dasein der Liebe am Leben erhalten bleiben?

Das Dasein der Liebe vermittelt durch den liebevollen Umgang miteinander die Erfüllung und Fröhlichkeit, die Hoffnung und Sehnsucht und stärkt die Vertrautheit. Es schafft aber auch die Furcht, den anderen zu verlieren, sowie Schlaflosigkeit, wenn er mal später kommt als gewöhnlich, oder wenn sich Probleme ergeben haben. Die Liebenden sind somit, ob in guten wie in schwierigen Situationen, immer einer extremen Gefühlslage ausgesetzt. Sie neigen entweder zur Überschätzung oder zur Unterschätzung in ihrem Verhältnis. Sie gehen keinen Kompromiss ein, oder sie lassen sich permanent auf die Möglichkeit ein, eventuellen Schwierigkeiten aus dem Weg zu gehen. Denn um ihre Liebesbeziehung zu erhalten bzw. nicht zu gefährden, lassen sie sich möglicherweise auf Dinge ein, die sie normalerweise nicht tun würden.

Sie drücken ihre Liebe demnach mit allen Konsequenzen aus und sind auch bereit, dafür Unannehmlichkeiten auf sich zu nehmen, falls es notwendig bzw. unumgänglich ist. Das sind die Folgen aus dem Bekenntnis: "ich liebe dich" oder: "ohne dich kann ich nicht leben!"

Wenn einer der Liebenden sich entfernt, geht ein Anteil der Seele des anderen mit, und an der Seite des anderen bleibt ein Anteil von dessen Seele erhalten. Das ist natürlich nur sinngemäß so gemeint, aber dennoch sagt man: „Ohne dich bin ich verloren!“ – Dieses Denken und Fühlen entspricht eben keiner logischen Maßgabe, die den Menschen eine Richtschnur vorgibt. Damit ist im Grunde ja auch nur gemeint: Beide Seelen bleiben miteinander verbunden. Denn ein Mensch ohne Seele ist tot – entweder, weil er tatsächlich gestorben ist, oder weil er in seinem Innern nicht mehr lebt bzw. liebt und deshalb, „tot“ ist. Denn die Liebe ist es, die dem Leben die Energie und die Farbe gibt, die Freude und das Glück. Die Lebenslust sorgt dafür, dass wir unsere Pläne verfolgen, dass wir Spaß an dem, was wir bewirken, empfinden und uns zu Träumen verleiten lassen, die vielleicht nur eine Vision bleiben. Aber Hauptsache ist doch, dass wir Ideen haben, um unser Leben so lustvoll wie möglich zu gestalten. Und sie sorgt auch dafür, dass wir das Verliebtsein genießen können. Denn wenn wir verliebt sind, fühlen wir uns ermutigt und erstarkt; wir fühlen die Harmonie in unseren Herzen, die Leichtigkeit des Seins. Und mit dieser Gefühlswärme gehen wir mit unserem Lebenspartner um, aber auch auf andere Menschen zu. Die Liebe bewirkt also auch, dass wir die Herzen der Mitmenschen erreichen, weil wir uns freundlicher und geduldiger, großzügiger und gütiger verhalten, demnach sozialer und toleranter.

Das Gefühl des Glücks, der inneren Ruhe und der Sicherheit führt im Umgang mit ihnen also zu mehr Verständnis und insgesamt zu mehr Wohlgefühl. Die Verliebtheit beherrscht somit unser Handeln und dehnt sich auch auf alle anderen Lebensbereiche aus. Und das bedeutet, dass die Sinne der Verliebten auch in ihrem Umfeld auf mehr Verständigungs- und mehr Wertschätzungswillen eingestimmt sind. Aufgrund des Vertrauens, das die Verliebten zueinander haben, gehen sie auch auf andere Menschen vertrauensvoller zu. Vertrauen ist sozusagen „der engste Freund der Seele".

Mit diesem Grundvertrauen findet man letztlich zu sich selbst und zu dem, was einem wichtig ist im Leben. Durch die Liebe zu einem Menschen spürt man, dass man nicht alleine ist und dass man mit ihm leichter Lebenspläne umsetzen und somit mehr Lebensqualität erreichen kann.

El Razy, einer der berühmtesten Philosophen und Mediziner des achten Jahrhunderts, ist der Meinung, dass die Anhänglichkeit und Harmoniesucht des Liebespaares bereits als Leidenschaft zu deuten ist. Er hat sinngemäß dazu geschrieben: Wenn die Harmonie in der Liebesleidenschaft das Miteinander prägt, wird eine Trennung erschwert. Denn die Harmonie ist für die Verliebten ein wichtiges Bindeglied. Harmonie bedeutet, dass sie weder Bedingungen noch Formalitäten benötigen, um ihre Lebenspartnerschaft zu festigen. Die Harmonie ist allerdings auch dafür verantwortlich, dass die Liebenden dazu neigen, sich mit „ihresgleichen", also einem ähnlich gearteten Menschen, einzulassen. Die Harmonie in der Liebe bedeutet demnach, dass es für die Verliebten keine Fesseln und keine Heuchelei gibt, und dass Hindernisse gemeinsam leichter überwunden werden können. Harmonie ist somit der „Schlüssel zu ihren Herzen", und mit der körperlichen Hingabe hat die Liebe ihre Vollkommenheit erreicht.

Eine zärtliche Geste kann aber auch genügen, indem sich die Geliebten einfach in den Arm nehmen, um sich so ihr Wonne- und Zusammengehörigkeitsgefühl zu vermitteln. Auf diese Art kann ebenso ein leichter Vorwurf geäußert werden, ohne dass es gleich zu einer harschen Auseinandersetzung oder gar Beziehungskrise kommt. Denn ein Tadel oder Vorwurf, wenn er mit einer zärtlichen Geste vermittelt wird, bringt das Liebesleben meist schnell wieder ins richtige Lot. Durch ein klärendes Gespräch kann die Harmonie wieder hergestellt und damit die Irritation beseitigt bzw. die Verständigungsbasis wieder gestärkt werden.

Frauen sind in Bezug auf ihre Gefühle meist anpassungsfähiger, aufgeschlossener, aber auch mitteilungsbedürftiger. Sie haben den natürlichen Drang, über das zu reden, was ihnen „auf dem Herzen liegt“.

Männer sind üblicherweise von ihrer Natur her eher verschlossen, wenn es um solcherart Gemütsbewegungen geht. Das hängt meist mit ihrer Erziehung zusammen, denn sie werden schon frühzeitig darauf getrimmt, sich als „echte Kerle“ zu präsentieren, niemals zu weinen und sich stets willensstark zu zeigen. Aber eine Frau kann ihren Geliebten mit einer liebevollen Aufforderung und einer zärtlichen Berührung dazu bringen, dass er ihr gegenüber seine Gefühle offenbart.

Heutzutage unterscheiden sich allerdings auch die Männer voneinander, wenn es um ihre inneren Regungen und insbesondere um eine Sinnesverwirrung geht. Denn inzwischen hat diesbezüglich eine Annäherung zwischen Frauen und Männern stattgefunden und daraus haben sich mittlerweile im „Geschlechterkampf“ veränderte Rollenverteilungen und Spielregeln ergeben. Diese Auswirkungen haben in Europa und den anderen fortschrittlich orientierten Ländern dazu geführt – allerdings auch bedingt durch die Emanzipations- und Gleichberechtigungsbewegung der Frauen –, dass die meisten Männer sich diesen neuen Normen und Regeln angepasst haben. Viele verhalten sich nun sanftmütiger und weichherziger; sie haben sich somit ermutigt gefühlt, sich auf eine Liebesbeziehung einzulassen, die auf Partnerschaft aufgebaut und in der für beide die Selbstverwirklichung selbstverständlich ist. Demgemäß verhalten sie sich offener, rücksichtsvoller, gehen zärtlicher mit ihren Frauen um und sind insgesamt sensibler und toleranter, weil sie es sich selbst so wünschen.

Früher wussten viele Männer nicht, wie sie ihre Gemütsverfasssung in den Griff kriegen konnten, wenn sie einer Frau begegneten, die ihr Interesse erregte. Sie unterdrückten ihre Gefühlsregungen, wenn beispielsweise eine Frau weinte. Sie konnten mit solch einer rührseligen Situation meist nicht umgehen, trockneten vielleicht ihre Tränen, weil ihnen der unkontrollierte Gefühlsausbruch unangenehm war. Und ihnen fehlten auch die Worte, um auf den Kummer der Frau einzugehen und sie zu trösten. Ebenso wenig wussten diese Männer, wie sie ihre Liebesempfindungen zum Ausdruck bringen sollten. Ihnen fehlte es an der heutzutage eher leichtlebigen, lockeren Art und an der spielerischen Komponente, einer Frau sein Herzensbedürfnis mitzuteilen. Sie versteckten ihre wahren Gefühle, weil sie sich nicht trauten, sie zu offenbaren. Andererseits hofften sie aber, dass die Frau das spürte. Denn von ihr erwarteten sie ja, dass sie empfindsam und feinfühlig war. Wenn sich die Frau auf die Liebe des Mannes einlassen wollte, dann musste nämlich sie oftmals die Inititative ergreifen – aber auf eine Art, die ihn als Eroberer erscheinen ließ. Und wenn er ihr seine Gefühle nicht gestehen konnte, dann versuchte sie es letztlich und möglicherweise, ihn durch ihre Tränen dazu zu ermuntern bzw. zu ermutigen. Das Liebesglück war also häufig nicht so unbeschwert und unkompliziert zu erreichen.

Wenn eine Frau weint – es sei denn vor Freude oder Glück –, dann kann das ihre Art des Beklagens sein, weil sie enttäuscht oder traurig ist und ihren Kummer auf diese Weise aus sich herauslassen kann. Denn sie darf Schwäche zeigen und muss sich ihrer Tränen nicht schämen. Die Männer reißen sich bei gefühlsgeprägten Problemen eher zusammen, um ihre innere Stärke zu demonstrieren. Sie wollen nach außen nicht zeigen, dass sie mit etwas bzw. mit ihren Liebesgefühlen nicht klarkommen, da dies (angeblich) zu einem starken und tapferen Mann nicht passt. Selbst bei einer weinenden Frau, in der sie das zarte Geschöpf sehen, das sie nur allzu gern vor den Grausamkeiten des Lebens und allem Leid beschützen möchten, müssen sie sich überwinden, ihre Gefühle zu offenbaren. Aber wenn sie die Zärtlichkeit und Zuneigung der geliebten Frau gewinnen möchten, müssen sie sich zu ihr bekennen und es ihr sagen.

Wenn die Frau alle Vorteile der Weiblichkeit besitzt – also äußerlich als eine äußerst attraktive Erscheinung auftritt –, aber weder warmherzig noch zärtlich ist, dann ähnelt sie allerdings den gentechnisch veränderten Früchten, die reif und wunderschön aussehen, die jedoch meist nicht so gut schmecken, weil sie überzüchtet sind. Die Frauen, die sich so geben, wie sie sind, die hübsch, intelligent und lebensklug sind, haben, neben Herzenswärme und Mitgefühl andere Vorteile, die sie liebenswert machen. Sie schenken dem Geliebten Harmonie in der Liebe, innere Ruhe und ein erstarktes Selbstvertrauen und Selbstwertgefühl. Alles dies sind positive Anzeichen, die einer Beziehung neben den aufgewühlten Emotionen Geborgenheit geben und die Hoffnung auf ein gemeinsames Leben stärken. Aufgrund dieser Impulse sowie der Kommunikation erhält das Liebesleben eine ganz natürliche Beschaffenheit, die das Paar aneinander glauben lässt und ihre Vertrauensbasis stärkt. Dies ist ein solides Fundament für die Glückseligkeit, die von ihrer Liebe genährt wird. Diese Momente sind wie ein Seil, das zwischen dem Liebespaar gespannt ist, an dem sie immer wieder zueinander finden. Mehr und mehr sind es dann auch die gemeinsamen Erinnerungen und Erlebnisse, die das Liebeskonto bereichern. Diese Gefühle des Glücks lassen in das Verhältnis Vertrauen, Wärme, Zärtlichkeit und Zuversicht fließen.

Das bringt die Seele der Verliebten zum Fliegen; sie meinen, den Himmel berühren, die Sterne küssen und auf einer Wolke schweben zu können, die nur für sie geschaffen ist. Die Liebe befreit sie von negativen Empfindungen und gibt ihnen eine positive Energie.

Aufgrund einer amerikanischen Forschungsarbeit, die Dr. Bartels zu diesem Thema durchgeführt hat, konnte festgestellt werden, dass die Liebe das optimistische Denken und Fühlen aktiviert und pessimistische Stimmungsstörungen vertreibt. Das beiderseitige Treueversprechen, das die Verliebten sich versichern, stärkt zudem das Zusammengehörigkeitsgefühl. Denn wenn die Seelen der beiden Verliebten vereint sind, gibt ihnen das Zufriedenheit und Zutrauen, und mit diesem Geschenk, das sie sich „von ganzem Herzen und in Liebe verbunden“ gegenseitig machen, erhalten beide mehr Selbstsicherheit und Selbstzufriedenheit. Den Selbstzweifeln wird die Existenzgrundlage entzogen, sie fühlen sich in ihrem Liebeszusammenhalt geborgen, gemäß dem Motto: „Gemeinsam sind wir stark!“

Neben der inneren Ruhe und Seelenvertrautheit, die den Verliebten Vitalität sowie Wohl- und Wonnegefühle bescheren, erhalten auch die Farben in dem „Gemälde der Liebe“ mehr Ausdruckskraft, Fröhlichkeit sowie Heiterkeit und Helligkeit. Dunkle Farben lassen oftmals eine depressive bzw. diffuse oder morbide Stimmung erkennen, die sich eher als Abneigung und Entfernung deuten lässt.

Das „Paradies der Verliebten“ besteht demnach aus Wohlgefühlen und Zufriedenheit in ihrer Zweisamkeit. Die „Hölle der Verliebten“ besteht aus Abneigung und Entfernung. Der Entzug bzw. der Treuebruch oder das Verlassen ist für den betroffenen Partner die schlimmste Verletzung. Denn gegen das Leiden, das durch Liebeskummer verursacht wird, gibt es keine Medizin.

Die Sehnsucht, die daraufhin mal mit Traurigkeit, mal mit Wut gefüllt ist, lässt sich nicht einfach verdrängen, und die Nähe der oder des Geliebten ist meist mit der Hoffnung verbunden, dass sich die Liebesgefühle wieder einstellen, von Angesicht zu Angesicht und angesichts der gemeinsamen Erinnerungen und Erlebnisse.

Die Sehnsucht dauert lange an, denn das Feuer im Herzen der Verliebten lässt sich nicht wie ein Strohfeuer löschen. Erst wenn diese Sehnsucht und damit das Verlangen nicht mehr spürbar ist, wenn das Feuer erloschen ist, hat auch die Flamme der Liebe ihre Zündkraft verloren.

Aber in diesem Beitrag soll es ja um die Sehnsucht der Verliebten gehen, die sich immer öfter und immer wieder entzündet und beide zueinander führt. Wenn die Nähe der Verliebten von beiden als erstrebens- und wünschenswert empfunden wird, kommt es meist zu dem Entschluss, zu heiraten, um damit die Liebe zu krönen. Damit ist die Ruhe der Sehnsucht und des Verlangens erreicht. Aber ab jetzt bestimmen die alltäglichen Dinge des Lebens das Miteinander, und dieser Bewährungsprobe sollten sich die Eheleute erst mal stellen, bevor sie mit ihrer Familienplanung beginnen.

Die Sehnsucht lässt das Feuer in den Herzen der Liebenden demnach immer wieder aufflammen, und damit ist der Glanz der Liebe zu erklären. Doch wenn Eifersucht und andere negative Einflüsse in die Liebe eindringen, können Probleme das Verhältnis trüben. Die Liebe reflektiert gewissermaßen, was in den Liebenden vor sich geht und wie sie sich in ihr soziales Umfeld einbringen. Ganz natürliche Abnutzungs- oder Eigensuchterscheinungen können die Gefühle beeinflussen. Es gibt jedoch keine Liebe ohne Eigensucht, das heißt: egoistisches Denken und Empfinden. Die jeweiligen Bedürfnisse der beiden Liebenden müssen stets berücksichtigt werden, denn sie haben aufgrund ihrer festen Beziehung oder ihrer Heirat ja nicht ihr Eigenleben bzw. ihre Identität und ihre eigenen Lebenspläne aufgegeben. Außerdem müssen die mittlerweile erhöhten Anforderungen im Arbeitsleben berücksichtigt werden, die vielen Menschen zu schaffen machen.

Dennoch wird oftmals mit Eifersucht reagiert, wenn einer der Liebespartner zu sehr mit seiner Berufstätigkeit beschäftigt ist oder in seiner Freizeit ein Hobby betreibt, das den anderen ausschließt. Besonders drastische Ausmaße nimmt die Eifersucht an, wenn andere Menschen – egal, ob männlicher- oder weiblicherseits – in das Liebesverhältnis eindringen und die Zweisamkeit stören.

Die Liebesbeziehung zwischen zwei Menschen erfolgt jedoch freiwillig, ist also im Normalfall mit einem nicht geschriebenen Vertrag zu vergleichen. Es sei denn, das Eheversprechen ist mit einer vertraglichen Vereinbarung gekoppelt, ansonsten ist es die ethische und moralische Verpflichtung, dem anderen „treu zu sein in guten und in schlechten Zeiten".

Dennoch entstehen Pflichten und Rechte auf beiden Seiten, und wenn einer von beiden sich nicht daran hält, ist der Bestand der Beziehung gefährdet.

Die emotionale Beherrschung ist dann angesagt, da in der Liebe, ohne einen rechtsgültigen Vertrag, keine Pflichten oder Rechte eingefordert werden können.

Es ist eine freiwillige Liebesgabe, die dem Partner bzw. der Partnerin geschenkt wird. Doch wenn er oder sie sich in einen anderen Menschen verliebt hat, dann ist die Eifersucht bei dem Partner eine ganz natürliche Reaktion. Die Eifersucht wirkt bei demjenigen wie eine giftige Pflanze, die ihren Samen streut und dessen Vorstellungskraft vergiftet.

Sigmund Freud beschreibt die Eifersucht in seinem Buch "Geschlecht und Mensch" sinngemäß so, dass sie eines der wichtigsten Gefühlsregungen im Umgang des menschlichen Wesens miteinander darstellt und dass sie sich auch durchaus wild gebärden kann[10]. Denn der Treuebruch wird als Verrat empfunden, und dass jemand die Beherrschung verliert, wenn er sich betrogen bzw. verraten fühlt, dann ist das durchaus verständlich. Damit ist nämlich nicht nur in der Beziehung das „Dasein der Liebe" bedroht, sondern die Liebe dieser beiden Menschen ist verloren, weil eine dritte Person sich eingemischt hat.

Die Eifersucht ist also auch ein Symptom der Liebe, das sich mal mehr, mal weniger bemerkbar macht. Denn nicht jeder Mensch ist gleichermaßen eifersüchtig, und auch die Gründe spielen eine wichtige Rolle. Falls er beispielsweise nur eifersüchtig auf ihren Lieblingssänger ist, oder sie auf seine Lieblingsschauspielerin, dann ist das meist nur eine harmlose Schwärmerei, die das Verhältnis nicht so gefährdet, dass die Zweisamkeit beendet wird.

Omm-Kolsum beschreibt die Bedeutung der Eifersucht in ihrem Lied in etwa folgendermaßen: *„Ich bin eifersüchtig auf dich wegen der süßlichen Prise (?) auf deinen Lippen, Schatz. Ich beneide die Sonne, wenn sie am Vormittag scheint, ich beneide die Sonne, wenn sie abends untergeht. Ich bin* *auf die Vögel neidisch, wenn sie auf dem Gipfel eines grünen Zweiges sitzen und miteinander zwitschern ...“*

Das vierte Kapitel: Die Liebe lehrt mich ...

Erstens: Kann Liebe gelehrt werden, oder: kann man Liebe lernen? – Mit anderen Worten: Braucht jemand, der lieben möchte, einen Lehrplan für die Liebe?

Die Antwort ist eindeutig nein! Denn die Liebe entsteht aus einem Gefühl, aus einem angeborenen bzw. ganz natürlichen Instinkt. Sie braucht demnach keine besonderen bzw. gewonnenen Kenntnisse.

Wenn sich jemand, der verliebt ist, spontan und unverkrampft verhält, kann er seine Gefühle ausdrücken, ohne dass es zu einem Missverständnis kommt. Er ist also auf keine besonderen Fähigkeiten angewiesen. In der bildenden und darstellenden Kunst sowie in der Literatur, besonders in der Belletristik und hier im Genre der Lyrik, gibt es unzählige Anwendungs- und Ausdrucksmöglichkeiten für diejenigen, die in der Liebe außergewöhnliche oder passende Verhaltens- und Verkörperungsformen finden möchten. Man kann auch in Liebesfilmen nach einer Orientierung oder Stimulierung suchen, und in der Musik gibt es von der Klassik bis in die Moderne für jeden den Rhythmus, der mit leichten Schwingungen oder einem rasanten Schwung den Takt vorgibt, je nach Temperament.

Wie kann man zum Beispiel einen Menschen – egal, ob männlich oder weiblich – auf unaufdringliche Weise anregen, dass er die Liebe, die man für ihn empfindet, erwidert?

Diese Frage ist für jemanden, der in einer einseitigen Liebe gefangen ist – egal, ob männlich oder weiblich – sehr wichtig, vor allem dann, wenn er deshalb leidet. Doch um dies wahrheits- und wirklichkeitsgetreu zu beantworten, müssen erst mal andere relevante Fragen gestellt werden:

Hat der geliebte Mensch seinerseits überhaupt Interesse an dem Liebesangebot?

Ist die Erwiderung der Liebe möglicherweise aussichtslos, weil der geliebte Mensch bereits vergeben ist?

Falls es zu diesen Kernfragen keine Kritierien gibt, die gegen eine Liebesverbindung sprechen, kann man sich auf die nächste Schrittfolge konzentrieren:

Gibt es etwas, mit dem man das Interesse des geliebten Menschen anregen und herausfordern kann?

Dafür ist eigentlich nur eine gute Beobachtungsgabe erforderlich, um das „Lieblingsthema" ansprechen und aufgrund des gemeinsamen Interesses ein Rendezvous vereinbaren zu können. Alles Weitere muss sich dann ergeben.

Kann es sein, dass der- oder diejenige nur gehemmt ist, oder dass er oder sie derzeit keine feste Beziehung möchte, aus bestimmten Gründen?

Im ersten Fall ist Feingefühl notwendig, um die Hemmungen abzubauen und eine Kontaktbasis aufzubauen.

Im zweiten Fall sollte der- oder diejenige nicht bedrängt werden. Mit Geduld und einem unverbindlichen Gespräch ist eine unverfängliche Annäherung möglich; damit kann der Aufmerksamkeitsgrad angeregt und die Chancen „auf mehr" ausgetestet werden.

Könnte es ein möglicherweise prominentes Idol geben, das für Männer als „Superfrau" bzw. für Frauen als „Supermann" gilt? – Jemand aus dem Show- oder Sportbereich, der eine Vorbildfunktion einnimmt, aber eigentlich, jedenfalls unter normalen Umständen, unerreichbar ist?

Das kann als Blockade nicht ausgeschlossen werden, da heutzutage das Internet Kontakte ermöglicht, die früher gar nicht denkbar waren. Es kann also durchaus sein, dass im globalen Netzwerk der „Supermann" oder die „Superfrau" erreicht werden können, oder jemand, der diesem „Modell" ähnelt. Das äußerliche Erscheinungsbild ist ja heutzutage leicht nachahmbar. Aber jeder Mensch hat ausgeprägte Charaktereigenschaften, eine bestimmte Denkweise, einen gewissen Geschmack. Daher bevorzugt er bei einem anderen Menschen ein ähnliches Charakter-, Denk- und Geschmacksmuster. Und wenn die äußere Erscheinung dem Ideal einigermaßen entspricht, möchte er in diesem Menschen natürlich auch die gewünschten Eigenschaften finden. Die Bewunderung – auch hierbei fungiert das Bewundern als „Kontaktkleber" – und die Verehrung führen dazu, dass der oder die Verliebte möglicherweise verblendet ist, wenn die Eigenschaften des oder der Geliebten nicht seinen Vorstellungen entsprechen. Aber dieses Phänomen der Verherrlichung ist anfangs ja schon ausführlich thematisiert worden.

Da sich jeder Mensch von dem anderen unterscheidet, ergibt sich entweder die Möglichkeit der Normierung oder der Relativierung. Denn es ist fast unmöglich, den einzigartigen Menschen zu treffen, der alles das erfüllt, was sich der Verliebte in seiner „Verzückungsphase" vorstellt.

Das „Musterexemplar"„ das sich Frauen und Männer wie aus einem Modejournal auswählen, gibt es in der Realität nämlich nicht – oder nur selten.

Der „Don Juan"-Typ bei den Männern, den Frauen besonders interessant finden, ist mehrheitlich nur kurzfristig an deren äußeren „Werten" interessiert, an den inneren meist nicht. Er hat auch kein bestimmtes Idol, er „liebt" den Erfolg bei Frauen an sich. Und es gibt eben viele, die sich ihm förmlich „an den Hals schmeißen". Er muss sich gar nicht anstrengen, um eine zu erobern. Und da er keiner etwas verspricht, was er nicht halten kann, wird ihm seine „Herzensbrecher"-Mentalität meist nicht übel genommen. In allen Epochen ist ein „Don Juan" als der Mann betrachtet worden, der gleichzeitig intime Beziehungen zu mehreren Frauen unterhält, aber keiner sein Herz oder gar seine Liebe schenkt. Er sucht sich die Frauen aus wie eine Obstsorte, aber er wird auch von ihnen gerne gewählt. Doch wenn er die eine „Obstsorte" betastet, also im übertragenen Sinne seine Augen, seinen Mund, seine Nase und Ohren damit gefüllt hat, hat er genug davon. Dann wird ihm langweilig und er sucht sich eine andere. Er begnügt sich eben nicht mit einer einzigen, und da er unersättlich ist, ermüden seine Augen beim „Pflücken" nicht. Außerdem hält ein „Don Juan" seine Sinne 24 Stunden offen. Und da er ja sein „Herzblut" nicht an eine einzige Frau verschwendet, kann er sich immerzu eine neue suchen. Es gibt demnach keine Ansprüche, die er erfüllen muss, oder ein „Gedränge", das ihm als „Liebhaber" zu schaffen macht. Denn seine kurzfristigen Geliebten – oder Gespielinnen – haben keinen Grund, sich zu beklagen. Sie bekommen, selbst durch die „rosarote Brille" betrachtet, frühzeitig zu spüren, dass er nicht mit dem Herzen dabei ist, sondern meist nur an deren Oberfläche interessiert ist.

Er ist ein „Herzensdieb", ein Jäger und Sammler – ein durchaus liebenswerter Gauner eben, der sein Lebensmotto meist nicht verheimlicht und dem am flinken Augenspiel und „an der „Nasenspitze abzulesen ist, was ihn bewegt. Und da er sich keine große Mühe geben muss, um sich seinen Opfern zu nähern, kann er dies lässig und locker tun. Denn die Frauen werfen sich geradezu in seine Arme, und mit seinem Charme, seiner Eleganz, seinem Lächeln und mit schönen Worten hat er sie schnell in seinem „Fangnetz" und präsentiert sich ihnen als edler „Jäger" und erfahrener Liebhaber.

Er ist durchaus ein Mann mit Prinzipien, da er seine „Opfer" nach einem bestimmten Prinzip und Profil auswählt. Es sind Frauen, die auf „eigenen Füßen" zu ihm gekommen sind. Sie „spielen" mit den Fäden seines Netzes, denn auch sie sind eher am Spiel unteressiert, als an einer dauerhaften Verbindung. Sie nehmen es für den Augenblick hin, an seine Gefühle zu glauben, aber nicht an ein Versprechen. Er gibt sich bedenkenlos großzügig, weil er seine Beteuerung sowieso nicht einhält. Seine Gefühle sind wie ein „Konto der Liebe", das immer ein Guthaben bilanziert – egal, wie viel Liebeseinsatz er verbraucht hat. Er gibt gerne, nimmt aber auch, was er bekommen kann. Er ist aufgeschlossen, freundlich, liebenswürdig, und deshalb hat er, neben vielen Freundinnen, meist auch viele Freunde, die sich ebenfalls gerne in seiner Nähe aufhalten, weil er eine gute Stimmung verbreitet. Aber auch, weil es in dieser Atmosphäre und in seinem „Dunstkreis" einfacher ist, mit der einen oder anderen Frau anzubändeln und sich gegebenenfalls als „Seelentröster" anzubieten.

Außerdem sieht er meist gut aus – möglicherweise wie Tom Cruise, Brad Pitt oder Richard Gere –, auch seine charismatische Art und sein selbstbewusstes Auftreten trägt zu seiner Beliebtheit bei. Er hat eine angenehme Stimme, verhält sich stets geschmeidig und gewandt, hat in jeder Situation einen schlagfertigen Spruch parat und ist samt und sonders ein smarter, sympathischer Typ, den sowohl Frauen wie Männer bewundern und fast schon verehren. Frauen möchten mit – oder neben – ihm „glänzen", Männer möchten so sein wie er; sie beneiden ihn um und bewundern ihn wegen seiner Verführungskunst. Dazu gehören schauspielerische Fähigkeiten sowie Fitness im Kopf und im Körper. Dass er niemals über seine Gefühle die Kontrolle verlieren darf, versteht sich von selbst.

Die Bewunderung ist es also, die vor allem den Frauen eine vermeintliche Liebe vorgaukelt, die ihre Sinne betört und so der Verführung Vorschub leistet. Wenn die Männer ihn ansehen, dann fühlen sie sich selbst, im Gegensatz zu ihm, mickrig und minderwertig. Also versuchen sie; sich seinem Erscheinungsbild anzupassen. Wenn sie mit ihm sprechen, lassen sie sich auf seinen Redestil ein und messen dem, was er sagt, eine hohe Wertschätzung bei

Die Aufgeschlossenheit, mit der er fast jedem Gegenüber begegnet, ob männlich oder weiblich, erleichtert es ihm, sich in jeder Situation auf Veränderungen einzulassen. Auf diese Art bringt er seine „Liebe" geschickt und geschmeidig ein, wann, mit wem, wie und wo er es will. Er nimmt sein „Liebeswerben" sofort auf, wenn er das „Objekt seiner Begierde" sieht, und er ist möglicherweise in diesem Augenblick selbst davon überzeugt, dass er so etwas wie Liebe empfindet. Denn er ist ja kein bösartiger Mensch, der andere ausnutzen will, wie beispielsweise ein Heiratsschwindler, der nur an gut situierten Frauen und ihrem Geld interessiert ist.

Es ist auch nicht seine Absicht, die Gefühle seiner „Opfer" zu verletzen. Er ist bindungsscheu und eitel und fürchtet sich möglicherweise sogar vor der echten Liebe. Auch deshalb lässt er sich auf keine falschen Versprechungen und Vertrauensbeweise ein, sondern nur auf eine vermeintliche oder vorgetäuschte Liebe(lei). Aus der Erfolgsquote seiner Eroberungen bezieht er demnach sein Selbstbewusstsein, und er unterscheidet möglicherweise in seinem Denken und Fühlen nicht, ob es Liebe oder nur Sympathie ist, die ihn so unruhig und so umtriebig macht. Also ist er eigentlich ein armseliger Mensch, der sexbesessen ist und triebgesteuert immerzu nach Selbstbestätigung sucht.

Auch hierbei spielt die Bewunderung eine Rolle, denn die ist es ja, die ihm die Eroberung der Frauenherzen erleichtert. Und so betrachtet ist es eine fast fatale Entwicklung des Erfolgs. Denn ihm ist es im Grunde egal, mit wem er sich einlässt. Er „liebt" die Liebe als solche, und nichts anderes als die Liebe. Aber ob er die echte Liebe jemals finden wird, ist fraglich, weil er kaum noch an jemanden glauben und jemandem vertrauen kann.

Ein „Cassanova" oder „Don Juan" macht es sich nämlich zur Gewohnheit, sich in seinem „Jagdrevier" flexibel, listig und trickreich zu verhalten. Ihm genügt oftmals ein Blickwechsel, um seine Eroberung zu „überlisten". Wenn er mit der Frau ins Gespräch gekommen ist, spürt er sofort, ob sie aufgeschlossen oder zurückhaltend ist. Je nachdem, ob sein Interesse nachhaltig oder nur oberflächlich ist, bringt er sie dann „in Stimmung". Mit „Kennerblick" checkt er sie ab, lässt sich auf ihr Niveau ein: Ist sie eher konservativ eingestellt, schüchtern, oder emotional verklemmt? Ist sie intellektuell und selbstbewusst, aber in sozialer Beziehung etwas vereinsamt? Ist sie hinsichtlich ihrer Moral und Tugendhaftigkeit so zurückhaltend? Oder ist sie eigentlich gebunden und hat ihrerseits Lust auf ein unverbindliches Verhältnis? Entsprechend stellt er sich auf die Bedürfnisse oder Einstellungen ein. Und genau das ist es, was ihn als „Don Juan" auszeichnet – einerseits sein Einfühlungsvermögen, andererseits seine Flexibilität. Nun braucht er nur noch einen passenden Plan, um den jeweils angebrachten Stil mit seinen Verführungsqualitäten zu koppeln.

Aufgrund seiner Anpassungsfähigkeit und seiner vielfältigen Erfahrungen weiß er, wie er sich in die liebesbedürftigen Frauenherzen einschmeicheln kann; es ist für ihn meist nur ein kleiner Kraftaufwand. Denn wenn sie bereit sind, ihm ihre Herzen zu öffnen, sind sie wie Kassen, für die er nur ein bestimmtes Kennwort braucht, um sich daraus zu bedienen.

Er genießt also die Anerkennung, Bewunderung und Ehrerweisung, und es kommt sehr selten vor, dass er seine Gefühle nicht im Griff hat – beispielsweise, dass er sich als Jäger und Opfer fühlt. Falls er sich bei einer solchen Gefühlsverwirrung erwischt, flüchtet er sogleich in ein neues Liebesabenteuer, in dem die Rollen unmissverständlich verteilt sind.

Manchmal reizen ihn aber auch die „schwierigen Fälle" – also Frauen, die ihn herausfordern, bei denen er mit seiner üblichen Methode nicht so einfach landen kann. Das ist dann eine harte Probe für seine Ungeduld, aber ebenso für seine einstudierten Verhaltensweisen. Denn nun mogelt er sich mit geheuchelten Gefühlen und Lügen in ihre Seelen und Sinne – nun betrügt er bewusst, damit seine Eitelkeit und seine Erfolgsquote im Gewinnbereich bleibt.

Eine Frau, die sich ernsthaft in einen „Don Juan" verliebt, in seinen Charme und die angebliche „Leichtigkeit seines Seins", und seinen schönen Worten glaubt, mit denen er sie umschmeichelt, hat allerdings tatsächlich ein Problem, wenn er sie, nach einem ihrerseits so innig gefühlten Verhältnis leichterdings verlässt. Denn wenn sie meint, den „Herzensbrecher" für sich haben und ihn halten zu können, muss sie mit „Herzschmerz" und Liebeskummer rechnen, während er sich leichterdings mit einer anderen Frau vergnügt.

Allerdings ist ihm außerdem die Fähigkeit gegeben, (fast) jeder Frau den Eindruck zu vermitteln, dass er das, was er sagt, nur ihr mitteilt. Er gibt ihr das Gefühl, als würden auch ihm zum ersten Mal die Reizwerte seiner Worte bewusst. Die erste sanfte Berührung, das Liebesgeständnis ... – alles das bringt er so überzeugend über die Lippen, dass (fast) jede meint, seine einzige und große Liebe zu sein.

Er weiß also genau, dass er mit schönen Worten (fast) jede Frau beeindrucken kann. Deshalb hat er für jeden Anlass und jede Frau ein jeweils abgestimmtes Repertoire parat. Er ist jeder Situation gewachsen, und wenn es keinen Ansatzpunkt gibt, dann erfindet er eben einen. Außerdem kennt er sich bestens mit Komplimenten und der Kunst des Lobens, der Schmeichelei und der Verehrung aus. Obendrein ist er ein Meister der Methode des „Eintauchens in die Herzen“ seiner Opfer. Er hat also eine anziehende Art an sich, der sich kaum jemand entziehen kann. Die Ansteckungsgefahr, die von ihm ausgeht, ist also enorm. Aber wenn er bei einer Frau Freude mit einem Gedicht ausgelöst hat, dann übernimmt er diese Masche auch bei der nächsten. Und wenn eine Frau ihm vorwirft, dass er sie belogen und betrogen und ihr seine Liebe nur vorgespielt hat, dann gelingt es ihm meist, sie mit seiner Logik zu überzeugen. Denn er ist ja mit den unterschiedlichen Arten der Überzeugungskunst vertraut.

Er verlässt sich also nicht nur auf seine Anziehungskraft aufgrund seines smarten Auftretens und guten Aussehens, seiner Charmeoffensive, seiner Eleganz und seiner Überzeugungsfähigkeit. Er weiß auch, dass er mit einem bestimmten Blick eine Frau für sich einnehmen kann, und dass gewisse Gestaltungsmittel, also Gestik und Mimik, dies unterstützen.

Beim Anbändeln „spricht“ er mit den Augen, fängt mit seinen Blicken die Frau ein. Er benutzt eine nonverbale Sprache, und nur ein Lächeln umspielt seine Mundwinkel. Mit seinen Augen bringt er zum Ausdruck, was er mit den schönsten Worten nicht vermitteln kann. Deshalb ist der Augenflirt eine Begabung, die er meisterhaft beherrschen muss, um eine Frau zu becircen. Das wird dann von ihr möglicherweise als „Liebe auf den ersten Blick“ an- bzw. aufgenommen, aber dass das nur eine einseitige Empfindung ist, kann sie ja in diesem Moment nicht ahnen. Wenn sie ihm in die Augen schaut, während er sie voller Begehren ansieht, dann ist es meist schon um sie geschehen.

Ein “Don Juan“, der als „Draufgänger“ reichlich Erfahrung mit Frauen gesammelt hat, kann deren Aufmerksamkeit mit der Ausdruckskraft eines einzigen Blickes wecken. Er beherrscht die Elemente der Augensprache meisterhaft und kann den Bewunderer- und den Erobererblick in einem einzigen Augenkontakt vermitteln. Er kann sein Interesse aber auch auf ganz souveräne Art einbringen oder mit gespielter Gleichgültigkeit, sodass er die Frau damit ihrerseits herausfordert.

Aufgrund seines Blickkontakts, seiner Perfektion in der Präsentierform und seiner Wortwahl gelingt es ihm, die Frauen dazu zu bringen, dass sie ihm nicht widerstehen können.

Durch sein Blickspiel, seine Geschmeidigkeit und seine einschmeichelnde Stimme bezaubert er sie derartig, dass es für ihn ein Leichtes ist, sie zu erobern. Er besetzt ihr Herz, ihre Nerven und bringt sie dazu, dass sie in ihm den Supermann sehen, und nicht den Verführer. Sie lassen sich ganz und gar auf ihn ein, vernachlässigen womöglich ihr eigenes Daseinsgefühl und ihre Existenz und ignorieren alles und jeden, der an ihre Vernunft appelliert.

Allerdings bringt er sie anfangs dazu, sich über sein Einfühlungsvermögen und sein Liebeswerben zu freuen und glücklich zu schätzen. Außerdem bemüht er sich dann meist noch, auf ihre Bedürfnisse einzugehen. Aber er weiß ja genau, was sich Frauen allgemeinhin wünschen, und er scheut auch keine Anstrengung, wenn es um besondere Wünsche geht. Deshalb meinen sie ja, dass er ein echtes Interesse an ihnen hat und können ihr Glück kaum fassen. Sie lassen es also zu, dass er die Hauptrolle in ihrem Leben spielt, denn er bringt sie zum Lachen und zum „Leuchten“, selbst wenn sie mal traurig sind und weinen. Sie machen ihre Lebenslust von ihm abhängig, in tiefgreifender Weise. In ihren Gefühlen und in ihrer Fantasie ist er der einzige Richtige, der einzigartige „Mr. Right“ (Anmerkung: auch das ist anfangs bereits erläutert worden!). Er lässt den Boden unter ihren Füßen vibrieren, er ist für sie der „Mann fürs Leben“. Sie möchten nicht wahrhaben, dass er eher ein „Lebemann“ ist, denn sie sind ihm in bedingungsloser Liebe verfallen. Sie glauben ihm, dass er ihnen „die Sterne vom Himmel“ holt und dass sie mit ihm das „Paradies auf Erden“ erleben werden.

Aber ein „Don Juan“ ist ein Nimmersatt, ein Rebell, ein „Tunichtgut“. Er gibt sich mit einer Frau nicht zufrieden, und selbst wenn der „Zahn der Zeit“ an ihm genagt hat, ist er meist nicht zu bändigen.

Doch wenn die Frauen vor alledem die Augen verschließen, ist die Ernüchterung und Gewissheit meist schmerzhaft, dass sie für ihn nur "eine unter all den anderen Frauen" gewesen sind, die er umgarnt hat. Sie fühlen sich betrogen, erniedrigt und verraten, obwohl an seiner Treue, bei klarem Verstand, längst Zweifel angebracht gewesen wären.

Nichts stört „Cassanova“ oder „Don Juan“ mehr, als bedrängt und in eine feste Beziehung gedrängt zu werden. Dann denkt er meist sofort an Flucht, da die persönliche Freiheit für ihn unantastbar ist. Deswegen geht er solchen Fragen tunlichst aus dem Weg; er ist ein Experte in der Flexibilität und im Flunkern. Denn eine Heirat hat er nicht geplant. Und falls es doch dazu kommen sollte, dann muss seine Ehefrau von vornherein mit seiner Untreue und seinem mangelnden Verantwortungsgefühl rechnen. Mit Eifersuchtsszenen kann sie ihn meist nicht halten; sie muss ihn entweder so akzeptieren, wie er ist, oder die Konsequenz ziehen und ihn verlassen. Denn ein „Cassanova“ ist und bleibt ein Draufgängertyp, der seinen Erfolg bei anderen Frauen stets testen will. Diese Eigenschaft steckt tief in ihm; den Charakterzug eines Charmeurs kann er nicht abstreifen wie Hemd und Hose. Auch seine äußere Anziehungskraft verliert er meist nicht, da er besonders eitel ist. Deshalb bringt er seine äußere Attraktivität und seinen Charme ein, sodass ihm, auch – oder besonders – wenn er schon älter ist, selbst beziehungserfahrene Frauen nicht widerstehen können.

Mit dem peniblen Aussehen und seinem stets einsatzbereiten Charme erobert er, wenn er eher kleinwüchsig und schmalbrüstig ist, selbst die Frauen, die sonst eher einen großen Mann mit breiten Schultern bevorzugen, also beispielsweis so kernige Typen wie Bruce Willis oder Kevin Costner. Dennoch haben Tom Cruise oder Leonardo DiCaprio, die äußerlich von keinen betont männlichen Merkmalen geprägt sind, ebenfalls große Chancen bei den Frauen.

Welche Charaktereigenschaften sind es also, die Frauen bei einem Mann reizvoll und wünschenswert finden? – Dass sie einem „starken Charakter“ den Vorzug geben, steht außer Frage, aber damit ist meist seine physische Stärke gemeint. Dies ist an dem muskulösen Körperbau des Mannes unschwer zu erkennen; damit erfüllt er die Beistands- und die Beschützerrolle, denn diese sind für einen starken Charakter maßgebliche Voraussetzungen. Deshalb gehören diese Eigenschaften, neben der äußerlichen Anziehungskraft, zu den wichtigsten Faktoren. Denn eine Frau fühlt sich an der Seite eines starken Mannes sicher und stets verteidigt. Diese entspannte Geborgenheit und „Nestwärme“ findet sie aber nur bei einem verlässlichen Partner, der bereit ist, sich auf sie ganz und gar einzulassen. Einer der von einer zur anderen pendelt, um sich bei dieser und jener jeweils als Verführer zu präsentieren, kann ihr dieses Gefühl nicht geben. Aber auch sie muss bereit sein, ihm sozusagen das Steuer zu überlassen, damit sie neben ihm Sicherheit und ein Vertrauensverhältnis aufbauen und spüren kann.

Die körperliche Beschaffenheit ist bei den Frauen nämlich normalerweise schwächer ausgebildet, sodass sie allgemeinhin als das „schwache Geschlecht“ gelten. Auch deshalb möchten sie einen Mann kennen lernen, der ihnen als „starkes Geschlecht“ den Rücken stärkt und ihnen zur Seite steht.

Früher war die Versorgerrolle noch ein wesentlicher Aspekt beim Aufbau einer Beziehung, wenn nämlich der Familiennachwuchs sich ankündigte. Schon deshalb hielten die Frauen nach einem „Ernährer“ Ausschau, da sie mangels einer eigenen Berufsausbildung bzw. eigener Einnahmen einen „starken Mann“ brauchten, der nicht nur sie beschützte und versorgte, sondern auch die Kinder, und der ebenso vor möglichen Schwierigkeiten nicht zurückschreckte. Mittlerweile ist dies, meist aufgrund der Berufstätigkeit der Frauen und des Bestrebens nach Gleichberechtigung, nicht mehr so vordergründig notwendig. Aber davon abgesehen gefällt den Frauen ein Mann mit festen Prinzipien und einer gesicherten Position, der ihr seine klaren Gedanken und Grundsätze mitteilt, und auf den sie sich bei jedem Problem und in jeder Situation verlassen können, nach wie vor am besten. Einer, der sich nicht gleich beeinflussen oder erschüttern lässt, wenn mal ein Problem auftritt, und an dessen „starker Schulter“ sie Trost und Zuspruch finden, ist letztendlich der einzige Richtige. Ein Mann, der anständig und charakterstark ist, seine Angelegenheiten solide und souverän verwaltet und sie an seinen Entscheidungen beteiligt, ist dazu ein echter Glücksgriff. Er lässt sie bei Schwierigkeiten niemals in Stich und bewältigt diese tatkräftig mit ihr gemeinsam. Er fühlt sich nicht gleich konfrontiert oder überfordert, sondern setzt seinen Verstand und seine Willenskraft ein.

Die Frauen haben zu einem Mann, der über eine soziale Ausgeglichenheit und über einen stabilen Realitätssinn verfügt natürlich mehr Vertrauen als zu einem, der die Wirklichkeit nicht sehen will. Umstände, die eine konfrontierende Wirkung auf ihn haben, bewältigt er selbstverständlich seriös und selbstbewusst.

Allerdings lassen viele Frauen sich auch gerne auf einflussreiche Männer ein, die ihnen in beruflicher und privater Hinsicht nützlich sein können. Dabei schauen sie dann meist nicht auf das Aussehen oder die Charakterstärke. Aber das ist ein anderes Thema; dabei spielen Hinterlist, Hochmut sowie Macht- und Profitgier die maßgebliche Rolle.

Die Stärke eines Charakters besteht aus Fürsorglichkeit, Geduld, humanitärer Handlungsweise, Herzensbildung, Kühnheit und Lebensklugheit. Auch die Fähigkeit, sich konsequent für eine Liebe bzw. einen Menschen entscheiden zu können, gehört dazu. Bei der Charakterbildung ist auch das positive Denken und Fühlen wichtig sowie ein selbstbewusstes Auftreten, eine geradlinige Haltung und ein Verantwortungsgefühl, das er unanfechtbar einsetzt.

Außerdem interessieren sich die Frauen für einen kämpferischen, klugen und mutigen Mann, der sich von seiner Lebensplanung nicht so leicht abbringen lässt. Er ist beharrlich, ehrgeizig und engagiert, wenn es um seine Interessen geht.

Die Frauen, die bewusst in der Gegenwart leben, versuchen ebenfalls, ihre Möglichkeiten zu nutzen und ihre Pläne kompetent und konsequent zu realisieren, um so ihre Selbstverwirklichung zu erreichen. Sie brauchen keinen „Ernährer", weil sie meist selbst genug Geld verdienen und auch über eine vielfältige Lebenserfahrung verfügen, sodass sie nicht so leicht in eine Abhängigkeitsbeziehung geraten. Aber sie möchten natürlich einen ebenso erfolgreichen Mann kennen lernen und mit dem gemeinsam, in einem gleichberechtigten Verhältnis, ihr Zusammensein organisieren. Sie entwickeln sich somit ziel-sowie zukunfts- und zweckorientiert in ihrer Berufs- und ihrer Familienplanung. Und da sie dies „in Augenhöhe" und emanzipiert mit einem erfolgreichen Mann am besten können, fallen sie auch weniger auf einen „Don Juan"-Typ herein, der eher die vergnüglichen Seiten des Lebens im Sinn hat und an keinem festen Verhältnis interessiert ist.

Auch hier spielen außerdem der Ähnlichkeits- und der Bewunderungsfaktor eine bedeutsame Rolle (wie anfangs bereits beschrieben!).

Ein lebenserfahrener und -tüchtiger Mann, der genau weiß, was er tun muss, um die Frau, die er liebt, zufriedenzustellen, weiß auch, wie er sich anderen Frauen gegenüber und in den unterschiedlichsten Situationen zu verhalten hat, nämlich: bedächtig, eindeutig, integer und menschlich sowie moralisch stets ohne Tadel. Der Mann, der diese Eigenschaften in sich vereint, hat bei den Frauen, die eine optimistische und selbstbewusste Einstellung zum Leben haben, gute Chancen. Damit vermittelt er ihnen nämlich die Hoffnung auf eine erfüllte und glückliche Liebesbeziehung, in der Großzügigkeit, Gutherzigkeit sowie Offenheit, Respekt und Toleranz selbstverständlich sind. Wenn er dies mit einem soliden Wertesystem und einem stabilen Wirklichkeitssinn verbindet, dann ist er der perfekte Wunschpartner.

Sie ist auch besonders an einem Mann interessiert, der sich geschliffen und gewählt ausdrücken und sich gewandt bewegen kann. Denn sie möchte auch stolz auf seine Intellektualität und seine Kultiviertheit sein.

Pflichtbewusstsein, Redegewandtheit, Überzeugungsstärke, Vertrauenswürdigkeit sind weitere Eigenschaften, die Frauen unwiderstehlich finden, und wenn er dazu noch warmherzig und zärtlich ist, dann kann sie ihm sicher nicht widerstehen.

Allerdings müssen diese Eigenschaften von den Frauen entsprechend gewürdigt werden, und wenn sie eine ähnliche Lebenseinstellung haben, dann steht einer echten und guten Liebesbeziehung auf einem gesunden Niveau meist nichts im Wege.

Dann hat er aber auch nicht den Drang, von einer Frau zur anderen zu wechseln. Er kann klar unterscheiden, bei welcher Frau er das, was für ihn wesentlich ist, findet. Dabei sind diese Eigenschaften für ihn wichtig, und nicht nur die äußerliche Schönheit, die vergänglich ist, oder ob sie jünger ist und einen knackigeren Körper hat. Dann sieht er auch die innere Schönheit einer Frau, vor allem, wenn er mit ihr bisher eine harmonische und langjährige Beziehung geführt hat. Dann setzt er wegen einer Affäre das gewachsene Vertrauensverhältnis nicht aufs Spiel, auch wenn es die eine oder andere Versuchung vielleicht geben würde, falls in der Beziehung die sexuelle Lust erlahmt ist. Die sexuelle Leidenschaft in der Liebe ist möglicherweise nicht mehr so stark, aber das Miteinander und Mitgefühl, aber auch die Moral und die Motivation, die Beziehung nicht zu gefährden, hält sie vor leichtfertigen „Fehltritten“ zurück. Das gilt heutzutage jedoch ebenso für Frauen, die eigenständiger als früher über ihr Lebenskonzept und ihre Liebeswünsche entscheiden.

Es gibt allerdings auch Frauen, die bei Männern gar nicht „auf die Schönheit“ schauen. Es ist ihnen egal, ob er äußerlich ihrem Idealbild entspricht –

Hauptsache, er kann ihnen ein gut situiertes Leben ermöglichen. Aber auch das ist ein anderes Thema!

Männer, die ihr Frauenbild und demzufolge ihre Inspiration aus den seit Jahrhunderten – von ihresgleichen – verfassten schwärmerischen Dichtungen und oftmals schwülstigen Erzählungen bezogen haben, in denen deren Schönheit und Sinnlichkeit beschrieben worden ist, lassen sich – insgeheim, offen oder auch unbewusst – möglicherweise nach wie vor davon beeinflussen. Die Beschreibungen über deren Augen und Lippen, Haare und Haut, deren Brüste und Taillen, Beine und Hüften … –alles das formt seine klassische Einstellung meist als Erstes, wenn er beginnt, sich für weibliche Wesen zu unteressieren. Die körperliche Schönheit spielt in diesem Moment noch die prägnanteste Rolle in seinen Träumen. Diese Bilder kreisen in seiner Fantasie und lassen seine Gedanken und Gefühle entstehen. In den Augen eines Mannes haben diese Fantasiegebilde anfangs mehr Priorität als sein Verstand. Beim Betrachten und Erkennen einer schönen Frau werden sie demnach von einem Schönheitsideal geleitet, das möglicherweise „nicht von dieser Welt ist“. Erst aufgrund ihrer Lebens- und eventuell auch Liebeserfahrung begreifen sie den Unterschied zwischen Wirklichkeit und Wunschdenken, und dass es nicht nur auf das Äußere eines Menschen ankommt.

Außerdem ist es kaum möglich, ein allgemein geltendes Schönheitsmaß für alle Frauen auf der Welt zu entwickeln. Die europäisch bzw. westlich orientierten Männer sind beispielsweise an blonden, schlanken, groß gewachsenen Frauen interessiert, der orientalisch orientierte an dunkelhaarigen, molligen, eher kleinwüchsigen. Aber auch das ist mittlerweile als Klischeedenken zu bewerten. Denn der „Geschmack“ hat sich aufgrund der Filmstars, insbesondere die in Hollywood, oder der Models, die auf den Seiten der Zeitschriften in makelloser Aufmachung abgebildet werden, geändert. Im Fernsehen oder auf der Kinoleinwand werden die Schönheitsideale und Trends überall auf der Welt gezeigt, sodass dies bei den Männern nicht ohne Wirkung bleibt. Dies wird beispielsweise durch so attraktive, aber auch von ihrem Äußeren her unterschiedliche Frauen wie Julia Roberts, Sharon Stone, Michelle Pfeiffer, Nicole Kidman, Meg Ryan, Jennifer Lopez und Jennifer Aniston vermittelt. Diese Frauen haben weltweit Bewunderer und Verehrer. Und obwohl sie so verschiedenartig aussehen, gibt es bestimmte ideale Maßstäbe der Schönheit, die als formvollendet empfunden werden – beispielsweise große Augen, breite Lippen, eine gerade, fein geschwungene Nase und hohe Wangenknochen. Alle diese äußeren Merkmale sind auch bei den Models zu finden, wie Gisele Bündchen, Kate Moss, Claudia Schiffer etc., die in der Öffentlichkeit als Schönheitsidole wahrgenommen werden. Inzwischen haben jedoch oftmals Schönheitschirurgen bei Frauen, die im öffentlichen Leben eine Rolle spielen, „Hand angelegt“ und ihnen zu dem beneidenswerten Aussehen und einer bewundernswerten Figur verholfen. Insbesondere der Jugendwahn heutzutage, der die älteren Frauen zu kosmetischen Operationen verleitet, führt dazu, dass eine echte Schönheit neben der „Show“-Schönheit nicht genug Wertschätzung findet. Die Frauen selbst sind es jedoch mehrheitlich, die sich so, wie sie gelebt haben und wie sie geworden sind, nicht mehr akzeptieren. Sie mögen sich nicht mehr im Spiegel anschauen und meinen, dass sie mit einem gestrafften Gesicht und einem auf Idealmaß getrimmten Körper den Männern imponieren können. Die schönen Augen einer Isabel Adjani kann man aber nicht „käuflich erwerben“, und ob es erstrebenswert ist, die Brüste einer Pamela Anderson zu haben, sollte sich jede Frau gut überlegen. Denn im Showgeschäft herrscht ein knallharter Wettbewerb, der für eine „normale“ Lebensweise einen zu hohen Preis fordert. Außerdem könnte die Frau, die sich als „Pam-Anderson“-Kopie präsentiert, nicht sicher sein, dass die Männer sich tatsächlich für sie interessieren, oder nur für ihren Busen … – bzw. sie als Ersatzfigur für die eigentlich vergötterte Frau nehmen. Aber alles das gehört gleichfalls zu einer anderen Kategorie der „Liebes“-Nebenwirkungen.

Allgemein wird heutzutage als Schönheitssymbol empfunden, wenn eine ebenmäßige Formvollendung und Harmonie das gesamte Erscheinungsbild prägen, Gesicht und Körper also in einem proportional ausgewogenen Verhältnis zueinander stehen. Mit Make-up und Mode kann dies noch betont werden, und die Schönheitschirurgie tut gegebenenfalls ein Übriges.

Die Attraktivität wird in den einzelnen Kulturen, insbesondere bei den Naturvölkern, natürlich sehr unterschiedlich bemessen. Aber auch das ist ein Thema, das einer besonderen Betrachtung bedarf. Allerdings muss auch hierbei berücksichtigt werden, dass es mittlerweile solche und solche Ansichten gibt, und dass Männer, die tolerant und zeitgemäß eingestellt sind, sich nicht mehr dem traditionellen Rollenverhalten verpflichtet fühlen. Gerade im Frau-Mann-Verhältnis hat sich in den letzten Jahren einiges verändert. Deshalb muss alles, was hier geschrieben steht, einer Relation bzw. einer persönlichen Sinnfindung unterstellt werden.

Das Erscheinungsbild einer Frau hat bei einem muslimisch orientierten Mann also andere Attraktivitätsmerkmale als bei einem europäisch geprägten Mann – auch das wurde bereits erläutert. Es sind demnach nicht nur die schönen Gesichtszüge der Frau, mehr noch ist es ihr bezauberndes Lächeln, die Sanftheit ihrer Stimme, mit der sie ihre Gefühle ausdrückt. Es ist die Einfachheit, die Natürlichkeit. die die Schönheit ihrer Seele zeigt. Auch die dezente, eher etwas schamhafte und scheue Art der Frau gefällt dem orientalisch geprägten Mann mehr als einem Europäer. Denn diese Frauen zeigen ihre Weiblichkeit nicht so offensiv, sodass ihre äußere Schönheit nicht gleich zum Blickfang wird. Darin besteht dann nämlich für den Mann der besondere Reiz. Die Anziehungskraft wird durch das Geheimnisvolle und die Magie gestärkt. Die Frau reizt ihn also mit ihrer verhaltenen – und im übertragenen bzw. wahren Sinne – verhüllten Weiblichkeit, die er entdecken und erobern möchte, und zwar so, wie sie „von Gott geschaffen wurde“.

Damit appelliert sie an seine Kraft, seine Lebensfreude, seinen Mut. Er mag ihre sanftmütige Art und möchte sie beschützen wie ein schwaches Geschöpf, dem eine selbstständige Handlungsweise eher fremd ist. Denn er möchte nach dem traditionellen Muster agieren und bestimmen, was in der Beziehung gemacht wird. Er neigt also dazu, sich eine Frau zu suchen, die nicht eigensinnig ist, sondern bedingungslos folgsam und gehorsam. Eine Frau also, die ihm das Gefühl gibt, dass sie ihn anerkennt und braucht, und die sich seiner Meinung unter allen Umständen anschließt.

Deshalb wäre er bei einer Frau, die eigenmächtig handelt, die selbstbewusst und unabhängig ist, total überfordert.

Also: Wie kann er bzw. sie die Aufmerksamkeit der begehrten Frau bzw. des begehrten Mannes erreichen? Wie kann das Interesse, das er oder sie dieser Person entgegenbringt, offenbart werden, sodass sich ein gegenseitiger Austausch der Gedanken und Gefühle entwickeln kann? – Und wenn daraus eine Liebe entstanden ist, die sogar zu einem ehelichen Versprechen führt … – wie können beide dazu veranlasst werden, diese Liebe zu erhalten und sie zu pflegen?

Diese fünfzehn Anregungen sind nicht allgemeingültig, können aber allgemeinhin, also für Frauen und Männer, als flirttaugliche Richtlinie gelten:

1. Ergreife die Initiative, befreie dich von deiner Scheu und von eventuellen Vorbehalten. Gib nicht gleich auf, wenn du bei der ersten oder zweiten Begegnung kein „Herzklopfen“ spürst. Manchmal ergibt sich bei Menschen, die gehemmt oder schüchtern sind, nicht sofort eine Gesprächs- und Verständigungsbasis. Und vielleicht ist es ja nur ein Missverständnis, wenn sie sich nicht gleich mitteilen und öffnen können und dadurch möglicherweise schroff, spröde oder gar unverbindlich wirken. Das ist oftmals nur eine Art Selbstschutz oder eine Verlegenheitsgeste. Bei mehrfachen Erfahrungen verhältst du dich bestimmt lockerer. Also hab' einfach etwas Geduld!

2. Bedingung ist natürlich, dass dein Äußeres ansprechend wirkt und dem Anlass entsprechend gewählt ist – aber niemals zu aufdringlich und niemals zu unscheinbar. Falls du aufgrund deines Aussehens meinst, keine großen Chancen „beim anderen Geschlecht“ zu haben, bringst du dich eben mit deiner Geschicklichkeit, Intelligenz oder deinen Interessen ein. Jemand, der sich eine Fähigkeit erarbeitet hat und im Grunde, von kleinen Macken mal abgesehen – und wer hat die nicht –, mit sich selbst zufrieden ist, kann damit mehr punkten als jemand, der nur schön ist, aber sonst nichts zu sagen oder vorzuweisen hat. Wenn du mit Ausdruckskraft über etwas Gehalt- und Geistvolles reden kannst und dich dabei ganz natürlich gibst, dann hast du oftmals schon gewonnen … – auch wenn das möglicherweise nicht sofort ersichtlich ist. Der großartige Literat Victor Hugo, der als französischer Schriftsteller im 19. Jahrhundert markante Spurenelemente hinterlassen hat, hat einmal sinngemäß gesagt, dass die Einfachheit die Schönheit schafft.

3. Wenn sich ein Gespräch ergibt, dann höre geduldig zu; lasse sie bzw. lasse ihn ausreden und über das, was ihn bzw. sie betrifft, sprechen. Nur dann erfährst du auch etwas über die Beweg- und die Hintergründe. Wenn der- oder diejenige gehemmt ist, dann kannst du sie ermuntern, aber nicht bedrängen. In einer entspannten Stimmung lösen sich Blockaden oder Hemmungen meist von selbst. Mit möglichst unverbindlichen Bemerkungen und Fragen kann ein lockeres Geplänkel entstehen, das sich später zu einem tieferen Gespräch entwickeln lässt.

4. Bleib' diskret, aber freundlich; mit Komplimenten kannst du bei deinem Gegenüber, ob männlich oder weiblich, eine nachhaltige Nei-

gung erreichen und eine positive Regung erzielen. Wenn der „Liebesfunke“ nicht gleich zündet, muss das nicht als „hoffnungsloser Fall“ betrachtet werden. Denn das Gute und Liebenswerte an einem Menschen ist nicht immer auf den ersten Blick zu erkennen. Aber auch dafür gilt die Devise: das Einfache und Gute bringt die Menschen dauerhaft zusammen. Denn betrügerische Absichten, dummes Geschwätz und Lügen haben meist nur eine kurze Verweildauer.

5. Zeig' dein Interesse möglichst oft, aber bringe es dezent zum Ausdruck und niemals übertrieben. Bewundere bei ihr die Farbe der Augen, das Glänzen ihrer Haare und ihre weiche Haut. Freue dich über ihr Lächeln und sag' ihr, dass dir ihre Eleganz und die Geschmeidigkeit ihrer Bewegungen gefällt. Frag' sie nach ihrem Beruf, ihrer Familie, und was sie sich für ihre Gegenwart vorstellt und für ihre Zukunft wünscht. Merke dir, was sie gerne mag und was nicht. Erkundige dich nach ihrem Freundeskreis, ihrem Hobby und ihren Interessen.

Einem Mann gefällt es beispielsweise eher, wenn „sie“ ihn auf seinen Charme, seine sportliche Erscheinung und auf seinen Intellekt anspricht.

6. Bei einer „Sie“ ist es bedeutsam, ob sie eher realistisch oder romantisch veranlagt ist; bei einem Mann, ob er gefühlsbetont oder eher cool bzw. distanziert und rational reagiert.

7. Lass' keine Langeweile aufkommen beim ersten Rendezvous – das gilt für Frauen und Männer gleichermaßen. Bei einem Kino-, Konzert- oder Restaurantbesuch kann beispielsweise festgestellt werden, ob es Gemeinsamkeiten in kultureller Hinsicht gibt; bei einem sportlichen Ereignis kann die Fairness, Fitness sowie die Spielfreude und der Teamgeist getestet werden.

8. Falls das äußere Erscheinungsbild des Partners bzw. der Partnerin nicht so vorteilhaft ist und der Eindruck entstanden ist, dass er oder sie deshalb mit Minderwertigkeitskomplexen belastet sind, sollte darüber ganz behutsam gesprochen werden, aber nicht in mitleidiger, sondern in verständnisvoller Form.

9. Dabei ist die „Sprache der Augen“ sehr wichtig, denn das, was die in in solchen Augenblicken ausdrücken, kann mit Worten meist nicht vermittelt werden. Gerade Menschen, die gehemmt sind und sich leicht verunsichern lassen, achten auf die Augensprache und den Gesichtsaus-

druck. Ihre Sensoren sind aufs Äußerste gespannt, um die echten Gefühle von falschen erspüren und unterscheiden zu können. Deshalb ist der Augenkontakt so wichtig. Es ist für sie wie ein Seelenspiegel; dem vertrauen sie mehr als noch so salbungsvollen Worten.

10. Allerdings belasten nun oftmals eifersüchtige Empfindungen die zarten „Liebesbande“ – diese kommen besonders bei sensiblen Menschen zum Ausdruck, die häufig aufgrund eines mangelnden Selbstwertgefühls entstehen und das gegenseitige Vertrauensverhältnis .erschweren. Es ist ganz natürlich, dass beide ihre Freude offen zeigen, wenn sie sich treffen. Und dass beide sich eingestehen, dass sie sich vermisst haben, wenn sie auch nur kurzzeitig mal voneinander getrennt sind, ist ebenso verständlich. Aber das Aneinanderdenken und Füreinanderfühlen darf nicht dazu führen, dass sich ein Allein- bzw. Besitzanspruch in der Beziehung verfestigt. Denn jeder Mensch braucht seinen Freiraum und seine Intimsphäre, in der er sich nach eigenem Gutdünken bewegen und entwickeln kann. In einer guten Liebesziehung sollten stets Toleranz, Verständnis und Vertrauen beherzigt werden.

11. Es sollte aber auch nicht zu vorschnell über Liebe gesprochen werden im Überschwang der Gefühle. Der „zarte Trieb“ muss von beiden Partnern nämlich erst einmal gehegt und gepflegt werden, bevor sich beide sicher sein können, dass sie Liebe füreinander empfinden. Liebe kann auch nicht eingefordert werden, das käme ja einer zwangs- bzw. zweckbetonten Nötigung gleich. Enttäuschung und Ernüchterung wären praktisch programmiert, denn eine Liebe lässt sich nicht erzwingen.

12. Wenn überspannter Egoismus und übertriebene Eifersucht eine Einheit eingehen, führt das meist zu fatalen Folgen. Beide Liebende sollten allerdings, um dies zu vermeiden, behutsam miteinander umgehen – beispielsweise nicht schlecht oder zu viel über frühere Beziehungspartner reden. Keine Frau und kein Mann mag es, mit ihnen verglichen zu werden. Und wenn die Trennung aufgrund einer Untreue erfolgt ist, muss das kein Grund sein, dem anderen deshalb gleich zu misstrauen. Echte Liebe entwickelt sich natürlich und spontan, ohne Vorurteile und Widerhaken.

13. Der eine braucht mehr, der andere weniger Zeit, um sich über seine Gefühle klar zu sein und sich für die Liebe zu entscheiden – es sei denn,

sie hat ihn wie ein Blitzschlag erwischt. In jedem Fall ist dies ein an-, auf- und erregender Prozess, der fortan die Fantasie beflügelt und Herz und Hirn beseelt.

14. Die Interessen und Themen, mit denen sich der bzw. die Liebste beschäftigt, sind nun für beide relevant; die Annäherung an den jeweiligen Familien- und Freundeskreis ist für beide der nächste Schritt, das Verhältnis zu festigen und „offiziell zu machen".

15. Aufrichtigkeit und Ehrlichkeit sind nun gefordert; denn mit einer echten Herzensangelegenheit darf nicht gespaßt bzw. leichtfertig umgegangen werden. Verlogenheit und Vertrauensmissbrauch sind schlechte Begleiter, Wahrhaftigkeit und Zuverlässigkeit sollten nun den Liebesbeweis erbringen.

Das fünfte Kapitel: Die moderne Liebe

In der heutigen Zeit kommt die Liebe meist auf eine andere Art zum Ausdruck, obgleich sich an den Empfindungen bei denjenigen, die sich auf die Liebesgefühle zum ersten Mal eingelassen haben, eigentlich nichts geändert hat. Allerdings erfolgt dies in den unterschiedlichen Kulturkreisen dementsprechend – je nach Tradition und Vorgaben bzw. Vorlieben. Andererseits haben sich inzwischen auch in den islamischen Ländern, bezogen auf die Individualität in „Liebesdingen" und die Mentalität der Verliebten, mehr oder minder Lockerungen eingestellt. Die Romantik ist immer noch – mal mehr, mal weniger – ein wesentliches Stimulierungs- und Stimmungsmittel; das Treueversprechen ist nach wie vor ein Verbindungskleber. Die einzigartige, große, „wahre Liebe" ist möglicherweise etwas seltener geworden – wie eine „altertümliche" Modeerscheinung. Das hat aber auch mit den „Zeichen der Zeit" zu tun, mit den medialen, politischen und sozialen Strömungen, die das Leben und das Lieben stark beeinflussen.

Die Liebe in der Poesie lässt meist noch einen Raum zum Träumen; auch im Kino gibt es Filme für diejenigen, die Gefühle empfinden bzw. „erleben" wollen.

Die Liebe in unserer Zeit ist jedoch oftmals einem rationaleren und realistischeren Denken und Fühlen angepasst worden, weil die äußeren Umstände dies erforderlich gemacht haben. Dies ist eine eigendynamische Entwicklung, die sich nicht aufhalten lässt und die ihre eigenen Gesetze hat.

In der Wirklichkeit gibt es aber keine Liebe ohne Liebende. Denn diese sind normale Menschen, die innerhalb einer Gesellschaft leben – wie und wo auch immer. Diese ist eng mit den jeweiligen Verhaltensformen und Verhältnissen verknüpft.

Man kann die Liebe also nicht getrennt davon betrachten. Die Liebe ist wie ein Bild, das ein Maler mithilfe seiner Farben gestaltet, das er, motiviert von seinen Gefühlen, auf die Leinwand gepinselt hat. Entweder malt er die Bilder mit fröhlichen oder mit gedämpften Farben, je nachdem, wie er auf die Belange des Lebens bzw. der Liebe in diesem Moment reagiert; ob er diese optimistisch oder trist empfindet. Es sind also Momentaufnahmen seiner Verfassung.

Damit bringt er seinen Seelenzustand, der mal beschwingt, mal bestürzt sein kann, zum Ausdruck. In der Bedeutung des Bildes ist abzulesen, wie er sich fühlt, in den Farben und in der Gesamtgestaltung.

Dass allzu heftige Liebesgefühle heutzutage oftmals unterdrückt werden, weil man sich dem Partner nicht ganz und gar ausliefern will, ist eine unbestreitbare Tatsache. Insbesondere betrifft das diejenigen, die die legendäre Liebe von „Romeo und Julia“ im erhöhten Maße idealisieren und angesichts dessen ihre Ansprüche an die Liebe und damit an den Partner überspannt haben. Sie haben Angst vor einer Enttäuschung und der Ernüchterung, denn die Erwartungshaltung, die Konditionierung und Konzeptionierung des Lebens lässt in der Liebe keine naiven Vorstellungsmuster zu. Diejenigen, die der angeblich „schönen Vergangenheit“ nachtrauern, sind allerdings auch diejenigen, die es zulassen, dass die früheren Vertrauensbeweise und Werte nicht mehr so wichtig genommen werden.

Die heutige Zeit macht neue Konzepte erforderlich, die früher nicht in diesem Maße notwendig waren – jedenfalls im Normalfall nicht. Die Veränderungen erfolgen mittlerweile so rasch, so rigoros und in einer Weise, die es in der Vergangenheit nicht gegeben hat.

Wenn über das „Konzept der modernen Liebe“ gesprochen wird, dann hört sich das so sachlich und vernunftsbetont an. Dies liegt an der heutzutage eher nüchtern und rational geprägten Denk- und Verhaltensweise, die im beruflichen Leben eine besondere Logik erforderlich macht, diese häufig aber auch, quasi wie eine Kosten- und Nutzenrechnung, ins Privatleben überträgt. Diese knappe, lässige Kommunikationsform des „modernen" Miteinanders ist für die „altertümliche" Form der Liebe natürlich nicht geeignet und für echte Romantiker ein herber Verlust. Denn die Liebe ist für jeden Menschen mit einzigartigen, unvergleichbaren Gefühlen verbunden, deren Ausdrucksformen sich höchstenfalls im Laufe der Zeit geändert haben. Aber dennoch werden die Empfindungen der Liebe für die Menschen unveränderlich bleiben, denn sie entstehen in ihrem Innern als ein ganz natürliches, selbstständiges Gefühl, das aus dem Herzen kommt.

Die „neuen Konzepte der Liebe" bewirken demnach in Bezug auf die „moderne Liebe" im Umgang miteinander eine, wie es für gewöhnlich heißt: „in der Natur der Sache liegende Veränderung". Dies ist demnach eine Entwicklung, die sich den Umständen der Zeit angepasst hat. Diese neuzeitlichen Umstände und diese zeitgemäße Entwicklung haben hinsichtlich ihrer wahren und wesentlichen Bedeutung zwei Dimensionen, unterteilt in eine gesellschaftlich-menschliche und eine wirtschaftlich-materielle. Beide sind nicht voneinander zu trennen und deshalb in alle Gefühlsregungen einzubeziehen.

***

Die permanente Beanspruchung im schnelllebigen Berufsleben, die Ehrgeiz und Flexibilität fordert; außerdem die Hektik, die Informationsflut durch die Medien, der Konkurrenzdruck mit allen ihren schädlichen Auswirkungen … – das sind nur einige der neuzeitlichen Erscheinungsmerkmale, die zwangs- und zweckbedingt ins Privatleben eingreifen und dies entsprechend beeinflussen. Die Liebe ist demzufolge fast zu einem Handelsobjekt geworden, das mithilfe einer Art Machbarkeitsstudie berechnet und beurteilt wird, mit Alternativmöglichkeiten und der Feststellung, ob „das Projekt" lohnenswert und nutzbringend ist. Der Gewinn muss garantiert sein; ein Projekt, das Verluste einbringt, wird gar nicht erst in Erwägung gezogen.

Ein eigendynamisches Ergebnis ist außerdem, dass in der heutigen Gesellschaft die Individualisierung und die Selbstverwirklichung immer mehr in den Vordergrund gerückt und manifestiert wird. Dies demonstrieren immer mehr Alleinstehende, die den „Ego- und Ich-Kult“ fördern, in der die Illusion einer dauerhaften Liebesbeziehung keinen Platz hat. Ebenso gibt es immer mehr Singles, die im Solistendasein oder in gelegentlichen Affären ihre Erfüllung zu finden meinen; die sich eher sportlichen Aktivitäten und den geselligen „schönen Dingen des Lebens“ zuwenden, als sich der Verantwortung und der Verbindlichkeit für eine Zweierbeziehung zu stellen. In der Öffentlichkeit gelten Singles meist als bindungsscheu und egoistisch, weniger einfühlsam und fürsorglich. Und wenn es zu einer gefühlsbetonten Begegnung zwischen Mann und Frau kommt, dann erfolgt als Erstes das beiderseitige Abchecken des Berufsstandes, um so den gesellschaftlichen Status bzw. die finanziellen Verhältnisse abgleichen zu können. Ansonsten betreibt man „Smalltalk“, um erst mal eine unverbindliche Anbandelung herzustellen. Andererseits wünschen sie sich, so unbedarft verliebt zu sein wie Siebzehnjährige, aber mit den Ansprüchen der Dreißigjährigen.

Das mag möglicherweise übertrieben klingen, entspricht aber, vor allem in Bezug auf die Stadtbewohner, den soziologischen Studien der letzten Zeit. Da dies eine weltweite Entwicklung ist, gehört auch dies zu den neuzeitlichen Erscheinungsformen der Globalisierung.

Aber nun wieder zurück zu denjenigen, die sich von romantischen Empfindungen und seelenvollen Gefühlen leiten lassen und bereit sind, sich auf eine romantische ubnd sinnliche Liebesbeziehung einzulassen: Ideal und natürlich – sowie traditionsgemäß – wäre es, wenn ein junger Mann eine etwa gleichaltrige Frau heiratet, mit ihr eine Familie gründet und damit für den Fortbestand der Generationsfolge sorgt. Es ist jedoch mittlerweile oftmals so, dass ein zwanzigjähriges Mädchen lieber einen dreißigjährigen Mann heiraten möchte, weil sie von ihm mehr Reife, Rückhalt und Sicherheit erwartet, nachdem sie davor Erfahrungen mit Gleichaltrigen in „Liebesdingen“ gesammelt hat und möglicherweise mit Enttäuschung, Ernüchterung – kurzum mit dem Misslingen – konfrontiert worden ist.

Eine „echte Liebesgeschichte“, die mit einer Heirat gekrönt wird, ist demnach seltener geworden. In der Uni, am Arbeitsplatz oder in Clubs, Kneipen bzw. bei Kultur- oder Sportveranstaltungen ergeben sich heutzutage leichterdings unterschiedliche Möglichkeiten, jemanden kennenzulernen. Auch die vielfältigen Foren im Internet und im Medienbereich haben sich für diejenigen, die einen Partner suchen, zu einer vielschichtigen Projektionsfläche etabliert. Dadurch ist auch die Fernbeziehung zu einer häufig praktizierten Liebesform geworden, besonders dann, wenn die beiden Partner, zum Beispiel aus beruflichen Gründen, in verschiedenen Orten leben.

Doch häufig ist ein junger Mann heutzutage auch deshalb nicht in der Lage, an Heirat und Familiengründung zu denken, weil er beruflich zu eingespannt und finanziell zu unterversorgt ist – beispielsweise, weil er erst mal an seine praxisbezogene Aus- bzw. Fortbildung denken muss –, und zwar nachdem er studiert hat. Er braucht, beispielsweise für den Berufseinstigeg in den Informatik-, Kommunikations- und Medienbereich, häufig mehrere Praktikanten- oder Volontärsstellen, bevor er mit seiner beruflichen Laufbahn beginnen kann. Auch dies hält ihn davon ab, die Verantwortung für ein festes Verhältnis bzw. für eine Heirat zu übernehmen. Er benötigt dafür meist mehrere Jahre, und eine junge Frau, die gerne Kinder haben möchte, ist meist nicht bereit, abzuwarten, bis er an eine Familienplanung denken und einen eigenen Hausstand gründen kann.

Anders verhält sich das, wenn sie ebenfalls beruflich engagiert ist; aber dann sind es andere Ansprüche bzw. andere Beweggründe, die die Beziehung entweder befruchten oder belasten. Aber da es sich, aufgrund der beiderseitigen Berufsorientierung, meist um eine gleichgesinnte Gemeinschaft handelt, sind die Interessen ähnlich gelagert.

Mit Liebesgefühlen allein kann man demnach heutzutage keine Familie bilden und versorgen. Liebe wird somit zu einer logisch und logistisch geplanten Angelegenheit, in der Modul für Modul aneinandergereiht und angeglichen wird ... – falls es zu einem günstigen Resultat bezüglich der Zweisamkeit kommt

Also ist die „moderne Liebe“ eine, in der die Gefühle des Herzens sozusagen verringert werden und an deren Stelle die Vernunft bzw. der Verstand eingesetzt wird. Es ist sogar vergleichbar damit, dass sie in gewisser Weise geopfert wird, weil andere Interessen erst mal dringlicher und vordergründiger sind. Sie werden – auch wenn das möglicherweise eher unbeabsichtigt und unfreiwillig passiert –, quasi in den Dienst von Egoismus und persönlicher Selbstentfaltung und –verwirklichung gestellt.

Diese Liebe ist also nicht die Liebe, von der die einstigen Dichter in ihrer Poesie geschwärmt haben und die in den Liedern der einstigen Minnesänger zum Ausdruck gekommen ist. In den klassischen Opern und Operetten wird die Liebestragik auch heute noch in den höchsten Tönen besungen und dargestellt, und in Schmusesongs von Schnulzensängern zu Gehör gebracht. Es gibt demnach durchaus Mädchen, denen diese Schlagertexte auch heute noch „unter die Haut gehen“, möglicherweise sogar „ans Herz“, obwohl sie eigentlich spüren, dass die nicht glaubhaft sind angesichts der wahren Tatsachen und wirklichen Verhältnisse.

Die Liebe, die in den Geschichten beschrieben und in den Kinos gezeigt wird, entspricht meist allerdings auch nicht der Wahrheit und der Wirklichkeit, wenn sie nicht ausdrücklich einem authentischen bzw. realen Bezug verpflichtet sind.

Wie alles – auf jeden Fall vieles – in unserer auf „Spaßgesellschaft“ angelegten Zeit ist auch die Liebe zu einer kalkulierbaren, kurzlebigen Planstelle geworden, die häufig leichtfertig begonnen und leichterdings beendet wird, wenn sie nicht den Vorgaben bzw. den Vorstellungen entspricht.

Allerdings beginnt es auch hier meist mit dem bewundernden Blickwechsel, wird fortgeführt mit einem sich gegenseitig taxierenden Flirt und mit einer meist schon frühzeitigen Intimität. Der Begriff Liebe wird dabei tunlichst vermieden, während viele wohltönende Worte, die mit romantischer und seelenvoller Liebe nichts zu tun haben, gewechselt werden.

Anschließend geht es dann entweder um die Angst vor der mit der Liebe verbundenen Nähe, oder die Chance, die Gefühle und die Glücksempfindungen nicht zu verdrängen, sondern zuzulassen, damit sie von dem Liebespaar erstarkt und gepflegt werden können.

Die „als Fesseln der Liebe“ empfundenen Hindernisse sind somit verschwunden; die Liebe kann sich nun entwickeln, wenn sie wie eine wertvolle Pflanze behandelt wird und Entfaltung und Erfüllung findet in all ihren Facetten, in verschiedenartigen Farben und Formen. Die Liebenden können jetzt, im Ernstfall der Gefühle, miteinander ihr Leben genießen und gestalten und sich im Familien-, Freundes- und Kollegenkreis, kurzum in der Öffentlichkeit, zueinander bekennen. Aufgrund der Kommunikationsmittel, die heutzutage so unterschiedlich und vielfältig sind, können die Liebenden sich an jedem Ort und zu jeder Zeit kontaktieren.

Die Frauen haben sich ja nicht nur in puncto Gleichberechtigung und in technischer Hinsicht den Männern angepasst, sie beanspruchen auch in Sachen Unterhaltung und Vergnügen ihren eigenen Spielraum. Wenn der Lebens- bzw. Liebespartner nicht bereit ist, ihnen diesen zuzugestehen, dann ist es häufig nur eine Frage der Zeit, bis sie ihn verlassen werden. Denn wenn es bereits dazu gekommen ist, dass sie einen anderen, vermeintlich besseren und verständnisvolleren Mann gefunden haben, ist es meist schon zu spät für denjenigen, bei dem sie Toleranz und guten Willen vermisst haben. Die Frauen verlassen ihren Partner oftmals gar nicht in Bezug auf seine Person; sie vermissen bestimmte Eigenschaften, die er ihnen nicht bieten kann – oder bieten will –, und wenn die ihnen von dem anderen Mann offeriert werden, dann lassen sie sich auf den ein. Also nutzt auch sie die Chance, um ihr Lebenskonzept so frühzeitig wie möglich zu verwirklichen. Sie wählt denjenigen, der ihre erwünschten Bedingungen erfüllt und macht dies kurzerhand zu ihrer Herzensentscheidung – obwohl dies, realistisch und streng betrachtet, eher als eine Art „Kontrollfunktion der Liebe" zu bezeichnen ist.

Die Liebe wird also demgemäß einer Schwäche geopfert und dem Unvermögen, wenn der Partner sich nicht so verhält, wie es sich der andere wünscht.

Diese Entschlusskraft wird gerade von Frauen heutzutage schneller ein- und umgesetzt, weil sie sich in ihrem beruflichen und privaten Lebensumfeld den Männern anpassen mussten. Dadurch sind sie eigenständiger und eigenwilliger geworden und brauchen keinen „Ernährer" mehr. Den Männern, die dem alten Muster des Patriarchats nachhängen, sollte das zu denken geben!

Das Geben und das Nehmen ist in der Liebe nämlich sehr wichtig und steht in Verbindung mit der Würde, die nach einem bestimmten Maß berechnet wird. Das Opfern gleicht jedoch oftmals einer Selbstverleugnung der eigentlichen Wünsche. Der oder die Liebende ,wird ja nicht aus Böswilligkeit verlassen. Es fehlt meist nur an einer ehrlichen Erklärung, etwa so: „Ich liebe dich, aber ich muss es (aus diesen oder jenen Gründen) tun, weil ich eine andere Lebensform bevorzuge. Ich bitte dich, das zu verstehen, denn ich wäre auf Dauer nur unglücklich und unzufrieden, und das würde uns beiden nicht gut tun und unsere Liebe auf den Nullpunkt bringen …" – Das wäre beispielsweise eine vernünftige Erklärung, die den anderen nicht verletzt oder ihm das Gefühl gibt, versagt zu haben.

Den „Konzepten der Liebe" liegen also unterschiedliche Motivationen zugrunde, angefangen von den erstmaligen Liebesgefühlen der Jugendlichen, die meist nur von kurzer Dauer sind und als Erfahrung gewertet werden.

Denn junge Menschen denken nicht gleich ans Heiraten, auch wenn sie von den Gedanken und Gefühlen der Liebe geradezu überwältigt werden. Außerdem entspricht eine traditionelle Beziehung, die als Ehe urkundlich bescheinigt und festgeschrieben wird, heutzutage nicht mehr unbedingt dem Lebens- bzw. Liebesziel. Karriere oder Liebe … – das ist mittlerweile die Frage, mit der sich die Liebenden auseinandersetzen müssen. Dass es dann häufig dazu kommt, dass sie ihre Ansprüche zu hoch schrauben und mit ihrer Entscheidung zu lange warten bzw. einer Idealvorstellung – mehr noch einer Illusion – nachhängen, ist oftmals der tragische Einstieg ins Solistendasein. Der verherrlichte Supermann oder die vergötterte Superfrau sind dann inzwischen meist verheiratet oder stehen aus anderen Gründen nicht mehr zur Verfügung. Dies betrifft besonders Frauen, denen keiner der bisherigen Kandidaten gut genug war; die auf den „Märchenprinzen" warten bzw. auf den einzigartigen „Mr. Perfect" oder „Mr. Right".

Die Erfahrungen, die junge Leute in der Liebe ja erst mal machen müssen, dienen der Orientierung, dem Selbstfindungs- und Selbstverwirklichungsprozess. Diese Erkenntnisse und Erlebnisse ähneln, trotz aller angeblichen Ab- und Aufgeklärtheit, einer Entdeckungsreise, denn sie erfahren in ihrem Gefühlsleben etwas gänzlich Neues. Das Abenteuer der Liebe ist auch deshalb eine elementare „Erfahrungs- und „Motivationsreise", weil jede einzelne Entwicklungsstufe für das Selbstbewusstsein und Selbstwertgefühl wichtig ist.

Der männliche Jugendliche, der seine erste Liebeserfahrung macht, ist möglicherweise unsicher, weil er nicht weiß, wie er sich dem Mädchen, das ihm gefällt, nähern soll. Seine Bemühungen drehen sich kreisförmig; alle die Effekt und Erfolg versprechenden Informationen aus den unterschiedlichen Medien nützen ihm wenig, wenn er dem Mädchen von Angesicht zu Angesicht gegenübersteht. Die meisten Mädchen sind heutzutage selbstbewusst, aber dennoch erwarten sie nach wie vor den ersten Schritt seitens des Jungen. Und wenn der sich ungeschickt anstellt, dann wird er womöglich zur Lachnummer degradiert, statt zum Liebhaber erhoben.

Die Mädchen sind eben mehrheitlich nicht schüchtern oder unbedarft; sie sind in Gefühlsdingen den Jungen meist überlegen und spielen deren Schwäche als ihre Stärke aus (auch das ist in dieser Abhandlung bereits bezüglich der unterschiedlichen Erziehungsmaßnahmen von Jungen und Mädchen thematisiert worden). Sie spielen ihre körperlich erblühenden Reize aus und testen, wie sie beim anderen Geschlecht ankommen. Und wenn sie merken, dass sie den Jungs die „Köpfe verdrehen können“, dann erstarkt ihr Selbstvertrauen und Selbstwertgefühl ungemein.

Ein anderes Denken und Fühlen bestimmt demnach in der heutigen Generation den Lebens- und den Liebesfluss. In der Schule wird über Sexualität ganz selbstverständlich im Unterricht gesprochen – jedenfalls in der westlichen Welt –; in der Öffentlichkeit ist Sex kein Tabuthema mehr.

Die Mädchen jedoch, die Komplexe aufgrund einer vermeintlichen Mangelhaftigkeit entwickeln – weil sie beispielsweise meinen, nicht attraktiv oder perfekt genug zu sein –, können kein Selbstvertrauen entwickeln. Das ist besonders dann zu beobachten, wenn sie sich in den Medien an all den Pseudo-„Schönlingen“, männlichen oder weiblichen Geschlechts, orientieren, die mittels Schönheitsoperationen ihre oftmals standardisierte „Schönheit“ erlangt haben. Aufgrund der extrem auf Äußerlichkeit bezogenen Bewunderung werden sie von Eifersucht, Missgunst und oberflächlichen Verhaltensweisen beherrscht, ohne an ihre einzigartige Eigenart zu denken und diese so zu „kultivieren“, dass sie zu individuellen und interessanten Menschen werden und aufgrund dessen Anerkennung und Bewunderung erhalten.

Das sind demnach schlechte Bedingungen bezüglich der Beziehungsfähigkeit insgesamt, denn mit dem Motiv der Unzufriedenheit lässt sich kein gesundes Verhältnis aufbauen – nicht zum männlichen und nicht zum weiblichen Geschlecht. Demzufolge formen sich die Ängste, sich nicht angemessen in eine Gemeinschaft einbringen zu können, zu einer Kettenreaktion.

Allerdings kann dies beide betreffen, also Jungs und Mädels, und dies kann sich bis zu einer Beziehungsunfähigkeit steigern und eher zu einem erbitterten Konkurrenzkampf führen als zu einem harmonischen Miteinander. Denn der jungen Generation stehen so viele Möglichkeiten offen. Aber das ist ein anderer Bezugspunkt und betrifft das oftmals überspitzte Perfektionsdenken, mehr noch die Verpassens- und Versagensangst in der heutigen Zeit.

Es ist also so, dass beide, Jungs und Mädchen, ihre jeweiligen Erfahrungen in der Liebe machen müssen, um in der Lage zu sein, zu entscheiden und zu unterscheiden, auf was bzw. mit wem sie sich dauerhaft einlassen können.

Wenn eine junge Frau heiratet, interessiert sie sich natürlich für die Vergangenheit ihres Mannes; dazu gehören auch seine ehemaligen Beziehungen zu Frauen. Denn es gibt keinen Mann, im Normalfall, der keine Erfahrungen mit Frauen hat – egal, ob sie erfreulich oder frustrierend gewesen sind. Denn er ist auf jeden Fall von einer Frau erzogen worden – von seiner Mutter. Es gibt natürlich den Fall, dass er bisher mit seiner so genannten „Sandkastenliebe" oder Schulkameradin zusammen gewesen ist, also diese eine Frau auserwählt und bevorzugt hat, und aufgrund dessen keine Erfahrungen mit anderen Frauen gemacht hat. Das passiert jedoch eher selten.

Wenn ein Mann ans Heiraten denkt, interessiert er sich natürlich ebenfalls für das Vorleben seiner Frau. Falls er Anhänger einer kulturbedingt streng traditionellen Einstellung ist, legt er auf ihre Unberührtheit, also ihre Unschuld, großen Wert. Falls er Anhänger einer toleranten und verständnisvollen Einstellung ist und sich der Modernität und dem Zeitgeschmack angepasst hat, akzeptiert er, dass es auch für sie in der Vergangenheit ein Leben und einen anderen Mann (oder mehrere) gegeben hat.

Anders verhält es sich, wenn beide Heiratswilligen einem Kulturkreis angehören, der beispielsweise muslimisch geprägt ist und in dem andere Regeln bei der Vermählung gelten. Dann ist es heutzutage immer noch üblich, dass die jeweiligen Eltern ein Mitspracherecht beanspruchen. Falls die mit der Auswahl des Sohnes bzw. der Tochter nicht einverstanden sind, können sie die Heirat verhindern. Dann kommt es möglicherweise dazu, dass das Liebespaar nicht heiraten darf, und im schlimmsten Fall werden ihnen andere Heiratskandidaten zugeführt, die sie kaum kennen. Allerdings ist dies ein Eingriff in die persönliche Freiheit des Liebespaares, der heutzutage nicht mehr so häufig praktiziert wird und darüber hinaus hierzulande keine Rechtsgrundlage hat.

Bei diesem Auswahlverfahren gibt es für das Liebespaar eine „Ausweichmöglichkeit", die jedoch mehr dem Kalkül als der Liebe geschuldet ist, beispielsweise dergestalt, dass beide Beteiligte selbst nach bestimmten Kriterien das Problem lösen: Sie lassen sich, des lieben Friedens willen, auf eine arrangierte, fremdbestimmte Heirat ein und führen ihre Liebesbeziehung einfach heimlich weiter. Das kann eine Option sein, für eine gewisse Zeit. Aber das ist nur eine Augenwischerei und bringt allen Beteiligten auf Dauer kein Glück. Denn in Wirklichkeit betrügen sich die Betroffenen ja selbst, und die jeweils angeheirateten Partner sowieso. Sie meinen vielleicht, dass sie ohne einander nicht leben können, wenn die Intensität der Liebe sie empfinden lässt, dass sie füreinander geschaffen sind.

Die Gefühle einer solch starken Liebe lassen sich aber nicht an- oder ausknipsen je nach Belieben, oder durch die Vernunft planen und mit dem Verstand steuern. Die Liebe wirkt auf diese Menschen wie eine Aufgabe, die eine Durchführung erfordert und ein Ergebnis verlangt. Sie kann nicht künstlich erzeugt werden, denn die reinen und spontanen Gefühle sorgen für die tiefe Verbundenheit. Wenn die vorhanden sind, kann keine zwangs- oder zweckbedingte Heirat das echte Liebespaar auseinander bringen. Die wahre Liebe wird bei beiden Partnern andauern und insgeheim fortgeführt, weil sie nicht im Alltag gelebt und demzufolge idealisiert wird.

In den einstigen Epochen gab es Formen der Idealisierung und der Liebe, wie sie heutzutage kaum noch denkbar sind. Allerdings haben sich mittlerweile, bedingt durch die Hightech-Kommunikationsmittel, Möglichkeiten ergeben, den geliebten Partner immer und überall zu erreichen.

Insbesondere das Internet bietet für Liebeswillige – ob sie ihrer „großen Liebe“ nachhängen, ob sie eine neue suchen oder ob sie sich nur mal „umschauen“ wollen – allerlei Kontaktmöglichkeiten. Sie sehen sich nur auf dem Bildschirm, stellen sich in einer Form dar, wie sie sich selbst gerne sehen möchten bzw. wie sie gerne gesehen werden wollen. Die Gefühle kommen dabei jedoch nicht wahrhaftig zum Ausdruck, und wenn sie sich im tatsächlichen Leben treffen, dann müssen sie sich der Wahrheit und der Wirklichkeit stellen. Dies ist eine Art des Kennenlernens, bei der erst mal das „Fremdeln“ überwunden werden muss. Inzwischen ist es aber durchaus üblich, in dieser Form zueinander zu finden. Es ist also nicht das spontane Bewundern und der berühmte „erste Blick“, es wird erst geprüft, ob eine persönliche Kontaktaufnahme lohnenswert ist, oder ob es beim unverbindlichen Korrespondieren bleibt.

Eine wahre Liebe braucht jedoch mehr als nur dieses Mittel des Umgangs. Allerdings haben Freundschaften auch schon dazu geführt, dass plötzlich Liebe im Spiel ist. Denn wenn ein Freundespaar immer ehrlich miteinander umgegangen ist, dann kennt es sich meist so gut, dass kaum mit einer Enttäuschung bzw. Ernüchterung im Gefühlsduett zu rechnen ist. Jedoch ist oftmals die Leidenschaft in der Liebe nicht so stark ausgebildet, weil beide abgeklärter und entspannter miteinander umgehen. Sie haben an den Beziehungspartner keine übermäßige Erwartung; es ist häufig eher ein kameradschaftliches Verhältnis, das auf einem bereits lange und stabil aufgebauten Fundament gepflegt wird.

Die palästinensische Dichterin May Zyada hat den libanesichen Literaten Gobran Khalil allerdings aufgrund der Briefe geliebt, in denen sie sich ihre Liebesbotschaften mitgeteilt haben. Auch das kann durchaus eine Grundlage für eine leidenschaftliche Liebesbeziehung sein, die jedoch auf einer abstrakten, geistigen Ebene geführt wird und in der die Berührung und Erfüllung in der körperlichen Liebe – sozusagen von Haut zu Haut – keine Priorität hat. Aber eine solche Beziehung sollte man eher den feingeistigen Liebespaaren überlassen, denn es ist auch ein Unterschied, ob man Liebesworte ins Ohr geflüstert bekommt, oder nur auf dem Papier liest!

Das sechste Kapitel: Die „Klinik der Liebe“

Es gibt kaum einen Menschen auf der Welt, der in der Liebe kein Scheitern erlebt hat. Aus der anfänglichen Begeisterung füreinander ist Enttäuschung geworden – sei es, dass die Glücksgefühle sich beiderseits mehr und mehr verflüchtigt haben; sei es, dass einer der Beteiligten sich in der Beziehung nach und nach nicht mehr wohlgefühlt und sich zurückgezogen hat.

Die große Freude aneinander hat „Frustbeulen“ bekommen, und dies zeigt sich durch Entzugserscheinungen bzw. durch aggressive oder destruktive Verhaltensweisen. Diejenigen, die die Freude der Liebe erlebt haben, müssen nun Eifersucht und negative Gefühle ertragen, Traurigkeit und Verwirrung sind die Folgen. Es ist im wahren Leben wie in den Liebesgeschichten, die einen Anfang, ein Thema und ein negatives oder ein positives Ende haben.

Alles dies findet im „stinknormalen“ Leben ebenfalls statt, im Rahmen eines ähnlichen Verlaufs:

Am Anfang ist meistens alles hoffnungsvoll, liebevoll ... – einfach schön. Die erste Stufe der Liebe beinhaltet die Dynamik des Erfreuens, der Geborgenheit und des Genießens. Die zweite Stufe ist als Bestandsaufnahme zu werten, um die Grundlage festzulegen, um die Stabilität zu prüfen. Sie ist die längste „Liebesstufe“, denn jetzt müssen Probleme, die sich eventuell angehäuft haben, zur Sprache gebracht und diese bewältigt werden, bevor sie sich zu einem Risikofaktor entwickeln.

Die letzte Stufe beinhaltet entweder das unvermutete oder das voraussehbare Ende, oder den Fortbestand, somit das „Happy End“.

Das Ende kann also bedeuten, dass die Beziehung aufgrund unüberwindbarer Differenzen und Diskrepanzen beendet wird, oder aufgrund der fortdauernden Harmonie bzw. Problemlösung gesichert ist.

Diese Aussagen haben einen wissenschaftlichen Erkenntniswert und damit ein Fundament, die Dr. Lipowitz in seinem Buch erwähnt hat, nämlich: dass im Gehirn des Liebespaares während der ersten Stufe die Substanz PEA einwirkt, quasi als Glückshormon. Dies ist verantwortlich für den Glückszustand der beiden Verliebten. Aber die Einwirkung dieser Substanz erfolgt nur in geringen Mengen.

In der nächsten Phase erhält das Gehirn die Substanz Endorphin, die sich auf beruhigende und natürliche Weise einbringt; diese vermittelt das Gefühl von Sicherheit, Stabilität und Zufriedenheit. Verringert sich das Endorphin, verringern sich auch diese Gefühle, folglich kommt es zu einer ernüchterten bzw. einer kritischen Betrachtung der Beziehung. Probleme und Spannungen, die während der Verliebtheitsphase verdrängt worden sind, können nun zu der Erkenntnis führen, dass die Liebe nicht stark genug und eine Trennung unausweichlich ist … – falls man sich nicht auf halbherzige Kompromisse, holprige Versprechungen und Zugeständnisse einlässt. Darin steckt meist nämlich ein Potential an Problemen, das im Unterbewusstsein einen unguten Einfluss auf die Liebenden hat. Diese Schwierigkeiten lassen sich folgendermaßen kennzeichnen.

Das Problem der einseitigen Liebe:

Diese Art der Liebe kann niemals zufriedenstellend sein – für beide Partner nicht. Wenn beide dennoch eine enge Verbindung miteinander pflegen und sich häufig sehen, ist das für denjenigen, der einseitig liebt, ein immerzu quälendes Erlebnis, und für denjenigen, der diese Liebe nicht erwidern kann, eine immerzu quälende Gewissensfrage. Wenn sie sich nicht so oft sehen, weil zwischen ihnen eine räumliche Entfernung liegt, dann kann diese Liebe eher existieren und gepflegt werden. Denn das quälende Erlebnis und die quälende Gewissensfrage müssen sich nicht so oft der Herausforderung stellen.

Falls die Liebe einem der bereits genannten Filmstars gilt, ist dieses Idealisieren, das meist nur einer schwärmerischen und vermeintlichen Liebe entspricht, die eher einer Vergötterung gleicht (auch das ist bereits erläutert worden), deshalb nicht quälend, da derjenige ja keinen Anspruch auf Erfüllung stellt, weil dies einfach zu unwahrscheinlich wäre. Diese Liebe existiert meist nur in der Fantasie, und wenn sie tatsächlich verwirklicht würde, könnte derjenige mit dem realen Liebesobjekt bestimmt gar nicht umgehen. Das „geliebte" Geschöpf wäre geradezu ein Überwesen, sozusagen nicht „von dieser Welt". Dieser Beziehungswunsch sollte also besser in der Fantasie bleiben und den Bewunderungsgrad nicht überschreiten, denn, objektiv betrachtet lassen sich keine überzeugenden Gründe für eine solch überzogene Verbindung herstellen.

Auch die Blockade der Gedanken und Gefühle ist ein elementarer Hinderungsgrund bezüglich einer einseitigen Liebe. Diese „Hemmschwelle" sollte, um möglicherweise einer neuen Liebe eine Chance zur Entwicklung zu geben, allerdings ehrlich, eindeutig und freiwillig beseitigt werden. Denn würde der Verzicht nur halbherzig erfolgen, hätte die neue Liebe – da die bisherige ja nur aus einem Phantombild entstanden und daher unausgelebt ist –, hinsichtlich des unrealistischen Vergleichs keine Entwicklungsmöglichkeit haben und würde eher mit negativen Gedanken besetzt.

Das Problem der unmöglichen Liebe:

Das Beenden einer Beziehung ist immer mit dem Brechen einer Hoffnung verbunden; es ist oftmals ein schleichender und stets ein schmerzhafter Prozess.

Allerdings gibt es Paare, die können nicht miteinander, aber auch nicht ohne einander leben, und als Außenstehender fragt man sich: „Ist das Hass oder Liebe? Ist das eine Hassliebe, oder ist das eine Art der Liebe, die nicht normal ist?" – Andererseits: was ist heutzutage normal?!

Da schreibt zum Beispiel eine junge Frau: „Ich bin zwanzig Jahre alt und hatte mich sozusagen „auf den ersten Blick“ in einen Studienkollegen verliebt. Ich war gefangen in meinen Gefühlen, da er der „Mann meiner Träume“ war. Wir hatten uns gegenseitig unsere Liebe versichert, und vier Jahre dauerte unser Liebesverhältnis. Es waren die schönsten Jahre meines Lebens, und da wir diese Beziehung nicht geheim gehalten haben, gingen alle davon aus, dass wir uns verloben und später heiraten würden. Er hatte mir versprochen, dass dies nach dem Abschluss unseres Studiums erfolgen sollte, und ich hatte keinen Grund, dieser Hoffnung nicht zu vertrauen bzw. an diesem Plan zu zweifeln. Aber dann hat er sich von mir total unerwartet getrennt. Das war ein Schock für mich, denn für mich hatte sich an unserer Liebe ja nichts geändert. Dieser Vertrauensbruch hat mich natürlich sehr traurig gemacht. Als ich ihn nach dem Grund für die Trennung fragte, erklärte er mir nur, dass er aufgrund seiner veränderten Gefühle mir gegenüber zu diesem Entschluss gekommen war. Ich konnte mir gar nicht vorstellen, dass er mich jemals geliebt hatte; mein Selbstwertgefühl war total zerstört. Ich habe mich gefragt, ob ich einen Fehler gemacht habe und mir überlegt, ob es falsch war, ihm meine Liebe zu schenken und ihm zu vertrauen. Ich konnte einfach nicht verstehen, dass er sich so plötzlich von mir abwandte, weil er mir seine veränderten Gefühle nicht vermittelt hat.“

Das ist beispielsweise ein häufiges Problem, das ehrliche und eindeutige Reden miteinander, vor allem dann, wenn der eine Partner spürt, dass er für den anderen nicht mehr die anfängliche Liebe empfindet. Er ist entweder feige oder möchte ihn damit nicht konfrontieren. Es ist haufig ein heimtückischer Prozess, der sich langsam einschleicht und äußerlich kaum spürbar ist. Denn der oder die verliebte Beteiligte hat ja immer noch die „rosarote Brille“ auf oder will es einfach nicht wahrhaben, dass sich der oder die andere Beteiligte gleichgültiger verhält. – Und wenn derjenige es verschweigt, dass seine Gefühle für eine Liebesbeziehung nicht mehr reichen, dann ist der Trennungswunsch für denjenigen, der immer noch glaubt, dass alles in Ordnung ist, nicht nachvollziehbar und demzufolge sehr verletzend. Der Liebeskummer führt dann möglicherweise auch noch dazu, dass derjenige den Nichterfolg als persönliche Niederlage empfindet und dies zu einem selbstquälerischen Trennungsschmerz führt.

Es geht demjenigen Partner, der verlassen wurde, ja nicht darum, den einstigen Liebespartner zu verdammen oder zu vergessen; es ist vielmehr wichtig, dass er erfassen und realisieren kann, warum der Ex-Partner die Beziehung nicht fortführen kann. Danach erst ist es dem verlassenen Partner möglich, seine Gedanken zu ordnen und zu sortieren und sich, ohne Folgeschäden, möglicherweise auf eine neue Liebesbeziehung einzulassen. Denn es ist nur ein geringer Trost, dass die Wunden im Laufe der Zeit heilen.

Liebeskummer ist keine Schande, niemand sollte sich der Tränen, die aus Traurigkeit aufgrund einer Trennung geweint werden, schämen. Damit bringt man zum Ausdruck, dass die unerwartetete Beendigung einer Beziehung die Gefühle nachhaltig verletzt und die Hoffnung auf eine Lebensgemeinschaft und all die Liebesversprechen mit einem Mal zerstört haben.

Den wissenschaftlichen Erkenntnissen zufolge trauert eine Frau länger um den Beziehungsverlust, weil sie – das ist in den meisten Fällen so – mehr Gefühle investiert und ihr ganzes Glück von diesem Lebensplan und dieser Liebe abhängig gemacht hat. Deshalb ist es notwendig, dass sie in ihrem Innern „Ordnung“ schafft und sich mal traurig, mal zornig verhält. Sie muss sich befreien und sich entsprechend ihrer jeweiligen Gefühlslage abreagieren, sodass ihre verwundete Seele gereinigt und gesalbt wird. Sie muss den Vertrauensverlust ja erst mal überwinden.

Manche hadern mit Gott, weil er den Herzensimpuls des einstigen Lebensgefährten nicht genug gestärkt hat und es an der Geduld und der Kraft mangeln ließ, die Liebe gedeihen zu lassen. Sie empfinden den Schicksalsschlag als unerträglich und verhängnisvoll.

Aber sich als Opfer zu betrachten, ist keine Option. Die Betroffenen müssen begreifen, dass sie ihr Seelenheil nur dann stabilisieren und wiedererlangen können, wenn sie in ihrem Leben wieder Lichtblicke zulassen, die ihren Optimismus und ihr Selbstwertgefühl stärken. Das ist die einzige Möglichkeit, ihre Befreiung aus der momentanen Frustration und Hoffnungslosigkeit, der Traurigkeit und Trostlosigkeit zu erreichen, die ihr Leben nach der Trennung beherrscht. Dass die Familie und die Freunde der oder des Betroffenen als „soziale Instanz“ möglichst geduldig auf den Liebeskummer reagieren sollten, ist auch deshalb wichtig, damit der- oder diejenige das verlorene Vertrauen wieder mit einer vernünftigen Weitsicht besetzen und durch Zuversicht ersetzen kann. Die übermäßige Empfindsamkeit, die wie ein

Schutzwall wirkt, ist ebenfalls bei der Vertrauensbildung wichtig. Falls der- oder diejenige professionelle psychologische Hilfe benötigt, sollte darauf Rücksicht genommen werden.

Jede Art von Beeinflussung sollte dazu führen, dass der- oder diejenigen in Bezug auf künftige Entäuschungen gefestigter mit Lebens- bzw. Liebesproblemen, die ja eigentlich ganz normal sind, umgehen können. Allerdings ist dabei zu berücksichtigen, dass jeder Einzelne jedes Ereignis anders bzw. individuell verarbeitet, denn es bekommt jeweils die Bedeutung und die Größe, die man als Individualist zulässt. In diesem Fall ist es oftmals ratsam, den Sachverhalt mit dem Verstand aufzunehmen, und sich nicht nur gefühlsmäßig darauf einzulassen.

Ob Erfolg oder Misserfolg – beides geschieht eben. Beim Erfolg kann Ehrgeiz und Fleiß dazu führen, oder einfach nur Glück. Im umgekehrten Fall kann es, auch wenn man sich noch so sehr bemüht hat, lediglich um eine Fehleinschätzung handeln, oder einfach nur um eine Pechsträhne. Das Scheitern muss deshalb nicht gleich mit Schuld belegt werden. Außerdem bedeutet es nicht das Ende der Erfolgsstrecke, denn fast jeder erlebt mal die eine, mal die andere Lebenssituation. Es gibt kaum jemanden, der in der Liebe nicht schon mal gescheitert ist.

Auch derjenige, der die Beziehung beendet hat, kann sich den Expartner meist nicht ohne Gefühlsschwankungen und Gewissensbisse aus dem Herzen reißen. Die Liebe endet ja nicht abrupt, also von heute auf morgen, und die Entscheidung, sich von dem Partner zu trennen, ist oftmals ein schmerzhafter Prozess, und geschieht nicht aus Gleichgültigkeit, oder weil derjenige gerade mal keine Lust hat.

Außerdem sind Fehler im menschlichen Miteinander ganz natürlich und nicht zu vermeiden, denn niemand ist ohne Schuld und Tadel! Eine gesunde Selbstwahrnehmung und ein ebensolches Selbstwertgefühl schützen vor negativer Beeinflussung, wie ein dehnbares Gummiband, das sich elastisch von der einen Seite zur anderen ziehen lässt. Das Leben besteht eben aus einer Mischung, die mal Erfolg und Glück, mal Misserfolg oder Pech, mal eine glückselige, hoffnungsvolle, mal eine instabile, kummervolle Phase enthält. Es ist nahezu unmöglich, diesen Situations- bzw. Stimmungsverlauf mit eigenem Willen zu beeinflussen bzw. zu durchbrechen – so, wie man es gerade haben möchte. Das ist sozusagen das Gesetz des Lebens. Somit kann niemand ständige Glückseligkeit erwarten, oder über ständige Hoffnungslosigkeit Klage führen.

Es ist also grundsätzlich wichtig, die Balance in allen Beziehungen des Lebens zu finden, zu halten und sich nicht nur auf das Liebesglück und die erfreulichen Momente zu verlassen. Im Berufsleben, in der Freizeit mit Freunden … – es gibt so viele Dinge des Lebens, die Freude machen und für geistiges und körperliches Wohlbefinden sorgen. Sobald man sich aus dem „Gefängnis der gequälten Seele“ befreit hat, kann man sich öffnen für die gesellschaftlichen und menschlichen Belange des Lebens, die für das soziale Miteinander unabdingbar sind. Denn es bleibt nichts dem Scheitern und Stillstand überlassen, schon gar nicht, weil eine einzelne Person einen vorübergehenden Tiefpunkt erlebt und in eine Trübsinnsphase geraten ist.

Auf den Liebeskummer bezogen: daran stirbt kein Mensch! Nur wer sich aufgibt, sich hängen lässt, sich nicht auf ein freudiges Denken und Erleben einlässt, wird physisch und psychisch krank und kann an diesen Folgen sterben, wenn er nichts dagegen tut und innerlich verkümmert. Depressive Phasen hat fast jeder aus den unterschiedlichsten Gründen, oder weil man mit sich und den Dingen oder Personen aus dem nahen Umfeld nicht zurechtkommt. Aber das vergeht bald, und dann ist man meist wieder froh und heiter gestimmt. Anders ist es natürlich, wenn jemand wirklich unter einer Depression leidet. Dann ist allerdings ärztliche Hilfe bzw. eine Psychotherapie erforderlich. Doch das ist ein anderes Thema, das in diesem Zusammenhang nicht annähernd und fachkompetent behandelt werden kann.

Diejenigen jedoch, die erkennen, dass die Liebe so notwendig für den Menschen ist wie Nahrungsaufnahme und Optimismus, können sich den Genüssen des Lebens und somit der Liebe unbeschwert hingeben. Dabei ist es nicht unbedingt von Belang, in welcher Form die Liebe erlebt wird; ob sie nur auf eine Art zum Ausdruck kommt – also von Mensch zu Mensch –, oder auf alle Arten, die das Leben betreffen. Denn da der Mensch von Natur aus egoistisch ist – das ist eine ganz natürliche und wesentliche Regung –, dazu erlebnishungrig und neugierig, gibt er sich meist nicht mit einer einzigen Liebe zufrieden. Das muss sich nicht auf den Liebespartner beziehen – keine Panik! Damit sind eher alle die im Laufe des Lebens erworbenen bzw. erwünschten „Lieblingsdinge“ gemeint – Gegenstände, mit denen der Mensch an sich sich am liebsten umgibt und all die Hobbys, die er gerne ausübt. Er möchte Veränderungen erfahren und all die Vielfalt erleben, die sich ihm bietet, wenn er mit offenen Augen durchs Leben geht und ohne Scheuklappen ... – gerade in der heutigen Zeit.

Er will keine Abhängigkeit und nicht an Gewohnheiten festhalten, die ihn einengen und nicht weiterbringen, auch wenn er sich vielleicht nicht von gewissen Angewohnheiten oder Geschmacksvorlieben lösen kann, die für ihn, ganz persönlich, einen Nutzwert haben.

Kein Mensch darf sich erdreisten, dem Partner diese zu verbieten. Denn die Individualität und Intimsphäre eines Menschen sollte stets so unantastbar sein wie seine Würde.

Aber nun wieder zum Liebeskummer zurück: Der Betroffene wäre demnach nicht gut beraten, wenn er den Partner zur Rückkehr auffordern würde, damit er den Trennungsschmerz nicht aushalten muss. Es ist häufig insbesondere die existenzielle Angst, nicht geliebt zu werden, die ihn dazu treibt. Denn wenn derjenige das nicht aus Liebe, sondern nur aus Mitleid tut, und dies nicht seiner freien Willensentscheidung überlässt, dann ist letztendlich damit niemanden geholfen, und früher oder später oder bei nächster Gelegenheit gibt es erneut Probleme. Das Misstrauen wird zur Qual, wirkt wie ein Gift, das die Liebe durchdringt mit falschen Versprechungen, die gar nicht böse gemeint sind, sondern eher hilf- und ratlos.

In einem ägyptischen Sprichwort heißt es sinngemäß: „Derjenige, der das Auge nicht sieht, fühlt nicht das Herz!" – Die Augen, die Gefühle und das Herz sind wahrhaftig beteiligt, wenn zwei sich gefunden – oder verloren – haben.

In dem Lied „Frag dich" von Omm-Kolsum wird die Trennung in nachvollziehbarer Weise und verständlichen Worten dargestellt bzw. gesungen (auch sinngemäß); *„Ich mache mich fern von jedem Ort, zu dem ich mit dir kam, auch wenn es nur einmal war! – Ich mache mich fern von den mir nahestehenden Personen, die meine Geschichte mit dir kennen! – Und ich verändere jedes Gespräch, in dem etwas über dich erwähnt wird ..."*

Das heißt: Man soll aus seinen Erfahrungen lernen und die Gründe für eine Trennung möglichst objektiv sehen, um sie akzeptieren zu können. Dass die Gefühlsströme bei den meisten Menschen in einem Störfall ambivalent verlaufen, und nicht eindimensional, sollte außerdem bedacht werden. Wenn man nach einer gewissen „Aus-, Bedenk- und Beruhigungszeit" die Beziehung ehrlich und genau reflektiert, dann kann man die Fehlentwicklung meist Stück für Stück nachvollziehen und auch bei sich selbst Fehler entdecken – nicht nur beim Expartner, von dem man erwartet hat, dass er sich stets optimal und perfekt verhält. Nach dieser Bestandsaufnahme und der notwendigen Distanz kann nämlich der Entschluss reifen, auch die eigenen Fehler einzusehen und die so zu verinnerlichen, dass diese möglichst niemals wiederholt werden. Damit kann jedenfalls die verwundete Seele geheilt und der Trennungsschmerz überwunden werden.

Wenn man die Beziehung so streng unter die Lupe nimmt und wie unter einem Mikroskop untersucht, dann wird der Verstand zum Verständnis beitragen und damit das Verstehen erleichtern. Dieses Verstehen ist nämlich deshalb von großer Bedeutung, weil es auch dazu verhilft, das Verhalten des Partners (mehr oder minder) zu verstehen.

Aufschluss darüber können beispielsweise folgende Fragen geben:

„Warum habe ich mich ausgerechnet in diesen Menschen verliebt?"

> „Wieso habe ich ihn mehr als alle anderen geliebt, die auch attraktiv und durchaus liebenswert sind?"
>
> „Habe ich ihn geliebt, weil ich dachte, in ihm einen gleichgesinnten Partner, einen Seelenverwandten und Verbündeten gefunden zu haben, der Verständnis für mich hat und mir geistig und körperlich Wohlgefühle beschert?"
>
> „Habe ich ihn geliebt, weil ich mir mit keinem anderen Menschen ein harmonischeres Zusammenleben vorstellen konnte?"
>
> „Welche Erwartungen hatte ich an den Liebespartner, und welche hatte er an mich?" „Habe ich seine, hat er meine erfüllt, oder haben wir uns auf Kompromisse eingelassen?"
>
> „Oder waren wir beide zu verblendet, um an den Erhalt unserer Liebe nach der ‚verknallten Phase' zu denken?"
>
> „Hätten wir diese Liebe überhaupt auf Dauer und auf einer einer tragfähigen Grundlage aufbauen können?"
>
> „Oder haben wir uns beide etwas vorgemacht, weil wir das ‚gute Verliebtheitsverhältnis' nicht trüben wollten?"
>
> „Hätte unsere Liebe die ersten Probleme überstanden, wenn wir ehrlich miteinander geredet hätten?"

„Hätten wir unsere jeweiligen Bedürfnisse tatsächlich aufeinander einstellen können?“ „Oder wäre dies nur aus Berechnung und mit antriebsschwachen Beteuerungen erfolgt, um die Liebe nicht zu gefährden?“

„Hätten wir uns wirklich eine Heirat mit diesem Menschen vorstellen können, mit allen Konsequenzen und mit aller Verantwortung, die ein derartig festes Verhältnis mit sich bringt?“

„Würden wir diesen Menschen auch in jeder Notsituationen lieben?!“

Natürlich gäbe es, auf die jeweilige Beziehung bezogen, noch sehr viel mehr Fragen. Aber aufgrund einer solchen Ursachenforschung, die allerdings ehrlich und gründlich durchgeführt werden muss, kann es zu einer intensiveren Selbsteinschätzung und demzufolge Selbstwahrnehmung kommen, und damit auch zu einem tieferen Verstehen bzw. Verständnis für den Expartner. Durch diese Bewusstseinsbildung kann das verlorene Gleichgewicht wieder hergestellt, und möglicherweise könnten künftighin Fehler vermieden oder vermindert werden.

Wenn man sich ohne Frust und unangenehme Gefühle an die glückseligen Momente erinnern kann, dann kann man nur gewinnen – an Selbstvertrauen, an Widerstandskraft und an Zuversicht. Denn es ist ein Geschenk Gottes, dass durch das, was man erkannt und erlebt hat, nicht nur die Charakterstärke geformt wird – also solche und solche Erfahrungen zu verarbeiten, nämlich die negativen ebenso wie die positiven. Auch das gehört nämlich zur Identitätsfindung und zur Individualitätsentwicklung eines jeden Menschen. Denn jeder Einzelne ist einzigartig; es gibt niemanden, der absolut dem anderen ähnelt.

Außerdem gibt es kaum einen Menschen, der nicht von der Familie und den Freunden geliebt wird. Es ist eine andere Art der Liebe, aber schon bei den engsten Bezugspersonen, in der Familie nämlich, angefangen im Mutterleib, beginnt die Sozialisierung; mit den ersten Freunden im Kindergarten und in der Schule wird der Orientierungsprozess fortgeführt.

Deshalb sollte man sich bemühen, den Entfaltungsspielraum für negative Erinnerungen zu begrenzen und sich baldmöglichst wieder den positiven Dingen des Lebens zuwenden.

Das Bereuen, diese oder jene Chance nicht genutzt zu haben, oder das Betrauern, dass dieses oder jenes misslungen ist, sollte nicht zu lange dauern. Die Lebenszeit, die wir Menschen zur Verfügung haben, ist viel zu wertvoll; sie sollte nicht zu sehr mit traurigen Erinnerungen belastet werden. Kummer und Sorgen lassen sich natürlich nicht gänzlich vermeiden, aber man sollte niemals die Hoffnung auf eine bessere Zukunft aufgeben. Was sich in der Vergangenheit ereignet hat, mag schlecht oder schön gewesen sein, und das, was in der Gegenwart passiert, wird auch bald vergangen sein. Also sollte man vorausschauen, und, besonders bezüglich einer kritischen oder traurigen Erfahrung, sich nicht immerzu zurückerinnern. Das Sprichwort „In einem Nachteil kann auch ein Vorteil enthalten sein!“, sollte auch diesbezüglich gelten. Denn wenn man den Misserfolg im Nachhinein einer objektiven Betrachtung unterzieht, dann stellt sich meist heraus, dass beiderseits Fehler gemacht worden sind und dass eine gründliche Inventur notwendig ist, nachdem kein Ignorieren oder „Kleinreden“ etwas genützt hat, um die Liebe zu erhalten. Danach erst ist man befreit von aller Verantwortung und Verpflichtung, die diese Liebe betrifft. Jetzt kann man sich wieder auf das eigene Leben konzentrieren, ohne Eifersucht, ohne Kontrollzwang, ohne Verleugnungen und Vermutungen, die meist nur als eine Art Verzögerungstaktik eingesetzt werden.

Schließlich wird man mehr und mehr erkennen und merken, dass man die Fähigkeit hat, sein Leben wieder in den Griff zu bekommen, und dass man sehr wohl imstande ist, eine Krise zu überstehen.

In diese Betrachtung der Beziehungsprobleme gehört noch ein Punkt, der in Bezug auf die Globalisierung und die mittlerweile nahezu selbstverständliche Kulturvermischung eine Rolle spielt, nämlich: Die unterschiedliche Herkunft aus verschiedenen Kulturkreisen bei den Liebespaaren.

Die bikulturellen und binationalen Interessen des verliebten Paares, das aus jeweils „anderen Welten“ stammt, können zu Wertvorstellungen und Wünschen führen, die die Partner möglicherweise gar nicht – oder nur unzureichend – erfüllen können. Dazu kommen die Religion, die Sprache, eventuell eine Toleranzgrenze aufgrund der jeweiligen Tradition … – alles das lässt sich meist in der Verliebtheitsphase überspielen. Aber wenn es dann darum geht, die Beziehung zu festigen, zu heiraten und an die Familiengründung zu denken, dann kommt es oftmals zu Meinungsverschiedenheiten und zu einer differenzierten Sichtweise. Das kann beispielsweise bei Erziehungsfragen anfangen, bereits bevor ein Kind erwartet wird. Wenn sich dabei unvereinbare Vorstellungen ergeben, kann das fatale Folgen für die Liebe des Paares haben. Denn beide erinnern sich an die Beziehung der jeweiligen Eltern, bei denen sie im Idealfall die ersten Geborgenheits- und Glücksgefühle erlebt haben. Die eigene Kindheit wird ihnen bewusst, in der sie idealerweise Liebe, Nähe, Wärme und Zusammengehörigkeit erfahren haben – jeder auf seine Art. Wenn diese Erfahrungs- bzw. Erziehungsmuster für den Partner nicht akzeptabel sind, dann kann es leicht zu Spannungen und zu Verständigungsschwierigkeiten kommen, obwohl beide ja nur das Beste für sich und für ihre Familienpläne erreichen wollen. Dann kann es jedoch passieren, dass die Beziehung mit einer „Fremdheit" besetzt wird, die mit Liebe alleine nicht zu bewältigen ist.

Das dritte Problem: Die Liebe in der Pubertät

„Ich bin sechzehn Jahre alt; mein Problem besteht darin, dass sich bei mir bei jedem Jungen, den ich als „anmutig" bzw. besonders feminin empfinde, Liebesgefühle entwickeln. Ich fühle mich beinahe magnetisch zu diesen Jungs hingezogen, und nicht zu den betont männlich bzw. maskulin auftretenden „Mackertypen". Alle meinen, dass ich aufgrund meines Alters und meiner schüchternen Art kaum über Erfahrungen mit dem anderen Geschlecht verfüge. Ich habe jedoch schon Beziehungen mit einigen Jungs gehabt – mal mehr, mal weniger intensiv. Ich weiß, dass mein Verhalten falsch und leichtfertig ist, aber ich kann das, was sich in meinem Herzen ereignet, wenn ich einen Jungen sehe, der mir gefällt, nicht kontrollieren. Das Denken in meiner Fantasie kann ich mir nicht verbieten – vor allem dann nicht, wenn er von sich aus einen Annäherungsversuch startet. Was soll ich machen, wenn ich mich in solch einer Emotionsfalle befinde?"

Dass dieses Problem besonders während der Pubertätsphase auftritt, ist kaum verwunderlich. Denn die jungen Menschen haben ihre Gefühle meist noch nicht richtig im Griff – besonders dann, wenn es den Eigenwert und das „andere Geschlecht" betrifft. Damit verbunden ist auch der Identitäts- bzw. Selbstfindungsprozess und die Sexualität, die inzwischen kein Tabuthema mehr ist in der westlichen Welt und in der heutigen Zeit. Die jungen

Menschen sind auf Sinnsuche, können unseriösen, unsoliden und verführerischen Verlockungen vielleicht nicht wiederstehen. Sie wollen selbst ausprobieren, was für sie gut ist, wer für sie interessant und liebenswert ist und wie und wofür es sich zu leben lohnt. Dass es dabei zu Experimenten und möglicherweise sogar zu Exzessen kommen kann, beispielsweise zu Alkohol- oder Drogenmissbrauch; aufgrund eines schlechten Einflusses sogar zu kriminellen Gewalthandlungen, kann in der Phase der Pubertät passieren. Allerdings darf das hier und jetzt nicht verharmlost werden, weil die Folgen verhängnisvoll sein können. Aber aufgrund dieser Lebenserfahrungen merken sie am „eigenen Leib“, was und wer gut für sie ist. Dies bezieht sich auch – und nicht zuletzt – auf die ersten sexuellen Begegnungen, die heutzutage und hierzulande aufgrund der frühreifen körperlichen Entwicklung häufig etwas leichtfertig vollzogen werden. Denn auch die sind für das spätere Liebesleben oftmals prägend, mangels einer moralischen Gewissensinstanz ist der sittliche Kodex allerdings insgesamt spürbar verringert worden – auch bedingt durch die freizügigere Abbildung sexistischer Darstellungen im öffentlichen Leben und in den Medien. Es scheint so, als würde die junge Generation damit cool und lässig umgehen, aber eine nähere und nüchterne Betrachtung ergibt, dass es sich oftmals um Fantasiegebilde und Imponiergehabe handelt, insbesondere bei Jungs mit einem hohen Adrenalinanteil, aber einer oftmals unreifen Gesinnung. Sie sind von ihrem „Jäger- und Sammler-Urinstinkt“ besessen, können den leicht entflammbaren Testosterongehalt in ihrem Körper nicht zügeln.

Nackte Haut und falsche Idole sind besonders für heranwachsende Männer starke Reizfaktoren; sie lassen sich schneller auf Sexabenteuer ein, weil die optischen Signale auf sie animierend und enthemmend wirken. Sie locken die Mädchen in ihr Fangnetz, ohne an die Folgen zu denken (auch das ist bereits im Kapitel „Don-Juan“-Kennzeichen ausführlich erläutert worden) – beispielsweise, wenn die den Geschlechtsverkehr mit ihrem umschwärmten Herzallerliebsten nicht so locker sehen und sich tatsächlich verliebt haben. Denn normalerweise reagieren Mädchen nicht so stark auf nackte Körper, da in ihnen mehrheitlich die Gefühlshormone Hingabe und Liebe“ überwiegen. Auch deshalb ist es häufig keine glückliche Konstellation, wenn frühreife Jugendliche, die menschlich und moralisch noch gar nicht die notwendige Reife haben, bezüglich ihrer sexuellen Kontakte zu unüberlegt handeln. Anschließend sind sie damit meist überfordert, weil sie sich aufgrund ihrer Unreife der Verantwortung nicht bewusst sind.

Irritierend ist auch besonders für Mädchen, dass bei männlichen Nacktbildern die Geschlechtsmerkmale meist nicht so herausfordernd dargestellt werden – es sei denn in Pornos oder Sexfilmen –, hingegen ist dies bei weiblichen Abbildungen oder Darbietungen ausdrücklich der Fall. Die erogenen Körperteile werden zwar meist nicht nackt gezeigt, aber aufreizend bedeckt und aussagestark mit der entsprechenden Gestik und Mimik betont. Das kann insbesondere auf geistig und körperlich weniger ausgeprägt entwickelte Mädchen einschüchternd oder provozierend wirken, sodass sie mit Komplexen oder psychisch verunsichert ihre vermeintlichen Mängel wahrnehmen. Denn naturgemäß orientieren sie sich an der beispielhaften Körperbetontheit, „nehmen Maß“ und neigen zu Rivalitätsgefühlen. Das kann sich wiederum negativ auf ihre Psyche auswirken, indem sie sich ebenso entblößt darstellen und damit womöglich in eine Opferrolle gedrängt werden, die fatalerweise und schlimmstenfalls sogar zu einer Vergewaltigung führen kann.

Die ständige Anspannung durch die überbordende Informationsflut, die häufig manipulativ angelegten Lebens- und Liebesratgeber ... – alles das führt bei beiden Geschlechtern eher zur Orientierungslosigkeit als zu einer Seelenstabilität und Sensibilität. Denn die Forderung nach mehr Freiheit in der Liebe hat dazu geführt, dass mit dem Begehren und Betrügen in den heutigen Beziehungen leichtfertiger umgegangen wird. Das erleben die Jugendlichen beispielsweise in denjenigen der Erwachsenen, in denen häufig für Treue bzw. Untreue ein neuer Verhaltens- und Verständigungskodex erforderlich wird ...– allerdings gab es das ja hierzulande schon mal während der „Hippie-Bewegung“ und der 68er Jahre, als es hieß: „Wer zweimal mit der gleichen pennt, gehört schon zum Establishment“. Es würde jedoch zu weit führen, dieses „Sponti“-Verhalten und diese Vorbildfunktion in diesem Zusammenhang zu thematisieren. Außerdem müssen Romantiker und „Rosenkavaliere“ befürchten, verspottet zu werden, da mittlerweile „Speed-Dating“ und Spontanaktionen angesagt sind statt biederen Tanzstunden und braver Turtelei.

Das beste Heilmittel für Jugendliche – männliche und weibliche –, die sich in der „Pubertätsfalle“ und damit in einer Sinnkrise befinden, besteht darin, ihnen mit Verständnis zu begegnen, und nicht mit übersteigerten Wertvorstellungen und verschwiemelten Worten. Man kann keine Selbstbeherrschung von ihnen verlangen, wenn man, möglicherweise unter gerade ungünstigen Umständen, die eigene Beherrschung bzw. Beziehung nicht richtig im Griff hat. Damit würde man sie nur überfordern und verwirren, und zudem wäre es anmaßend, von ihnen eine Geradlinigkeit zu verlangen, die bei den heutzutage und hierzulande lockeren Moralansprüchen und all den verführerischen Reizmitteln kaum noch zu verwirklichen ist.

Natürlich können sie sich in immerzu neuen Beziehungen verlieren, aber sie können auch neue Erfahrungen gewinnen und so, nach und nach, ihr Gleichgewicht finden. Denn in dem Augenblick, in dem Gefühle erlebt und gelebt werden, sind sie da. Und wenn es sich wie Liebe anfühlt, dann kann man nichts dagegen tun, dann muss man sich damit befassen. Dagegen hilft kein Ablenkungsmanöver oder eine Beschäftigung, mit der man die Liebesgefühle verdrängen kann. Die Liebe in der Pubertät ist diejenge, die durch Spontanität geschieht, in der Unklarheit und Widerspenstigkeit ein ganz natürlicher Wirkstoff sind.

Die pubertäre Phase ist eine der gefährlichsten Entwicklungsstufen, denn alles ist möglich, aber oftmals steht alles auf einer schwankenden Stufe. Dies erfolgt aufgrund einer Empfindsamkeit, die entweder durch Schüchternheit oder durch Tollkühnheit überspannt wird. Die Unsicherheit und der Wunsch, sich auszuprobieren, charakterisiert diese Zeitspanne.

Aber das ist eine durchaus gesunde und normale Entwicklung. Der oder die hier als mustergültig bezeichneten Heranwachsenden möchten die Abhängigkeit der Eltern und gegebenenfalls der Familie abschütteln. Er und sie möchten selbstständig über ihre Neigungen, ihre Orientierung und ihre Persönlichkeitsbildung entscheiden; sie möchten möglichst schnell unabhängig werden, um ihr selbstbestimmtes Leben zu führen. Deshalb ignorieren sie möglicherweise die Besorgnis und die gebräuchlichen Bestimmungs- und Beweggründe sowie Bewertungsmaßgaben der Eltern bzw. der Erwachsenen in ihrem Umfeld.

Diese Heranwachsenden übertreiben üblicherweise in allem, was sie denken, fühlen und wie sie handeln. Es ist wie eine Achterbahnfahrt der Emotionen; sie möchten bis an ihre Grenzen gehen, bis an ihr geistiges und körperliches Limit, um selbst zu spüren, was richtig und wichtig für sie ist.

Der Junge möchte wissen, wie er „ankommt" bei seinen Freunden, bei Gleichgesinnten und bei den Mädels. Er lässt sich vielleicht auf mehrere Mädchen gleichzeitig ein, aber nicht mit seinem Herzen, sondern es sind Liebschaften; er möchte seinen „Marktwert" testen. Er giert nach Anerkennung und Bestätigung und will sich in allen Disziplinen mit den anderen Jungs messen. Dazu gehört auch der Eroberungsdrang beim weiblichen Geschlecht. In dieser Lebensphase geht es ihm aber meist nicht um Liebe und Romantik ...– um Schmeichel- und Streicheleinheiten jedoch schon. Aber mehr noch will er seinen Sympathiewert steigern und alle Wettbewerbe gewinnen. Er will experimentieren, sich nicht festlegen (wie bereitsd erwähnt).

Mittlerweile ist bei den Mädchen ein ähnliches Muster zu beobachten, obwohl die sich insgeheim eher Romatik mit einem Supermann wünschen. Aber bei ihnen ist mehrheitlich zu beobachten, dass sie ihr Aufmerksamkeits- und Auswahlverfahren auf den Besten konzentrieren, und nicht auf den Erstbesten. Aber dennoch befinden sie sich ebenfalls in einer Experimentierphase ihres Lebens.

Es ist demnach eine Gefühlsfracht, die beide, Jungs und Mädels, in zahlreichen Beziehungen ausleben bzw. entladen möchten.

Er „liebt" alle Mädchen, die ihm attraktiv erscheinen und die bereit sind, mit ihm ihre ersten erotischen Erfahrungen zu machen. Allerdings dürfen sie ihn nicht ins „Fangnetz" nehmen, denn seine Freiheit ist ihm wichtig.

Sie „liebt" den Jungen, der sie begehrenswert findet, der einfühlsam auf ihre dürftig entwickelten Erotik- und Flirtversuche eingeht und sie sie nicht einengt. Denn auch ihr ist eine freie Entscheidungs- und Entwicklungsmöglichkeit wichtig.

Beide finden daran nichts Anstößiges oder gar Bedenkliches, obwohl das Anspruchsdenken sowie der Beziehungs- und Bindungswunsch in der heißen Phase der Verliebtheit bei beiden durchaus, mehr oder minder insgeheim, vorhanden ist. Dies wird ihnen jedoch erst bewusst, wenn ihnen die Eifersucht zu schaffen macht, weil er oder sie sich zurückzieht oder einem anderen Partner „schöne Augen" macht. Das nagt am Selbstbewusstsein, das sie – im wahrsten Sinne des Wortes – ja erst entwickeln müssen.

Das heißt: Sie denken nicht gleich an die „große Liebe" oder an Motive, die sie an den Menschen binden, mit dem sie sich im Moment verbunden fühlen. Dazu kommt, dass der Einfluss der elektronischen Kommunikationsmittel mehr und mehr und per www (also per world wide web) genutzt wird. In Facebook oder anderen Social-Medien werden die Favoriten erst mal begutachtet und deren Gewohnheiten „gecheckt“, bevor es zu einer persönlichen Begegnung kommt. Facebook und Co. spielen also auch beim Kennenlernen und in der Kommunikation bezüglich der Liebe eine immer größere Rolle.

Die „modernen Beziehungen“ beginnen heutzutage imd hierzulande oftmals digital vernetzt – vom ersten Flirt bis zum letzten Kontakt. Das erleichtert die „Anmache“, aber auch das „Schlussmachen“, denn beides erfolgt ja nicht von Angesicht zu Angesicht. Besonders junge Leute sind in diesen so genannten sozialen Netzwerken aktiv; es werden Informationen über alle Lebenssituationen eingegeben und eingeholt; sei es in beruflicher Hinsicht, im Hobbybereich oder um einen festen Partner zu finden. Es gibt fast nichts, was im elektronischen bzw. virtuellen Netzwerk nicht ausgeforscht werden kann! Allerdings kann dies auch bestehende Arbeitsverhältnisse, Beziehungen und Freundschaften betreffen, wenn jemand sich allzu freizügig oder hemmungslos im Netz präsentiert. Denn Cybermobbing ist inzwischen kein Fremdwort mehr aufgrund der Anonymität im Internet, von kriminellen Machenschaften ganz abgesehen. Aber das ist ein anderes Thema! – Hier soll damit nur dargestellt werden, dass sich die Kommunikationsmittel bezüglich der Liebe fast grundlegend verändert haben.

Die Heranwachsenden lassen sich auf ihr erstes „Liebesabenteuer“ meist aber nach wie vor in der Fantasie ein oder in platonischer Form, bevor sie sich mit den Gegebenheiten der tätsächlichen Liebe befassen. Sie „verlieben“ sich demnach erst mal in Film-, Pop- oder Sportstars; sie orientieren sich an den Idolen aus dem Showbiz (auch darüber ist in dieser Abhandlung bereits ausführlich berichtet worden!). Sie meinen, ohne sie nicht leben zu können, möchten alles über sie erfahren, um ihnen nacheifern zu können, und sie lassen sich von deren Glamour und Glanz blenden. In allerlei Castingshows werden musikalische oder sonstige Talente gesucht, mit tollen Versprechungen, die jedoch meist nur wenigen einen beständigen Erfolgs-, Geld- und Glückssegen bringen. Die meisten Kandidaten erreichen nur eine mittelmäßige Norm, aber alle wollen gerne im Rampenlicht stehen und zu den Reichen und Schönen gehören – als wäre das in der heutigen Spaßgesellschaft mit einigen Tricks im Trash-TV zu erreichen. Dies ist jedoch nur denen vergönnt, die wirklich begabt sind, und die bereit sind, einen kolossalen, leistungsorientierten Einsatz für ihren Erfolg zu erbringen.

Aber auch bei allen anderen ist das Denken und Handeln von der Idee beeindruckt bzw. beeinflusst, dass sie das durchschnittliche Maß durchbrechen, „das Muss" erreichen und allen Rivalitäten trotzen können. Anscheinend verschließen sie die Augen davor, wie schnell sie zu einer Lachnummer oder peinlichen Nummer werden und wie schnelllebig die Popularität und wie vergänglich der vermeintliche Ruhm ist. Häufig müssen sie erst die bittere Pille der Enttäuschung, Erkenntnis und Ernüchterung schlucken, dass all das Blendwerk mit Nebenwirkungen und Risiken behaftet ist. Dann merken sie entweder noch rechtzeitig, dass das eine fremdbestimmte Herangehensweise ist, mit der sie sich nicht wirklich identifizieren können und in der die Möglichkeiten begrenzt sind und die Perspektive beschränkt ist.

Oder aber sie haben den Reifegrad erreicht, um der Selbstbestimmung und Selbstverantwortung den Vorzug zu geben. Dann können sie die Informationen aus dem Internet über ihre bisherigen Vorbilder anders bzw. etwas lockerer nehmen und schließlich begreifen, dass das Imitieren oder Kopieren von fremden bzw. glamourösen Lebensmodellen nicht ihrer eigenen Lebensplanung entspricht und nicht das einzige Nonplusultra ist. Wenn ihnen das frühzeitig genug klar wird und sie den „Schalter der Vernunft" umlegen, dann können sie mit einem neuen Kapitel in ihrem Leben beginnen, das möglicherweise nicht so berauschend und glitzerhaft, spektakulär und verlockend ist, aber dafür realistisch und solide, verlässlich und zukunftsorientiert.

Denn Gott hat den Heranwachsenden die Fantasie, die Impulse und die Kreativität für den eigenen Lebensstil und Lebensweg gegeben, sodass sie sich zu eigenständigen Personen entwickeln können und sich nicht nur als ein Produkt ihrer Traumwelt darstellen … – und wahrnehmen. Erst wenn sie sich von dieser Einbildung gelöst haben und kapieren, dass sie ihre Existenzgrundlage selbst schaffen müssen, um nicht als „Kunstprodukt" im wahren Leben unterzugehen, sind sie von der Profilierungssucht und der Profitgier befreit. Dann haben sie einen großen Schritt zur Selbstverwirklichung getan. Und erst dann sind sie dazu fähig, die echte und die wahre Liebe zu einem anderen Menschen zu empfinden, zu erleben und zu genießen – sozusagen als "Produkt ihrer eigenen Wahl".

Man könnte also meinen, dass das, was manche Heranwachsende während der Pubertätsphase durchmachen und empfinden, einer Art Flucht vor der Realität entspricht. Sie verhalten sich, als würden sie sich dem Druck des Erwachsenwerdens und der Fesseln entziehen, die damit verbunden sind – gerade heutzutage in einer auf größtmögliches Engagement und höchstmögliche Flexibilität und Funktionalität angelegten Lebenswelt, in der es mehr und mehr um eine Kosten- und Nutzenrechnung geht und um materielle bzw. stets auf den neuesten technologischen Stand gebrachte Werte.

Aber das erkennen sie nicht, weil sie ihre Träume in den Wachzustand übernehmen – wie eine eingebildete Wölbung, die den Zwischenraum zu dem, was wirklich ist, und dem, was sie sich wünschen, ausfüllt bzw. ergänzt. Doch je größer dieser Zwischenraum wird, umso mehr fühlen sie sich überfordert – mehr noch: überlastet. Sie befürchten, den Anforderungen im Arbeitsbereich und dem Druck des Funktionierens in allen Lebensbereichen nicht gewachsen zu sein. Sie kompensieren diese Ängste, indem sie eine vermeintliche Geborgenheit in einer anderen Lebenswelt suchen, in der es nicht so rigoros und streng zugeht. Sie fürchten sich vor dem Scheitern, bevor sie die Schule oder die Universität verlassen haben. Deshalb verweigern sie sich so lange wie möglich der Realität und flüchten in ihre Traumwelt. Da finden sie dann so etwas wie Liebe und geben sich mit dem Mogeleffekt zufrieden – zumindest für eine gewisse Zeit. Denn der wirkt wie ein Ventil, und da die eher gebremsten Gefühle der Liebe sich ja nicht sofort auf beunruhigende Art einbringen, hat „die Gewalt der Realität" keine direkte Signalwirkung.

Diese unrealistische, auch verhaltene Herangehensweise der Heranwachsenden führt dazu, dass es ihnen mit der Liebe anfangs meist nicht so ernst ist. Aber natürlich gibt es auch hier Ausnahmen, wie in allen anderen Lebensbereichen ... – beispielsweise, wenn von der „Sandkasten- oder Schülerliebe" geschwärmt wird.

Sie wollen sich auch deshalb nicht zu früh binden, weil die Berufsausbildung ihnen sehr viel Einsatz abverlangt und weil es, wie geschildert, ja so viele Reizstoffe, Verführungen und Verlockungen gibt.

Dieses Anspruchsdenken ist einstmals den Jungs vorbehalten gewesen, die sich, bevor sie eine Ehe eingegangen sind, diese „Freiheiten" genommen und sich erst mal ausgetobt und „die Hörner abgestoßen" haben, wie es allgemeinhin genannt wird, ohne Scham- oder Schuldgefühle. Den Mädels ist es jedoch mittlerweile ganz und gar nicht peinlich, wenn sie sich ebenfalls vergnügen und verlustieren, bevor sie mit dem „Ernst des Lebens“ beginnen.

Dass diese “Jugendsünden“ von beiden Liebenden mit gegenseitiger Toleranz bzw. Übereinstimmung betrachtet werden, sollte als Vertrauensbeweis und Voraussetzung selbstverständlich sein. Denn die Liebe braucht bei einer festen Partnerwahl außer der moralischen Reife auch, gewissermaßen, eine Vergleichsmöglichkeit.

Die anfängliche Begeisterung für das jeweils „andere Geschlecht“ bzw. für das jeweils andere Geschöpf ist für die Heranwachsenden durchaus echt und ehrlich, aber dennoch eher gemäßigt … – sie wird meist nicht als Endlösung betrachtet. Diese „erste Liebe“ ist durch ambivalente und widersprüchliche Emotionen gekennzeichnet, denn in einem Augenblick kann sie als hochgradig intensiv empfunden werden, und im nächsten Augenblick beinahe hasserfüllt sein. Der eine oder andere Grund ist möglicherweise – bzw. normalerweise – belanglos und kann sich aus einer missverständlichen Gefühlsregung oder unbedachten Geste entwickeln. Die Beziehung ist eben noch ungefestigt, die Empfindungen sind noch unreif.

Die Heranwachsenden sind demnach schnell verunsichert, wenn etwas sie aus dem Konzept bringt, was ihre „Liebe“ gefährden könnte. Sie empfinden mal große Freude, mal großen Kummer – manches Mal ohne eine klare Ursache.

Diese Liebe ist also oftmals durch Unreife geprägt, dazu kommt das Unvermögen, die Gefühle zu fassen bzw. zu festigen, denn aus durchaus verständlichen Gründen wollen sich die meisten Heranwachsenden in jungen Jahren noch nicht endgültig auf einen Liebespartner festlegen.

Dennoch können die Gefühle als „echte Liebe“ empfunden werden – zumindest für den Moment –, obwohl sie beiderseits meist noch aus zu naiven und zu pubertären Motivationsmitteln genährt sind. Aber wie erlebt ein frühreif entwickelter Mensch die Wirklichkeit und die Wirkung? – Entspricht die Pubertätsliebe eher einer Einbildung, die sich aufgrund der mangelnden Erfahrung in „Sachen Sexualität“ einstellt? – Lassen sich die Heranwachsenden auf die „Liebe“ nur deshalb ein, weil sie in den Medien mit freizügigen Darstellungen konfrontiert werden? – Meinen sie, sich auf dieserart Gefühle einlassen zu müssen, weil unter den Jugendlichen diesbezüglich eine Art

Wettbewerb ausgetragen bzw. betrieben wird? – In diesem Fall werden Gefühle jedoch eher vorgetäuscht, sie kommen nicht „von Herzen“, sondern sind vom Trieb gesteuert bzw. vom Verstand vorgegeben. Insofern kann man also nicht von echter Hingabe und Leidenschaft und von ehrlicher Liebe reden, weil es sich höchstwahrscheinlich lediglich um sexuelle Lustgefühle handelt. Die können allerdings, wenn sie nicht gegenseitig, also nur einseitig so empfunden werden, zu einem echten Frusterlebnis bzw. zum ersten Liebeskummer führen.

Das vierte Problem: Ich bin 20 Jahre alt, mein Liebespartner ist 50!

Wenn hingegen das Herz und das Hirn von Liebesgefühlen geradezu überflutet und alle anderen Eindrücke und Empfindungen in den Hintergrund gedrängt werden, dann ist es höchstwahrscheinlich das wahre Liebesglück – die Betroffenen verhalten sich wie „von Sinnen“, bei ihnen setzt sozusagen der Verstand aus (dies ist am Anfang des Buches ausführlich thematisiert worden).

Wenn es sich um ein Liebespaar handelt, das altersbedingt oder aus anderen Gründen nicht der üblichen Norm entspricht, also im gängigen Sinne nicht zusammenpasst, kann kein negatives Argument gegen die Beziehung etwas ausrichten. In diesem Fall ist es also (auch dies ist anfangs bereits anhand eines anderen Fallbeispiels dargelegt worden) der Altersunterschied, der manchen möglicherweise unpassend erscheint. Demnach stellt sich die Frage: Was bringt ein zwanzigjähriges Mädchen dazu, einen fünfzigjährigen Mann zu lieben? – Ist es die abgeklärte Art, sein selbstbewusster Auftritt, sein gereifter Charakter, seine mitreißende Energie, seine sexuelle Erfahrung, sein lebenskluger Geist, seine Gelassenheit …? – Fühlt sich das Mädchen möglicherweise zu ihm hingezogen, weil sie in ihm eine Vaterfigur sieht, die sie in ihrem bisherigen Leben vermisst hat? – Falls er erfolgreich im Beruf und finanziell abgesichert ist, kann er ihr möglicherweise eine angenehme Lebenssituation bieten … – auch diese Gründe sprechen natürlich für sich.

Aber eigentlich geht es in diesem Beispiel ja um die Liebe eines jungen Mädchens zu einem älteren Mann, und zwar ohne berechnende Hintergedanken, ohne eine ehrgeizige Motivation und eigennützige Profilsucht.

Allerdings ist es meist schon das gehobene Ansehen, das er genießt, das hochgradige Persönlichkeitsbild, das er vermittelt, und die imposante Position, die ihn an sich interessant macht und ihm einen respektablen sozialen Status verleiht. Das hat nun wieder mit der bereits erwähnten Bewunderung zu tun, und auch, ganz insgeheim natürlich, mit dem Bezugspunkt, daran möglicherweise partizipieren und in gesellschaftlicher Hinsicht davon profitieren zu können. Das ist natürlich für ein junges, meist unbedarftes und unerfahrenes Mädchen ein nicht zu unterschätzender Neben- und Reizeffekt. Denn er gibt ihr Rückhalt und Sicherheit, auf seinen bestens situierten und gut sozialisierten Status reagiert seine Umwelt mit einer entsprechenden Würdigung, und die kommt ja letztendlich auch ihr zugute. Dass seine Figur nicht mehr so straff ist, seine Haare vielleicht nicht mehr so voll sind und die Haut nicht mehr so glatt ist ... – diese kleinen Minuspunkte spielen gegenüber den Pluspunkten eine geringfügige Rolle. Dafür ist es beispielsweise seine Männlichkeit und seine Verantwortungsbereitschaft, die ihn attraktiv und liebenswert und ihn gewissermaßen unwiderstehlich macht.

Es ist auch bereits ausreichend erwähnt worden, dass gleichaltrige Jungs oder junge Männer ihr diesen Lebensstandard meist nicht bieten können, weil sie entweder mit ihrer persönlichen Entwicklung beschäftigt sind oder weil sie sich für eine Familienplanung nicht festlegen wollen. Ihr Drang nach eigenem Erkenntniswert und einer eigenen Erlebniswelt und nach Freiheit, ihre Persönlichkeitsbildung und ihr Selbstverwirklichungswunsch, dazu ihre möglicherweise unreife und unverantwortliche Verhaltensweise ... – alles das ist ja kein egomanisches und eigensüchtiges Bestreben, aber bei einer Liebe zu einem Mädchen, das viel Aufmerksamkeit und Bindungsbereitschaft sowie Gedanken- und Gefühlsaustausch fordert, sind das keine idealen Voraussetzungen. Der Junge bzw. der junge Mann wird vielfach auch von seinen Freunden beeinflusst, sodass er sich sowohl von ihnen als auch von dem Mädchen in seiner persönlichen Sichtweise bedrängt fühlt. Diese Bedrängnisgefühle kann er eventuell in einer Beziehung zu einer etwas älteren bzw. reiferen Frau verlieren, die auf seinen Freiheitsdrang mit Verständnis reagiert, und nicht mit Vorwürfen. Diese sind jedoch meist mit dem "Odeab-Komplex"behaftet – dabei handelt es sich um eine Liebesbeziehung mit einem Mädchen bzw. einer jungen Frau, das bzw. die er eher als Mutterfigur empfindet. Wenn er in ihr ein Frauenideal sieht und dies mit

Liebe verbindet – oder verwechselt –, kann er seine Bindungsangst möglicherweise überwinden. Denn er sucht in jeder Frau, die ihm mit ihren eigenen Bedürfnissen nicht zu sehr an die Haut rückt, die ihn verwöhnt, die zärtlich zu ihm ist, eine mütterliche Freundin bzw. Geliebte, die ihn mitfühlend behandelt und stets rücksichts- und verständnisvoll ist … – wie, im Idealfall. seine Mutter. Also fühlt er sich bei seiner Frauenwahl eher zum mütterlichen als zum mädchenhaften Typ hingezogen … – und damit möglicherweise ebenfalls zu einer nicht gleichaltrigen, sondern älteren Frau.

Demnach ergibt sich, ganz klar ersichtlich, ein ähnliches Muster bzw. Parallelverhalten zu den Mädchen, die sich eher zu einem älteren Mann hingezogen fühlen, weil sie in ihm das Vaterideal suchen. Bei den Mädchen ist es somit die Männlichkeit, bei den Jungen die Mütterlichkeit, die bei der Partnerwahl die ausschlaggebende Rolle spielt.

Diese „unnatürliche Liebe“ muss nicht unausweichlich mit dem Scheitern enden, denn sie wird in der Regel von mehr Mitgefühl, Toleranz und Verständnis füreinander getragen als in einer Liebesbeziehung, in der beide ihr inneres Gleichgewicht noch nicht gefunden haben und beide unterschiedlichen Glücksformeln nachrennen.

Falls der Junge oder das Mädchen irgendwann aus der Beziehung mit dem jeweils älteren Liebespartner ausbricht, weil es an der Leidenschaft fehlt oder insgesamt an einem lebensprallen und lustvollen Miteinander, dann passiert das, was mit einem jeweils gleichaltrigen Partner ebenfalls geschehen kann. Die Wirklichkeit und das Wunschdenken sind eben nicht immer kompatibel.

Der Aufgang trifft nicht mit dem Untergang zusammen und das Leben nicht mit dem Tod. Das ist das, was man sich bewusst machen muss, denn an dieser Tatsache gibt es kein Vorbeimogeln.

Das fünfte Problem: Der zu große Anspruch, die zu hohe Erwartung in der Liebe – oder der unfreiwillige Liebesverzicht

Das Leiden in der Liebe lässt sich meist nicht vermeiden, weil beide Partner, gerade wenn sie ehrgeizig, jung und kreativ sind, ihre Selbstverwirklichung auch innerhalb des Verhältnisses erreichen möchten. Bestenfalls schaffen sie das, ohne dass es zu einer Krise kommt; schlimmstenfalls suchen sie sich einen anderen Partner bzw. eine andere Partnerin, der oder die ihre Situation besser versteht.

Aber es gibt bei den jungen Mädchen und den jungen Männern auch welche, die keine Liebe finden, obwohl sie sich nach einem Partner sehnen.

Entweder sind es zu große Ansprüche, eine zu hohe Erwartungshaltung, oder es liegt möglicherweise an der abschreckenden bzw. extremen Art oder dem unattraktiven Aussehen – es gibt die unterschiedlichsten Gründe für den Liebes-Misserfolg.

Dass diese Menschen darunter leiden, wenn sie immerzu und überall Liebespaaren begegnen, die in der Öffentlichkeit ihre Zusammengehörigkeit und Zweisamkeit demonstrieren und genießen, ist verständlich. Dann wird ihnen nämlich ihre Einsamkeit besonders schmerzhaft bewusst, und gerade am Wochenende fühlen sie sich alleine und ausgeschlossen aus dem Lebensumfeld der Liebespaare; selbst, wenn es sich um enge Freunde handelt.

Denn auch sie möchten lieben und geliebt werden und ihre Gefühle mit einem Menschen teilen, der sie versteht und dem sie vertrauen können. Sie möchten dies im echten Leben erfahren und am eigenen Leib spüren, und dies nicht nur in Liebesfilmen vorgegaukelt bekommen, in himmelhoch jauchzenden Glücks- und höllentief verzweifelten Herzschmerz-Szenen. Sie möchten in ihren Herzen die Leerstellen mit wahrer Liebe füllen und körperlich und seelisch die Energie der Liebe spüren. Sie möchten sich verlieben, wünschen sich ein Fundament für ihre Sehnsucht und Vorstellungskraft.

Mit dieser positiv geladenen Energie voller Entfaltungs- und Entwicklungskraft möchten sie einen Menschen erobern, der dieses Gefühlspotential zum Pulsieren bringt und den Vertrauensbeweis zu schätzen weiß. Bedingung ist jedoch, dass derjenige sensibel und sorgfältig damit umgeht.

Nur so kann eine Liebe entstehen und gedeihen – mit Einfühlungsvermogen und Geduld. Deshalb sollte niemand die Hoffnung aufgeben, doch noch – und sei es in den so genannten „späteren Jahren" –, einen Lebens- und Liebespartner zu finden. Denn, wie sagt man so schön: „Auf jeden Topf passt ein Deckel!"

Die Angst vor den Auswirkungen der Liebe, in denen zum Beispiel Erotik und Intimität ganz natürliche Regungen sind und eine nicht unerhebliche Rolle spielen, sollte überwunden werden. Dass dies einen fürsorglichen, verantwortungs- und verständnisvollen Umgang miteinander voraussetzt, versteht sich von selbst. Aber das Gefühl, nicht mehr alleine zu sein, geliebt zu werden und nicht mehr nur sich selbst im Blickfeld zu haben, sondern zu zweit das Leben zu meistern, ist durch nichts zu ersetzen ... – wenn man es nicht nur halbherzig, sondern von ganzem Herzen möchte.

Allerdings bedeutet das für beide möglicherweise auch, bisherige Angewohnheiten, Eigenschaften und persönliche Freiheiten, die die „Duo"-Gemeinschaft nachhaltig stören könnten, einzuschränken und sich auf das Miteinanderdenken und –fühlen einzustellen. Dass jeder – egal, ob männlicher- oder weiblicherseits –, der lange alleine gelebt hat, bestimmte Bequemlichkeiten, Charaktereigenschaften und Gewohnheiten entwickelt hat, ist ja verständlich. Diese Egozentrik oder Eigenart kann ja individuell und liebenswert sein und muss gar nicht als negatives Erscheinungsbild herabgewürdigt werden. Aber wenn diese Eigenheiten für das gemeinschaftliche Lebenskonzept nicht geeignet sind, müssen sie in ein für beide erträgliches Maß gebracht werden – in möglichst reibungsloser und schonender Form, in der Respekt und Toleranz den Ton angeben. Mit Aggression oder Anmaßung kann man keine vernünftige Diskussion über diese Fakten führen, es sollte immer das Geben und das Nehmen im Gleichgewicht stehen, damit in der Partnerschaft die Positionen gerecht verteilt sind. Mit selbstgerechten Umerziehungsmaßnahmen und vorwurfsvoller Ungeduld erreicht man meist nur Unverständnis und schlimmstenfalls seelische Verletzungen. Diese grundsätzlichen Ansprüche sollten stets beherzigt werden: Die Individualität eines jeden Menschen ist unantastbar! Und: in einer Partnerschaft dürfen die Persönlichkeitsrechte „des anderen" niemals verletzt werden!

Wenn beide es geschafft haben, sich nach ihren jeweiligen Ansprüchen bzw. Bedürfnissen zu lieben, sich gegenseitig zu respektieren und zu tolerieren, dann gibt es möglicherweise noch „die Fesseln der gesellschaftlichen Konventionen", die es zu berücksichtigen gilt. Aber das ist nur ein Klacks, wenn es um die echte und ehrliche Liebe geht.

In diesem Fallbeispiel geht es um das Leiden an Lieblosigkeit – im doppelten Sinne: Jemand, der keinen Partner findet und meint, nicht „liebenswert" zu sein, leidet an der vermeintlichen Ignoranz oder einer vermuteten Nichtakzeptanz ... – obwohl das oftmals nur der Einbildung entspricht. Denn ein gesunder Impuls und ein natürlicher Instinkt würden sich nicht so einfach in die Irre führen lassen. Doch ein Mensch, dem es an Selbstbewusstsein mangelt und an der realen Selbsteinschätzung und richtigen Selbstreflexion, der leidet an falsch oder fehlerhaft geleiteten Sozialisierungssymptomen und an einer irrealen Vorstellungskraft. Die angeblich empfundene Lieblosigkeit lässt demzufolge entweder Minderwertigkeitskomplexe entstehen, oder aber äußert sich in einem frustrierten Trotzverhalten, das sich sogar bis zum Zynismus steigern kann – und somit keinen Liebreiz vermittelt. Also „liebäugelt“ niemand mit ihm, und da der Betroffene sich abweisend oder gar provozierend verhält, erhält er „lieb-lose“ Reaktionen – im wahrsten Sinne des Wortes –, und keine liebenswürdigen. Es fehlt ihm einfach an der Abgrenzung bzw. an der Distanz zu sich selbst, um seine Haltung definieren und somit erkennen zu können. Er projiziert jeden abschätzenden Blick als abschätzig und jedes kritische Wort als ablehnend auf sich und zieht sich immer mehr zurück. Er dreht sich im Kreis seines Singlesdaseins und seiner Sinnesbeklemmungen und merkt nicht, dass er auf alles, was insbesondere mit seinen Emotionen zum anderen Geschlecht zu tun hat, nahezu neuralgisch reagiert; er entwickelt zu fast allem Mitmenschlichen ein total überspanntes Verhältnis. Er ist derartig mit seiner Solistenrolle verwachsen, dass er gar nicht erkennt, dass es ja möglicherweise doch jemanden geben könnte, der es gut mit ihm meint und der ihn so nehmen würde, wie er ist.

Alles das ist möglicherweise an diesem Fallbeispiel etwas übertrieben dargestellt, aber die Symptome ähneln sich und ebenso der Ursachen- und Wirkungseffekt.

Es kann aber auch – in selteneren Fällen und insbesondere bei jungen, unerfahrenen Menschen, die meinen, nicht ins allgemeingültige Raster zu passen – zu schamhaften oder verlegenen Reaktionen kommen, die mit den heutzutage eher lässigen und lockeren Umgangsformen in „Sachen Liebe“ kaum noch zu vereinbaren sind. Sie hoffen, einen gleichgesinnten Menschen zu finden, der ähnlich dünnhäutig und feinfühlig veranlagt ist. Bei den heutigen Anforderungen und „Brachialmethoden“, in denen Durchsetzungsvermögen, „Ellenbogenmentalität“, Erfolgssucht sowie geistige und körperliche Fitness und Flexibilität gefragt sind und mit Leistungs- und Optimierungsorientiertheit und Rentabilität gemessen werden, ist das ein Balanceakt, der diesen seelenvollen, sensiblen Menschen kaum noch gelingt. Das Materielle zählt, und dass das Menschliche bei dieser Perfektionierungssucht auf der Strecke bleibt, wird billigend in Kauf genommen. Die Menschen heutzutage müssen kerngesund und kompatibel konditioniert sein, physisch und psychisch, damit sie sich durchsetzen können und ihre Lebens- und Liebesziele erreichen. Besonders weichherzige und zurückhaltende Menschen, die nicht im Fokus des Geschehens stehen und sich nicht in den Mittelpunkt drängen wollen, haben somit das Nachsehen. Denn diese im beruflichen Umfeld gängigen Verhaltensweisen übertragen sich auch eigendynamisch auf das Privatleben, in dem der Verlauf ebenfalls meist effektiv, effizient und funktionstüchtig geplant wird. Dass er dazu kalkulier- und kontrollierbar sein muss, ist klar, und dass die Konsensfähigkeit und Motivationsstärke ebenfalls gewährleistet sein muss, gleichfalls.

Eine Liebesbeziehung, die auf eine feinnervige und sanftmütige Art geführt wird, ist jedoch nach wie vor nicht ausgeschlossen. Die Bedingungen für eine solche Beziehung sind allerdings härter geworden. Aber Individualisten, die für das Leben und die Liebe ihre eigene „Machart" entwickeln und das Profitdenken nicht als alleinigen Richtwert betrachten, gibt es ganz sicher. Allerdings sind die mehrheitlich nicht an einer exponierten Selbstdarstellung interessiert und deshalb nicht so leicht zu finden.

Sie entziehen sich meist auch dem Druck der „Facebook"-Gemeinde oder der anderen Internet-Netzwerke, in denen es angeblich so leicht ist, tausende von Freunden mit nur ein paar Klicks im Netzwerk zu erreichen.

Die Erwartungen, die in den letzten Jahren mehr und mehr an die „moderne Liebe" gestellt werden, haben sich verändert … – aber kaum verbessert. Den Lebens- und Liebesprinzipien sind neue Verhaltensformen und Verpflichtungen aufgedrängt und gegenübergestellt worden.

In einem Einpersonenstück kann man nach eigenem Ermessen und Gutdünken die „Blumen des Herzens" pflegen. Aber die Schönheit, die sie entfalten, kann man besser in einem Dialog genießen, in dem ein geistvolles Einvernehmen, ein liebevolles Füreinander und Miteinander herrscht.

Deshalb darf sich niemand von der Liebe „ausgeschlossen" fühlen – und schon gar nicht ausgeschlossen werden. Denn für jeden Menschen gibt es – und sei es irgendwann und irgendwo – einen Partner, der das Füreinanderbestimmtsein- und Füreinanderdasein-Gefühl erkennen und erleben lässt, sei es als Glücksfall fürs Leben oder für eine gewisse Lebens- bzw. Liebesphase.

Das Bedürfnis nach Liebe hat jeder Mensch, das beginnt bereits im Mutterleib, und die Erfüllung der Liebe sollte jedem, der mit Herzensbildung und

Herzenswärme gesegnet ist, ein „Lebens-Muss“ sein. Dabei ist es ganz natürlich, dass man in einer empfindsamen bzw. ernüchterten Phase – sozusagen nach der „Schnupperphase“ –, wenn es möglicherweise zu ersten Spannungen gekommen ist, an Trennung denkt. Denn in der Verliebtheitsphase setzt ja – bekanntlich – der Verstand aus, und erst jetzt, nach der gemeinsam verbrachten Zeit zeigt sich, ob die Zuneigung fest genug ist für eine haltbare Zweierbeziehung. – Falls nicht, sollte man erst mal Ruhe bewahren und nicht gleich das Verhältnis beenden, nach dem Leitmotiv „alles – oder nichts!“

Auch in der Liebe scheuen viele Menschen das Risiko, weil sie sich vor dem Verlust fürchten. „Lieber ein Ende mit Schrecken als ein Schrecken ohne Ende“ ist zwar ein gängiges Sprichwort hierzulande, sollte jedoch nicht zu voreilig angewendet werden. Denn: um zu wissen, ob eine Liebe sich lohnt, muss man sie erst mal leben!

Am Ende dieses Kapitels, in dem insbesondere das Bedürfnis nach Liebe thematisiert wird, darf ein Hinweis natürlich nicht fehlen: Für diejenigen, die der gleichgeschlechtlichen Liebe den Vorzug geben – egal, ob männlicher- oder weiblicherseits –, gilt alles das, was hier erläutert worden ist, selbstverständlich genauso! Der „Stoff aus dem die Träume sind“ macht da keinen Unterschied. Für alle Menschen gilt nämlich: Wir bestimmen eine Tatsache, wenn wir sagen (sinngemäß): *"Die Liebe lässt uns nicht in Ruhe, aber derjenige, der nicht liebt, lebt auch nicht in Ruhe!"*

Der zweite Teil: Geheimnisse in der Ehe

Das erste Kapitel: Liebe und Ehe

Mehr noch als in einem Buch wird in einem Film der Anfang einer Liebesbeziehung – vom ersten Blickwechsel bis zur Kontaktaufnahme; vom ersten Kuss bis zum Liebesakt – am anschaulichsten, direktesten und plakativsten vermittelt. Mittels Bildfolge wird die Geschichte in ca. anderthalb Stunden erzählt; in einem Liebesroman wird dieser Prozess hingegen Seite für Seite abgehandelt, meist mit vielen Umschreibungen und Umständlichkeiten.

Wenn in einem Film die Hauptfigur bzw. einer der Liebespartner in den ersten fünfzehn Minuten „stirbt" und die Handlung trotzdem weitergeführt wird – beispielsweise, indem die Lebensgeschichte dieses Protagonisten als Rückblende bzw. in der Vergangenheitsform dargestellt und so der Vorfall „verkörpert" und verständlich gemacht wird –, kann das dramaturgisch durchaus erkenntnisreich in die Gegenwart geführt und in eine spannungsreiche „Lovestory" überführt werden.

Wenn also am Anfang bereits das Ende der Geschichte gezeigt wird, müssen die Ereignisse, die dazu geführt haben, in nachvollziehbarer Weise für die Zuschauer aufbereitet, dargestellt und erklärt werden. Und falls in einem Film die Heirat als Höhepunkt der Liebesgeschichte eine elementare Rolle spielt – nachdem oftmals Hinderungsgründe sowie Verirrungen und Verwirrungen überwunden worden sind –, dann muss der am Anfang des Films „verstorbenen Hauptfigur" im Fortgang der Geschichte quasi „Leben eingehaucht" und damit der Beginn und das tragische Ende der Liebesbeziehung eindrucksvoll erzählt werden, in der das kurze Eheleben dann ja eigentlich nur als Stipvisite stattgefunden hat.

Alles das, was sich vom Anfang der Beziehung bis zur Eheschließung ereignet hat, ist die Liebesgeschichte mit all ihren erfreulichen, ebenso mit all ihren komplizierten, seltsamen oder sonstwie verqueren Momenten, die, dem Plot und den Regieanweisungen entsprechend, den Spannungsverlauf erhöhen. Da am Anfang des Films die Sterbeszene erfolgt, hat die Eheschließung den Frischvermählten kein Glück gebracht. Der Ehe ist jedoch in diesem Film als Folge der Liebesbeziehung eine bedeutsame Rolle eingeräumt worden.

Aber auch im echten Leben ist die traditionelle Ehe – vor allem dann, wenn eine Familiengründung und damit eine Generationsfortpflanzung geplant wird –, ein bedeutsamer Lebensabschnitt für die ganze Verwandtschaft.

In Europa und in der hiesigen Gesellschaft ist heutzutage die körperliche Liebe vor der Eheschließung kaum noch eine Schande, während in anderen Kulturkreisen die voreheliche Sexualität möglicherweise noch als „skandalträchtig“ betrachtet wird,

Außerdem gibt es hierzulande immer mehr Lebens- bzw. Liebesgefährten, die ganz gut ohne Trauschein zusammenleben und auch dann nicht an Heirat denken, wenn ihre Beziehung mit einem Kind bereichert wird.

Dies veranlasst zu zwei Fragen: Ist die wirkliche Liebe diejenige, die sich erst nach der Eheschließung entwickelt und durch die lange eheliche Gemeinschaft gefestigt wird, im Sinne von: „bis dass der Tod euch scheidet“ – also in einem monogamen Treueverhältnis? – Oder ist es die wirkliche Liebe, die ohne dieses Eheversprechen auskommt, und in der das Paar sich ebenfalls um eine Gemeinschaft bemüht, im Sinne von: „in guten und in schlechten Zeiten“, allerdings auf der „freiwilligen“ Basis, so lange Treue und Vertrauen den Zusammenhalt stärken?

Das Gewöhnen aneinander erfolgt so oder so, ob mit oder ohne Standesamt und Trauschein bzw. kirchliche Zeremonie. Und ob die Beziehung hält, ist nicht von einer „geordneten“ oder „wilden“ Ehe abhängig oder von moralischen Grundsätzen. Denn, ob Scheidung oder Trennung – das Auseinanderbrechen einer Beziehung ist für alle, die davon betroffen sind, eine meist schlimme Erfahrung und ein oftmals schrecklicher Prozess – egal, ob es sich um eine Ehe oder um eine eheähnliche Gemeinschaft gehandelt hat.

Es kann natürlich sein, dass ein Ehepaar mit Kindern sich etwas gründlicher überlegt, ob die Familie auseinandergerissen wird. Aber dabei sind andere Gründe zu bedenken, die hier nicht in vertiefender Form erläutert werden.

Die Befürworter der Ehe, denen als „heilige“ und moralische Grundlage der Liebe die Verheiratung wichtig ist, wollen beispielsweise erreichen, dass sich das Ehepaar dem gesellschaftlichen Gebot unterstellt; darüber hinaus ist auch relevant, dass sich das Brautpaar ganz und gar aufeinander eingelassen und füreinander entschieden hat. Beide Partner bekennen sich damit zu ihrer Liebe und jeweils zu diesem einen Menschen, von dem sie sich in allen Lebenssituationen Sicherheit und Verbundenheit wünschen. Früher wurde hierzulande sogar ein Aufgebot ausgehängt für die ganze Gemeinde, um den Heiratswillen der Öffentlichkeit mitzuteilen. Falls jemand gegen die Eheschließung etwas einzuwenden hatte, konnte er das beim Standesamt tun. Aber inzwischen sind die Bestimmungen für Brautpaare lockerer geworden, denn früher mussten beide ja einen Ehering tragen, sozusagen als Treuegelöbnis, und die Frau musste den Familiennamen des Mannes annehmen. Diese Regelung gibt es heutzutage nicht mehr; außerdem können gleichgeschlechtliche Partner ohne Probleme heiraten; damit ist die Ehe als gesellschaftliche Einbindung in das Sozialwesen samt und sonders nicht mehr so streng reglementiert. Es gibt noch das Familienstammbuch, in das amtlicherseits die Geburten eingetragen werden, ebenso Scheidungs- und Sterbefälle. Ansonsten sind der Ehegestaltung inzwischen keine Formen oder Normen vorgegeben.

Das war früher auch hierzulande noch anders: Da wurden die Ehen oftmals von den Eltern bestimmt, auch Familieninteressen bezüglich der „Fortpflanzung“ und „biologischen Reproduktion“ spielten bei der Partnerwahl eine größere Rolle. Denn es ging dabei oftmals ja um die Besitztümer, um die Erbschaftsfolge und eher „fremdbestimmte“ Gegebenheiten.

Das Brautpaar heutzutage, ob hetero- oder homosexuell, kann sich in der Ehe mehr und mehr nach eigenen Ansprüchen und Empfindungen einrichten, mit dem Glauben daran, einen immerwährenden Glückszustand durch die Heirat zu erreichen. Diese Hoffnung ist sicherlich ein wesentlicher Motivationsverstärker. Dass dieser Idealzustand mittlerweile nicht in allen Liebesgemeinschaften dauerhaft erhalten bleibt, gehört jedoch leider zu den menschlichen Eigenschaften bzw. zu den oftmals reizüberfluteten und sinnverzerrenden Gegebenheiten, die auf das Gemeinschaftsgefühl bzw. die Intimsphäre des Liebespaares keine bekräftigende und belebende Auswirkung hat. In Krisensituationen wird nämlich eher nach einem anderen Partner als nach einer Problemlösung gesucht; das einstige Füreinander lässt eine Gegeneinanderposition entstehen. Es herrscht insgesamt eine unverbindlichere Art im Liebesmiteinander; absolute Monogamie ist eher selten geworden, auch aufgrund der freizügigen und hemmungslosen Bilderflut seitens der Medien und der erotischen, teils pornografischen und sexistischen Darstellungen im öffentlichen Leben (auch das ist bereits mehrfach thematisiert worden). Man ist offener für eine Neuorientierung bzw. Optimierung in beruflicher und privater Hinsicht, und wenn es der Lebensqualität und der „Leichtigkeit des Seins“ dienlich ist, lässt man sich bereitwilliger auf die besseren Optionen ein und verdrängt womöglich die bisherigen moralischen Prinzipien und ethischen Skrupel. Außereheliche geschlechtliche Aktivitäten hat es allerdings schon immer gegeben – seitdem die Anziehungskraft der Liebe den Erdenbürgern wohlige Gefühle vermittelt.

Hinzu kommt, dass die Frauen heutzutage meist auch berufstätig sind und ihr eigenes Geld verdienen; dadurch sind sie selbstbewusster und selbstständiger geworden. Demzufolge gibt es bei einer Scheidung weniger Stress bezüglich der finanziellen Verantwortungs- und Versorgungspflicht. Außerdem entscheiden sie sich heutzutage und hierzulande, aufgrund ihrer beruflichen Aktivitäten, erst später für eine Familiengründung. Zur neuen Frauenrolle gehört auch, dass sie ihre persönlichen Freiheiten ausleben möchten, bevor sie sich in eine feste Lebenspartnerschaft begeben – ebenso wie die Männer. Auch sie lassen sich auf Affären und auf sexuelle Begegnungen ein, ohne diese gleich „für immer“ zu verfestigen. Auch ihnen geht es meist, bevor sie „den Bund der Ehe“ eingehen, um Selbstverwirklichung, und nicht um den sozialen Status einer „Ehefrau“.

Die damaligen oftmals patriarchalischen Verhältnisse haben also ausgedient; die heutigen Frauen ergeben sich keinem Macho; sie sitzen lieber selbst am Machthebel. Attraktivität, auch in sexueller Hinsicht, ist für sie allerdings immer noch ein wichtiger Lebens- und Lustfaktor.

Einerseits ist es demnach einfacher geworden, andererseits komplizierter in „Sachen Liebe“. Daran ändern auch die mittlerweile populär gewordenen Online- Partnerbörsen nichts, in deren Pools die Frauen immer optimaler, passgerechter und systematischer nach bindungswilligen Kandidaten suchen können. Die Ansprüche sind höher geworden, gleichzeitig ist aber auch aufgrund der nahezu unbegrenzten Auswahlmöglichkeit die Entscheidung für den einzig richtigen Mann schwieriger geworden. Ob Bildung, Hobby, sonstige Interessen ... – alles wird psychologisch und soziologisch systematisch transparent gemacht – wie es bezüglich der Informationen über ein Gebrauchs- bzw. Nutzobjekt ja ebenso geschieht. Alles das, was beim persönlichen Kennenlernen gefühlsmäßig und intuitiv erfolgt, ist bei den virtuellen Kontaktbörsen bzw. beim so genannten Online-Dating genau berechnet und einkalkuliert worden.

Alles dies entspricht nicht nur einer extrem konsensfreudigen Mentalität; es ist fast schon mit einer konsumfreudigen Modeerscheinung zu vergleichen, denn außer den „Blind-Date“-Events und „Single“-Veranstaltungen gibt es beispielsweise Kuschelpartys, bei denen fremde Menschen sich gegenseitig mit Streicheleinheiten und Umarmungen verwöhnen. Die Entprivatisierung der Gesellschaft findet somit mehr und mehr statt. Die sittliche Hemmschwelle hat sich verringert, die Gesellschafts- und Konversationsthemen sind gelockert worden. Die exzessive Ausdehnung der persönlichen Belange führt zu immer mehr öffentlicher Darstellungs- und Profilierungssucht – zum Beispiel in den derzeit angesagten Castingshows im Fernsehen, in denen jeder, der attraktiv oder in künstlerischer Art begabt ist, sich zu einer Karriere als Superstar berufen fühlt.

Aufgrund dieser „Auswüchse“ muss natürlich nicht die Befürchtung gestärkt werden, dass alle Beziehungen und Ehen mit diesem oberflächlichen Blendwerk und „Geplänkel“ infiziert werden und sich diese „Lebensabschnittspartner-Mentalität durchsetzt. Das würde ja eine tragische Darstellung und eine traurige Entwicklung in unserer gesellschaftlichen Gemeinschaft abbilden, in der doch eigentlich alles noch funktionstüchtiger, noch optimaler und noch schöner sein soll. Aber dass dieser extreme Bestätigungs- und Bewunderungsdrang auch auf das Beziehungsleben Einfluss nimmt – insbesondere bei jungen Liebespaaren, die sich mit dem „Mainstream- und Performance“-Geist identifizieren – kann nicht von der Hand gewiesen werden (auch darauf ist bereits mehrfach verwiesen worden).

Allerdings ist es allgemeinhin schon so, dass im Ehealltag die Gefühle und die „Gelüste“ schnell zur Gewohnheit werden; den Partnern wird aufgrund der medialen Reizstoffe, die enthemmend bzw. ermunternd auf die Sinneslust einwirken – egal, ob am Arbeitsplatz, beim Einkaufen, vor dem Fernseher, in der Freizeit – schneller langweilig. Die am Anfang der Beziehung so anregend und begehrlich empfundene Leidenschaft und der aufregende Prickel in der Sexualität hat sich möglicherweise verändert. Die heimlichen Intimitäten oder beispielsweise der Reiz des Verbotenen ist nicht mehr vorhanden, wenn man sich täglich sieht und die alltäglichen Situationen miteinander austragen und bewältigen muss und nicht nur die „Sonnenseite“ miteinander erlebt … – im erregenden Universum der Verführung und der Verliebtheit.

Das Begehren und Beglücken ist das Leitmotiv in dieser Liebesphase, in der alle Antennen auf Empfang und alle Empfindungen auf das Für- und Miteinander eingestellt sind. Doch wenn man sich gegenseitig sozusagen in Besitz genommen hat, fehlt „der zündende Funke der Liebesglut“. Andererseits ist eine Beruhigung im oftmals überspannten Gefühlsduett ganz natürlich, damit die Liebe Luft und Raum zum Überleben erhält und auch bei erschwerten Bedingungen das Gleichgewicht halten kann. Bei den gewöhnlichen Dingen des Lebens zeigt sich nämlich erst, ob die Liebe belastbar ist, die Bewährungsprobe besteht, und ob die Bindungsfähigkeit nicht nur eine Gefälligkeitsgeste ist.

Denn jetzt geht es nicht nur um die Befriedigung von Frohsinn und Genusssucht, auch die Gewohnheiten und die möglicherweise unterschiedlichen Handlungsformen und Interessen müssen den „Liebestest“ bestehen und beide Partner dazu veranlassen, das Verhältnis zu festigen und die Zuneigung zu stärken.

Die Bewunderung und die Fantasie stoßen demzufolge an Grenzen; es müssen Kompromisse gemacht und Konfrontationen überstanden werden. Für die bisherigen Höhenflüge muss demnach ein passgerechter „Landeplatz“ gefunden werden, der sich in der puren Realität befindet, und nicht im so genannten Wolkenkuckuckusheim.

Die Nachteile eines ehelichen bzw. festen Liebesverhältnisses werden demnach erst offensichtlich, wenn in der Wirklichkeit eine gemeinsame Wohnung gesucht wird und damit das Zusammenleben erfolgt. Diese Nachteile, die sich bei besonders gegensätzlich bzw. individuell veranlagten Partnern ergeben können, die sich nun auf eine Partnerschaft einstellen möchten, sind ja nicht beabsichtigt und erfolgen meist auch nicht zwangs- und zweckbedingt. Es muss auch nicht am „guten Charakter“ oder am „guten Willen“ gezweifelt werden, wenn der- oder diejenige sich nicht so verhält, wie man es erwartet hat. Denn die „anderen Seiten“ des jeweiligen Partners, die möglicherweise nicht so angenehm sind, gehören ebenso zu seiner Persönlichkeit. Aber während der akuten Verliebtheitsphase haben die beiden Beteiligten ja jeweils nur die Vorzüge der bzw. des anderen sehen wollen. Denn die negativen Seiten, die jetzt zum Vorschein kommen, sind ja nicht plötzlich vorhanden.

Der Anpassungsprozess nach der Heirat gleicht demnach einem Konformkurs, der die Liebe und die Realität quasi zusammenführt. Beide Eheleute, die vor der Heirat ihren eigenen Lebensstil entwickelt und gelebt haben, müssen nun eine gemeinsame Linie finden. Das kann schon schwierig werden, wenn der eine Partner beispielsweise chaotisch oder nachlässig veranlagt ist, der andere dagegen diszipliniert und ordentlich. Eigentlich sind diese unterschiedlichen Eigenschaften ja schon vor der Heirat ersichtlich gewesen. Aber da haben beide ihr Liebesglück damit meist nicht belasten wollen. Beide müssen nun aber eine konsensfähige Basis für ihre Beziehung erarbeiten, in der auch andere Charaktereigenschaften wie Egoismus, Geltungsbedürfnis et cetera in ein für beide erträgliches Maß gebracht werden müssen. Die alltäglichen Konfliksituationen, die beispielsweise bei finanziellen Problemen oftmals verschärft werden, bringen nämlich Umstände mit sich, an die man während der Unbeschwertheit der Verliebtheit gar nicht gedacht hat. Dazu gehören möglicherweise auch religiös oder traditionell behaftete Interessenkonflikte, die vor der Heirat nicht so offensichtlich waren. Enttäuschung und Ernüchterung sind somit unausweichliche Folgen und trüben die Freude, den Frohsinn und letztendlich auch die Liebe, wenn der natürliche Umfang der Unverträglichkeiten ständig strapaziert wird.

Vor der Heirat ist es der „kurze Blick“ auf die Unbekömmlichkeiten und Ungleichheiten; nach der Heirat ist es der „lange Blick“ auf die Unzulänglichkeiten, die das Verhältnis möglicherweise trüben. Die Reaktionen darauf sollten unbedingt respekt- und verständnisvoll erfolgen, insbesondere dann, wenn die Beziehungs- bzw. Ehepartner einem anderen ethnischen, religiösen oder sozialen Herkunftsumfeld entstammen. Deshalb gehören in „modernen“ Partnerschaften anders- bzw. eigenartige Umgangformen zu einer freizügigeren Toleranzdosis.

Falls sich die Gefühle nach der Heirat in negativer Hinsicht verändert haben, kann es an einer falschen oder zu hohen Erwartungshaltung liegen, auch Abgestumpftheit und Bequemlichkeit im Eheleben sind keine Impulsgeber für Liebesfreude.

Die Gefühle nach der Heirat entwickeln sich jedoch meist in positiver Hinsicht, nämlich verstärkend und vertiefend, weil die Liebe zwar ebenfalls eine andere Dimension angenommen hat, die aber grundsätzlich mit Verstehen und Vertrauen gefüllt ist, selbst wenn es anfangs möglicherweise noch Stolperfallen und Streitfälle gibt. Denn wenn zwei Individuen sich zusammentun, müssen sie in kommunikativer und konstruktiver Form ihr Liebesverhältnis ordnen und organisieren, und dies wird durch einen respekt- und rücksichtsvollen Umgang unterstützt. Dadurch wächst die Zuneigung; die Liebe kann sich aufgrund des Miteinanders und Mitgefühls entwickeln.

Für die Befürworter der Heirat sind diese Liebesbeweise entscheidend und prägend für eine langjährige Verbindung, die für die Wechselfälle des Lebens gerüstet ist, in guten und in schlechten Zeiten.

Bei einer „normalen" Liebesheirat können Komplikationen meist auch auf einer gesunden Gefühlsbasis gelöst werden, sodass der Gemeinschaftssinn meist problemlos auf einen gemeinsamen Nenner gebracht werden kann.

Schwieriger kann es werden, wenn es sich um keine „normale" Heirat handelt, also um eine, die aufgrund außergewöhnlicher bzw. fremdgeleiteter Umstände entstanden ist, insbesondere, wenn sich die Partner gar nicht so gut kennen und der Antrieb für die Eheschließung auf Fremdeinwirkung oder aus berechnenden – zum Beispiel aus familiären, finanziellen, geschäftlichen – Gründen erfolgt ist. Dann sind es nicht nur die geistigen und körperlichen Gefühle, die aufeinander eingestimmt und zueinander finden müssen, dann mangelt es meist auch an dem Grundverständnis und Grundvertrauen, das sich in einer „normalen" Liebesbeziehung ganz selbstverständlich entwickelt und ergeben hat und mehr und mehr gewachsen ist.

Die Befürworter einer solchen Heirat argumentieren beispielsweise, dass sich die soziale Verantwortung füreinander und die emotionale Verbundenheit schon einstellen wird – und sei es aus Vernunftsgründen. Denn Liebe lässt sich nicht erzwingen, schon gar nicht, wenn einer der Betroffenen den Bund der Ehe lieber mit einem anderen Herzbuben oder einer anderen Herzdame schließen würde.

Die Befürworter dieser Heirat meinen außerdem, die Argumente ihrer Väter und Vorfahren einbringen zu müssen, nämlich einer rationalen Vorgabe folgend (sinngemäß): „Die Liebe kann sich auch nach der Heirat noch entwickeln. Wenn das erfolgt, ist es gut, wenn nicht, dann wird von den Ehepartnern erwartet, dass sie, der Familienehre und der Generationsfolge wegen, einen Kompromiss schließen, der mehr oder minder als Liebesersatz dient. Denn die Heirat ist eine Notwendigkeit, die Liebe ist jedoch ein Glücksfall und Lustgewinn und damit ein erfreulicher ‚Nebeneffekt'. Das Dasein ist also auch ohne Liebe lebenswert, aber ein Dasein ohne Heirat ist nicht lebenswert", das ist mehr oder minder der Klartext!

Bei einer Heirat, die durch Eltern, Familie, der Form halber oder aufgrund sonstiger Gegebenheiten „arrangiert" worden ist, fehlt die emotionale Grundlage einer Liebesheirat. Denn für die Eltern bzw. die Familie sind die Herkunft und der gesellschaftliche bzw. soziale Status der bzw. des Auserwählten erstrangig. Falls es sich um ein finanzielles, geschäftliches oder standesbedingtes Arrangement handelt, beispielsweise bevorzugt in adeligen Kreisen, sind andere Kriterien wie das Aussehen, das Benehmen, die Bildung, moralische Grundsätze et cetera jedoch meist zweitrangig.

Die Auswahl der oder des Kandidaten erfolgt nach gewissen Fakten und der Familientradition entsprechend, die bereits vor Generationen gepflegt und geprägt worden ist. Ein anderer Grund könnte beispielsweise sein, dass diejenigen, die sich auf eine solche Heirat einlassen, dies aufgrund einer Enttäuschung oder mehrerer schlechter Erfahrungen tun; möglicherweise haben sie aber auch Hemmungen oder Komplexe, oder ihnen fehlt schlichtweg aus beruflichen Gründen die Möglichkeit, jemanden kennenzulernen, der zu ihnen passt.

Auf jeden Fall ist der Glücksfaktor bei einer „normalen" Heirat als echter Liebeslohn und als ehrliche Verbindung zu betrachten. Bei einer Vernunftsheirat, die nicht dem echten Interesse, sondern den gesellschaftlichen Konventionen gehorcht und oftmals in ein zweckdienliches „Korsett" gezwängt wird, das nicht der Liebe, sondern der Norm angepasst ist, muss eine Verbundenheit erst hergestellt werden. Dass dies meist mit Anpassungsschwierigkeiten verbunden ist und zunächst für Irritationen und Konfliktstoff sorgt, ist ja nicht verwunderlich, denn eigentlich sind sich die Ehepartner ja fremd.

Die Anziehungskraft und die Berücksichtigung des gegenseitigen Bindungswillens sind demnach die wichtigsten Elementarteilchen für eine glückliche und liebevolle Ehe. Wenn die Ehepartner aus Liebe geheiratet haben, sind die Erwartungen meist nicht so überspannt, sodass unterschiedliche Interessen abgeklärt und die zentralen Lebensfragen geklärt sind. Sie werden nicht mit einer unangenehmen Wahrheit bzw. Wirklichkeit konfrontiert, die ihr „neues Leben“ in belastender Weise beeinträchtigt und an der gemeinsamen „Wellenlänge“ Zweifel aufkommen lässt.

Die „normale“ Heirat ist somit tatsächlich gewollt und gewünscht, beiderseits aus vollem Herzen, und erhält ihre Kraft durch die Liebe. Einer Heirat, die nur halbherzig oder aufgrund kalkulierter Gründe geschlossen worden ist, fehlt demnach das elementare “Klebemittel“ Leidenschaft und Liebe.

Eine Verbindung, die aufgrund eines praktischen bzw. rationalen Denkens und eines reduzierten bzw. vernunftsbetonten Ermessens zustande gekommen ist, kann für die Ehepartner aber dennoch, auch in erotischer Beziehung, durchaus beglückend und von Nutzen sein, wenn sich beide über ihr Defizit an Gefühlen einig sind und die Gründe ihres Handelns geklärt haben. Wenn dies für beide Beteiligten gilt, beide dies akzeptieren und beide sich in Gefühlsdingen nichts vormachen, kann auch eine solche Ehe lange Jahre funktionieren. Absolute Bedingung ist jedoch für eine Heirat ohne Liebesbonus, dass sich die Ehleute mit Respekt und Toleranz begegnen und dass sie eine Vertrauensbasis schaffen, die das eheliche Leben stützt – mehr noch: unterstützt.

Das ist besonders wichtig und wünschenswert, wenn die Ehe durch die Geburt eines Kindes bereichert wird Außerdem kann es durchaus geschehen, dass sich die Gefühle nach der Heirat ändern – bzw. nachdem ein Kind in der Partnerschaft ein neues Potential geschaffen und ein neues Rollenspiel erforderlich gemacht hat. Dann kann nämlich doch noch ein liebevolles Miteinander möglich werden, wenn sich das Paar schätzen und in gewisser Weise lieben gelernt hat. Denn es erwartet ja nicht unbedingt, dass Glücks- oder gar Wonnegefühle ihr Zusammenleben bereichern.

Allerdings müssen die existenziellen Bedingungen für eine Beziehung erfüllt sein, und wenn die körperliche, seelische und soziale Gesundheit des Ehepaares gegeben ist, dann kann sich durchaus eine für beide Seiten stabile Verbindung ergeben – auf freundschaftlich-kameradschaftlicher Basis eben. Solche Ehen sind oftmals strapazierfähiger als die aus Leidenschaft und „heißer Liebe“ geschlossenen, in denen der Alltagsstress die immerwährenden Glücksgefühle erkalten lässt. Wie es im folgenden Kapitel erläutert wird.

Das zweite Kapitel: Probleme nach der Vermählung

Etwa ein Jahr nach der Heirat berichtet eine junge Frau, dass sie enttäuscht ist von ihrem Ehemann. „Nach ca. vier Jahren, die wir sehr liebevoll miteinander verbracht haben, und nachdem wir trotz der Ablehnung seitens seiner und meiner Familie geheiratet haben, ist von seiner Liebe kaum noch etwas zu spüren. Ich habe erwartet, dass unsere Liebe sich noch intensiver als vor der Heirat entwickeln würde und hatte gehofft, dass ich meine Gefühle und meine Weiblichkeit nun voll ausleben kann, da ich meine sexuellen Bedürfnisse vor der Ehe lange unter Verschluss gehalten und auf unser Eheglück vertraut habe. Doch schon nach ein paar Monaten hat sich das Verhalten meines Mannes verändert. Er gibt mir nun das Gefühl, als würde er jetzt nur noch seine Pflicht erfüllen. Die Romantik und alle die Sinneserlebnisse, die die körperliche und seelische Liebe für mich vorher so wunderschön gemacht haben, scheinen für ihn nicht mehr notwendig. Er ist ein anderer Mann geworden, den ich nicht liebe. Die früheren „heißen Gefühle", die Euphorie der Verliebtheit, all die vollmundigen Versprechungen … – nichts von alledem ist noch vorhanden. Er ist jetzt kaltherzig und kaltschnäuzig, hat kaum noch ein liebes Wort für mich übrig. Die Liebestemperatur ist spürbar gesunken; er scheint sich nicht mehr für mich zu interessieren. Alles das, was er mir versprochen hat, hat anscheinend keine Bedeutung mehr für ihn. Ich frage mich mittlerweile: „Hat die Heirat unsere Liebe getötet? – Warum hat er mich eigentlich geheiratet? – Was hat ihn dazu gebracht, mir Liebe und Treue zu versprechen, „ … bis dass der Tod uns scheidet?"

Die Klage dieser Ehefrau, die ihrem Ehemann nach der Eheschließung Gleichgültigkeit und Lieblosigkeit vorwirft, ist leider oftmals berechtigt. Sie hat sich auf das gemeinsame Leben in Liebe mit ihrem Mann eingestellt und ist bereit gewesen, mit ihm durch „dick und dünn" zu gehen, um ihrerseits damit ein heiles Ehe- bzw. Familienleben zu ermöglichen. Aber statt Freude und Glückseligkeit haben Frust und Kummer die Regie in ihrem frisch vermählten Verhältnis übernommen. Sie wird nun mit der bitteren Wahrheit konfrontiert, dass sie vom Zusammenhalten und Zusammenleben offenbar unterschiedliche Vorstellungen haben.

Aber auch der Mann ist oftmals desillusioniert und überfordert mit der engen Verbindung und der Verpflichtung, die er vielfach als hauptsächlicher

Ernährer einer Familie – falls nach der Heirat schon bald Nachwuchs erwartet wird – auf sich nehmen muss. Denn auch die Ehefrau hat sich, möglicherweise unbewusst, verändert. Die bisher unbekümmerte Mädchenhaftigkeit ist, beispielsweise in der Mutterrolle, verschwunden. Schon während der Schwangerschaft hat sie sich mit der Ernsthaftigkeit des Lebens anders auseinandersetzen müssen als der Mann. Sie meint möglicherweise, mit ihrem „dicken Bauch" nicht mehr attraktiv genug zu sein – vor allem, wenn er ihr dieses Gefühl gibt und nach jungen, schlanken Frauen schaut, die ihn an seine unbedarfte „Jungspundzeit" erinnern. Meist nimmt er seine Freizeitbeschäftigung wieder auf, als hätte sich in dem Liebesverhältnis nichts Wesentliches verändert. Und wenn die Freunde ihn dann auch noch anstiften, „ ... sich ja nicht von seiner Frau unterkriegen zu lassen ...", und ihm nur die Nachteile der Vaterrolle „unter die Nase reiben", dann können diese äußeren Einflüsse sich in negativer Form auf die Beziehung auswirken.

Alle diese Nebenerscheinungen sind möglicherweise übertrieben dargestellt, können aber durchaus, in verminderter oder anderer Form, für Konfliktstoff sorgen. Denn für ihn ändert sich ja zunächst nichts – ganz unabhängig davon, ob er aus vollem Herzen dem Kinderwunsch zugestimmt hat, oder dies nur aus evolutionsbiologischen Gründen getan hat, um die Familienfortpflanzung bzw. die Generationsfolge wunschgemäß zu sichern.

Aber abgesehen davon kann er beruflicherseits ja ohnehin seine Karrierepläne vorantreiben und ansonsten sein Leben so gestalten, wie er es bisher getan hat. Für die schwangere Ehefrau ändert sich dagegen einiges; für sie beginnt in der Schwangerschaft ein neuer Lebensabschnitt: Sie muss jetzt mehr auf ihre Gesundheit achten und sich schonen, weil sie bereits für das ungeborene Kind die Verantwortung trägt. Von „fleischlicher Lust" ist während dieser Phase meist nicht die Rede; auch das ist für das Paar möglicherweise eine Situation der Verunsicherung. Ist das Kind dann da, fühlen Männer sich oftmals vernachlässigt, weil das Baby nun die fürsorgliche und liebevolle Zuwendung erhält, die sie bisher für sich beansprucht haben. Das Mädchen, das sie geheiratet haben, ist als Mutter eher zu einer Respektsperson geworden. Dass davon oftmals die sexuelle Stimulation betroffen ist, sodass die Paarbeziehung von Blutleere und Eintönigkeit geprägt wird, kann sich ebenfalls negativ auswirken.

Demnach fehlt es beiden an der anfänglich so unbeschwerten Beziehungsdynamik, Emotionen und Erotik sind schwerwiegender und spröder geworden. In den Gesprächen geht es fast nur noch um das Kind, um Sachzwänge, Schuldzuweisungen und den frustrierenden Situationszustand. Damit ist der Kreislauf des Liebesunglücks fast geschlossen, denn häufig kommen dazu auch noch finanzielle Probleme, weil eine Familienplanung stets mit hohen Kosten verbunden ist. Für die jungen Leute, die sich nach der Heirat alles so leicht und locker, so superlativ, so toll, so wunderschön vorgestellt haben, ist damit ein neuralgischer Punkt erreicht. Nach den Flitterwochen mit all den Glücksmomenten, im harmonisierenden Liebesrausch und der magischen Anziehungskraft ist das Erwachen im alltäglichen Leben meist nicht nur erfreulich und ergötzlich. Denn erst jetzt zeigt sich, ob beide das beglückende Liebeslos gezogen haben und für das Miteinander alltagstauglich und bindungsfähig sind – beispielsweise in der ersten gemeinsamen Wohnung, falls das Paar vorher nicht zusammengelebt hat. Es sind manchmal nämlich ganz banale Dinge, über die während der Kennenlern- und Verliebtheitsphase vielleicht nicht gesprochen worden ist, insbesondere, wenn gegensätzliche kulturelle oder soziale Herkunftsmuster das Liebesglück womöglich belastet hätten.

Beide möchten nun beispielsweise in die Ehegemeinschaft ihre jeweiligen Idealvorstellungen einbringen, haben die aber miteinander nicht abgestimmt bzw. darüber nur ansatzweise gesprochen. Sie möchte möglicherweise als Ideal die Leitlinien einbringen, die ihr in gutbürgerlich klassischer Art von den Eltern vorgelebt worden sind. Falls er jedoch ein ganz anderes Lebensmodell im Sinn hat, weil er in seinem Elternhaus bereits die kleinbürgerliche oder konservative Grundausstattung als spießig abgelehnt hat, kann sich dies zu einem Konfliktfall entwickeln. Denn keinesfalls möchte er diese Art des zum Beispiel autoritär geführten Familienlebens an seine Kinder delegieren, in seinem eigenen Lebensumfeld soll freiheitliches Denken, Fühlen und Handeln die Hauptrolle spielen.

Die jungen Eltern müssen also entscheiden, nach welchen kulturellen Grundregeln ihre Kinder erzogen werden und wie gegebenenfalls der jeweilige Teil der Tradition eingebracht wird.

Alles das sind natürlich extreme Ausdrucksformen eines „Beziehungsdramas“, das häufig in dieser herben Form erst nach der Heirat auffällig bzw.

relevant wird. Allerdings können sich, falls beide zu keinen Kompromissen bereit sind – oder einer von beiden nur des guten Friedens willen halbherzig –, bereits die ersten Meinungsunterschiedlichkeiten ergeben, und statt mit Solidarität beginnen sie sich mit feinen Sticheleien zu zermürben. Enttäuschung und Ernüchterung sind die Folge, verhärten womöglich die Fronten, und wenn die jungen Eheleute mit Herzensgüte und Humor keine für beide akzeptable Einigung erzielen können, wird die Lebensgemeinschaft und der Liebeswille in Frage gestellt und die Hornhaut auf beiden Seelen wird dicker und undurchdringlicher.

Aber, wie bereits erläutert: so kann es sein, muss aber nicht! – Dies sind ja nur beispielhaft einbezogene Erklärungsmuster! Allerdings müssen die Bedürfnisse der Eheleute möglichst rechtzeitig in angemessenener Form abgestimmt, die Eigenheiten beider berücksichtigt und für den Gesprächsbedarf eine ruhige, vernünftige Atmosphäre geschaffen werden, in der jeder den Dampf ablassen kann, den er braucht, um Gehör für seine Gestaltungswünsche zu erhalten. Ansonsten kann der schleichende Prozess eskalieren und das Stillhalten und -schweigen sich zu einer psychischen Tretmine entwickeln.

Eine Beziehungs- bzw. Eheformel ist demnach ganz wichtig: Für gegensätzliche Interessen muss nicht nur eine Kompromiss- sondern mehr noch eine Kooperationsbasis gefunden werden, die beiden Betroffenen Fairness und Gerechtigkeit bei der gemeinsamen, aber auch bei der individuellen Lebensplanung zusichert, damit sich kein unterschwelliger Psychodruck und keine verschleierte Vorteilnahme ergibt. Solche eigennützigen Verhaltensweisen können nämlich wirklich zu einer Fehlentwicklung führen, die kaum noch mittels eines Gegenentwurfs zu reparieren ist.

Dass die individuelle Lebensplanung bei der Paarbildung nicht vernachlässigt werden darf, ist bereits deutlich in der bisherigen Abhandlung zum Ausdruck gekommen, ebenso, dass in einer Paarbeziehung Selbstsucht grundsätzlich keine gute Voraussetzung für das Wohlbefinden ist.

Alles das muss natürlich nicht passieren, aber dass eine junge Familie besonders empfindsam und schutzbedürftig ist, sollte stets berücksichtigt werden.

Die Idealisierung der Liebe, die all die Nebenerscheinungen der unabänderlichen Realität einbezieht, ist für jede Partnerschaft ein guter Schmierstoff. Dabei ist allerdings zu bedenken, dass sich die Dauer des Glückszustands nicht für immer festhalten lässt. Es darf jedoch nicht zu einer Distanz kommen, die den Eheleuten keinen Entwicklungsspielraum lässt – dies betrifft insbesondere den Intimitätsspielraum, in dem sie sich ihren Liebeswillen bestätigen und ihre Nähe immer wieder aufs Neue erleben können.

Was lässt den Mann, der die Annäherung zu der Frau seines Herzens bisher durch romantische Liebesbeweise und schöne Worte vorangetrieben hat, zu der Meinung gelangen, dass er sich nach der Vermählung ja nicht mehr anstrengen muss? – Wenn er sie nun als sein Eigentum behandelt, wie etwas, das er erworben hat und mit dem er nun nach seinem Gutdünken umgehen kann, ist das nicht nur eine fatale Fehleinschätzung, sondern mehr noch ein massiver Fehler, der dem Gefühlsduett eine nachhaltige Schädigung einbringt und eine Verletzung des Vertrauensverhältnisses herbeiführt. Wenn Liebe durch Missachtung und egomanische Verhaltensweisen zersetzt wird, ergibt dies im übertragenen und im wahren Sinne Einsamkeit, jedoch keine Zweisamkeit. Wenn die wichtigsten Pfeiler, Respekt und Rücksichtnahme, Toleranz und Vertrauen verletzt sind, kann es keine „heile Welt" mehr geben. Dann ist eine Scheidung die traurige, aber vernünftigere Lösung des Problems, und zwar für beide, damit sie ihre jeweilige Selbstbestimmung ausleben können und sich nicht durch eine demütigende und heillose Selbstzerfleischung gegenseitig das Leben schwer machen.

Eine australische Langzeitstudie mit 2.500 Paaren hat aufgezeigt, was heutzutage wichtiger ist, als ständig verliebt zu sein: Der Altersunterschied (beispielsweise, wenn die Frau fünf Jahre jünger als der Mann ist), der Bildungsgrad (beispielsweise, wenn die Frau etwas gebildeter als der Mann ist) und ein solides Einkommen (dies entspricht auch einer Schweizer Studie). Bei Beziehungen, in denen der Ehemann neun Jahre älter ist, arbeitslos und alkohol- bzw. suchtabhängig, ist die Trennungsquote besonders hoch; daran ändern auch gemeinsame Kinder nichts. Der knappe Altersunterschied, der ähnliche Bildungsgrad, ein solides Einkommen und gemeinsame Interessen begünstigen somit eine Langzeitbeziehung. Die nationale oder soziale Herkunft sowie die Religions- und Traditionszugehörigkeit hat keine prägnante Auswirkung auf die Beziehung. Doch nach spätestens vier Jahren ist die starke Verliebtheitsphase beendet, und dann kommt es auf andere Garantieleistungen an: Geborgenheit, Gemeinsamkeit, Humor, emotionale Nähe.

Falls die Sexualität nicht mehr so erregend und reizvoll erlebt wird, ist das jedoch kein Trennungsgrund; dafür sorgen die gegenseitige Wertschätzung sowie Zärtlichkeit und ein unersetzbares sowie unvermindertes Zusammengehörigkeitsgefühl.

Die Langzeitpartner sind zu Liebespartnern geworden, sie gehen ehrlicher und gelassener miteinander um, weil sie wissen, was sie aneinander haben und was sie füreinander empfinden. Deshalb sind Treue und Zusammenhalt für sie unabdingbare Ideale und wichtige Kompaktkleber. Das gilt heutzutage und hierzulande für die meisten Paare, die beispielsweise den „neumodischen" Partnertausch- und Seitensprungagenturen sowie Sex- und Swingerclubs nichts abgewinnen können. Und selbst wenn sie mal einen Blick auf das „andere Geschlecht" riskieren, dann ist das Grundvertrauen nicht gleich erschüttert.

Anders verhält es sich, wenn es tatsächlich zu einem Treuebruch gekommen ist, der das Vertrauen nachhaltig zerstört hat. Das Klüngeln und Lügen, das Mauscheln und Tricksen … – alles das führt garantiert zu einem Liebes- und Vertrauensbruch. Es muss aber auch festgestellt werden, dass die heutige Gesellschaft samt und sonders toleranter über „anders denkende" und „anders gepolte" Mitmenschen urteilt. Individualität, Nonkonformismus und Unangepasstheit werden heutzutage und hierzulande kaum noch beanstandet, wenn sie auf den gesellschaftlichen Zusammenhalt und Zusammenhang nicht störend einwirken.

In einem gewissen Gesellschaftskreis ist es auch durchaus üblich – so wird es zumindest in den gängigen „Klatschblättern" den „Normalbürgern" vermittelt –, dass sie sich für ihren jeweiligen Lebensstil den passenden Liebespartner suchen. Es gibt auch „offene Ehen", in denen bei gegebener Gelegenheit und Geneigtheit andere Liebespartner toleriert werden. Aber das funktioniert meistens nur, wenn beide Ehepartner dieses auswärtige Liebesleben gleichzeitig praktizieren, sodass beide Partner „befriedigt" sind. Ansonsten führt die Schieflage bzw. das Ungleichverhältnis, ähnlich wie in einer monogamen Partnerschaft, zu eifersüchtigen und frustrierten Reaktionen. – Aber da dies sich mehrheitlich in einer anderen Liga abspielt – meist handelt es sich um so genannte C- oder D-Prominente, die sich immer wieder ins Gespräch bringen mittels medialer Klatschblätter –, soll das hier nicht ausführlicher thematisiert werden. Denn für deren Sexualpraktiken gelten andere Spielregeln, die mit echter Liebe eher nichts zu tun haben.

In dieser Abhandlung geht es ja vor allem um bindungswillige Lebens- bzw. Liebespartner, die sich immer wieder aufs Neue bemühen, miteinander an einem Strang zu ziehen. Allerdings darf andererseits in Bezug darauf nicht unterschlagen werden, dass es neue Beziehungsmuster neben der „klassischen Ehe" gibt und deren Bestandteile durchaus der echten Liebe entsprechen.

Dieses Modell hat bereits einen Namen: Polyamorie. Dieser Liebesentwurf wird von Männern und Frauen gleichermaßen praktiziert, wenn sie sich nicht für einen einzigen Partner entscheiden können (möchten oder wollen) und beispielsweise eine Beziehung zu dritt führen, in einvernehmlicher Verbundenheit.

Das mag an frühere Hippiezeiten erinnern (wie bereits berichtet) oder ist eine Ausdrucksform der heutzutage fast schon üblichen Patchworkfamilien-Formierung.

Es werden eben mehr Ansprüche an eine Beziehung gestellt, die ein einziger Partner meist nicht erfüllen kann, und statt einer heimlichen Liebschaft mit all den unangenehmen Begleiterscheinungen wird ganz offen eine Dreiergemeinschaft gebildet, falls alle Beteiligten damit einverstanden sind und keiner sich „betrogen" fühlt.

„Die Liebe ist ein seltsames Spiel, sie kommt und geht von einem zum anderen …", so wird es in einem früheren Schlager leichterdings besungen. Und wenn ein Beziehungs- bzw. Ehepaar sich liebt, sich nicht trennen will, aber der- oder diejenige auch Liebe für einen anderen Menschen empfindet, dann kann das eine Möglichkeit sein, sowohl mit dem alten Partner als auch mit dem neuen zusammenzuleben. Aber das klappt meist nur, wenn von keiner Seite unterschwellige Vorbehalte das Wohl- bzw. Zusammengehörigkeitsgefühl beeinträchtigen.

Gegebenenfalls kann es sogar zu einer Pärchenbildung kommen, in der die jeweils alten und neuen Partner ein gutes Verhältnis miteinander eingehen und sich so eine Patchwork-bzw. Vierergemeinschaft ergibt. Auch das ist natürlich nur zu schaffen, wenn alle ehrlich sind, keiner sich benachteiligt fühlt und niemand unter der Situation insgeheim leidet. Für die Kinder aus diesen Lebensgemeinschaften ist das möglicherweise sogar von Vorteil, weil sie auf beide Elternteile nicht verzichten müssen und die jeweils anderen Partner als Zugewinn betrachten. Aber diese neuzeitlichen Beziehungsmuster befinden sich ja mehr oder minder noch in der Erprobungs- und Experimentierphase und sind als solche als eine visionäre Form- und Fortbildung für die Zukunft zu begreifen.

In künftigen Liebesbeziehungen ist es demnach so, dass unterschiedliche Bedürfnisse mit verschiedenen Beziehungspartnern vereinbart werden, und dass so die Liebe ganz offiziell mit dem jeweils passenden Partner bzw. der jeweils präsentablen Partnerin geteilt wird. Aber auch dies soll hier nur als Hinweis in diesem Kapitel aufgenommen werden.

Denn auch bei den „modernen Menschen“ und all den gebotenen Möglichkeiten ist Monogamie bis heute nach wie vor das idealisierte Ziel in einer Zweiergemeinschaft. Aber dass das so bleibt, dafür müssen die Lebens- und Liebespartner schon selber sorgen.

Dass ein Ehepaar an eine beständige Partnerschaft glauben kann, ohne sich diese immer wieder bestätigen zu müssen, setzt ein absolutes Vertrauensverhältnis voraus. Treue bedeutet demnach Zuverlässigkeit, und dass die Beziehungspartner sich in geistiger, körperlicher und seelischer Liebe akzeptieren, anerkennen und sich in unersetzbarer Art verbunden fühlen. Der Geschlechtsverkehr ist, auf simple Art ausgedrückt, für beide das ausdrucksstärkste und innigste Argument für ihre Liebe. Dass die sexuelle Lust in einer langjährigen Partnerschaft möglicherweise nachlässt, hat mit den eigentlichen Gefühlen im Grunde nichts zu tun, denn im Herzen hat sich die Liebe aufgrund der seelischen Verbundenheit meist so verinnerlicht und vertieft, dass sich die Partner nicht gleich einen anderen Sexualpartner suchen. Falls das jedoch nicht so ist, muss die Wertbeständigkeit und -schätzung geprüft und hinterfragt werden. Denn in einer Ehe, die nur noch aus Bequemlichkeit oder religiösen, sozialen oder traditionellen Gründen auf dem Papier besteht, ist von liebevoller Partnerschaft meist nicht mehr die Rede.

Weitere Argumente sind, dass sich beide bemühen, ehrlich zu sein, ihre Bedürfnisse zu kommunizieren und zu koordinieren, ihre Beziehung zu pflegen, füreinander zu sorgen, und bei unausweichlichen Meinungsverschiedenheiten kooperativ und tolerant miteinander umzugehen. Es sind also keine materiellen, sondern menschliche Ansprüche und Argumente, die beiden das Gefühl geben, dass der Lebens- und Liebespartner der einzige Mensch auf der Welt ist, mit dem sie sich in ihrer Zweisamkeit wohlfühlen, und dass dies möglichst für immer so bleiben wird. Damit stärken beide ihr Selbstvertrauen und können sich beruhigt auf ihre jeweiligen Fähigkeiten außerhalb der Beziehung konzentrieren. Das eifersüchtige Belauern und misstrauische Hinterherschnüffeln ist kontrapoduktiv und kostet nur unnötige Energie. Eine Kontrollsucht würde zudem die Liebe mehr und mehr vergiften, die Stabilität nach und nach verletzen und damit letztendlich die Verlustangst verstärken. Außerdem würde dies als charakterliche Schwäche ausgelegt werden. Die Gefühle ab und zu zu kontrollieren und sich zu vergewissern, dass das Herz immer noch mit dem einzigen geliebten Menschen belegt ist, der einzig richtig und wichtig ist, ist hingegen nicht als Schwäche zu betrachten, sondern als stabilisierender, starker Liebesbeweis.

Es ist auch nicht als Schwäche zu bezeichnen, wenn Männer heutzutage offen ihre Gefühle so zeigen, wie ihnen zumute ist. Das durften früher nur die Frauen, das „schwache Geschlecht"; während die Männer als „starkes Geschlecht" sich in der Öffentlichkeit möglichst niemals schwach oder unsicher zeigen durften, sondern immer stark, ungerührt und unverzagt wirken mussten, jeder Situation gewachsen. Sie sind als „Weicheier" bezeichnet worden, wenn sie mal nicht „ihren Mann" stehen konnten, durften sich durch nichts und niemanden verbiegen lassen. Durchsetzungsvermögen, Ehrgeiz und erfolgsorientiertes Handeln gehören in ihrer beruflichen Laufbahn zur Grundausrüstung … – auf Biegen und Brechen; das ist schon seit Menschengedenken so gewesen.

Als die Emanzipationsbewegung seitens der Feministinnen ausgerufen und Gleichberechtigung gefordert wurde, haben auch die eher feminin gearteten Männer daran partizipiert bzw. davon profitiert, die nicht immerzu dem dogmatisch verordneten Männlichkeitsprinzip entsprechen wollten. Seitdem gibt es also auch unter Männern unterschiedliche Typen, nämlich die, die ihre Gefühle und Herzensangelegenheiten nicht gewaltsam unterdrücken bzw. verdrängen, und die, die sich stets und unverdrossen beweisen müssen, dass sie Kraftprotze und „hart im Nehmen" sind.

Andererseits haben die Frauen hierzulande während der Kriegs- bzw. Nachkriegszeit nahezu übermenschliche Stärke gezeigt, als sie als „Trümmerfrauen" den Wiederaufbau vorangetrieben und so ganz wesentlich zum

Wirtschaftswunder beigetragen haben. Aber auch das ist eine andere Geschichte.

Dennoch erfolgt hier eine kurze Einblendung insbesondere zu der Entwicklung der Frauen, in der allerdings bezüglich der Männer das neuartige Rollenspiel einbezogen werden muss. Denn eigenartigerweise hat die Mehrheit der Frauen den Männern wieder das Sagen und das Tun überlassen, als es um die politischen und vor allem die wirtschaftlichen Belange hierzulande ging. Sie haben sich in die typische weibliche Rolle zurückgezogen mit den ihnen zugedachten klassischen Eigenschaften. An diesem Frauenmuster hat sich mehrheitlich bis in die 70er Jahre kaum etwas geändert, sie sind aufgrund ihrer Anpassungsfähigkeit, Fürsorglichkeit, Geduld und Herzenswärme geschätzt worden, sind für die Kinder und die Küchenarbeit zuständig gewesen und mussten „dem Mann eine gute Frau sein" … – das war in der Regel ihr Rollenfach. Der Ehemann hat außer Haus, die Ehefrau hat im Haus gewirkt und sich um die Kindererziehung gekümmert … – das war der normale Ehealltag. Sie hatte keinen eigenen Verdienst, sodass sie auf die Versorgung und den guten Willen seitens ihres Mannes angewiesen war.

Natürlich hat es diesbezüglich schon immer Ausnahmen gegeben, besonders in den geisteswissenschaftlichen sowie kreativen, kulturellen und künstlerischen Bereichen, aber auch in politischen und sozialen Einsatzgebieten, in denen Frauen eine Projektionsfläche für ihr Schaffen nutzen konnten. Aber diese Frauen entstammten meist einem gutbürgerlich situierten Elternhaus, sie konnten studieren und sich ihren Interessen entsprechend entwickeln. Sie haben ihr selbstbestimmtes Leben geführt, unabhängig und unangepasst, fast immer in freien bzw. in wechselnden Beziehungen, in denen sie keine Einschränkungen seitens des Mannes geduldet haben. Gesellschaftliche Normen sind für sie eine Herausforderung gewesen, um ihren Meinungsbeitrag zu leisten und ihren Stellenwert zu festigen. Diese Möglichkeit hatten die Frauen, die aus einem einfachen Elternhaus stammten, größtenteils nicht. Sie wurden von den Eltern nicht selten in Ehe mit gut situierten Männern gedrängt, die möglichst über ein respektables Ansehen und ebensolchen Besitz verfügten. Damit sollte deren Kindern ermöglicht werden, in „besseren Verhältnissen" aufzuwachsen.

Das gesellschaftspolitische und sozialkritische Bewusstsein der Frauen wurde dann durch die 68er-Bewegung geweckt; demzufolge ist mehr Eigeninitiative und selbstbestimmtes Handeln gefordert worden. Seitdem setzen sich auch Frauen aus einfachen Verhältnissen für ihre beruflichen Interessen und ihre Selbstständigkeit ein. Allerdings muss hierzu auch erwähnt werden, dass die Motivation hierzulande mithilfe der Pille, mit der eine unerwünschte Schwangerschaft verhindert werden konnte, stimuliert wurde. Aber diese pharmazeutische Erfindung zur Verhütung ist bis heute nicht nur für die Frauen hilfreich, auch den Männern ist sie durchaus nützlich. Frauen, die ihre berufliche Karriere nicht wegen einer ungeplanten Schwangerschaft bzw. einer familiären Umorientierung gefährden möchten, haben damit die Möglichkeit, selbst zu entscheiden, wann und mit wem sie ein Kind haben wollen. Dass die Flexibilität bei Frauen stärker ausgeprägt ist als bei Männern, kann auch diesbezüglich als unbestreitbare Tatsache angenommen werden.

Denn aufgrund dessen haben sich die Geschlechterrollen von Grund auf geändert, und durch das Gleichberechtigungsbestreben (wie es bereits in einem anderen Kapitel erwähnt wurde) sowieso. Außerdem ist, damit zusammenhängend, festzustellen, dass die Männer zu ihrem Nachwuchs ein anderes, befreiteres Verhältnis bekommen haben. Denn durch die Entscheidungsfreiheit für oder gegen ein Kind fühlen sie sich nicht nur in die Ernährerrolle bzw. in den seitens der Familie geforderten Generationsfortführungszwang gedrängt. Sie können sich nun auch um Erziehungsfragen kümmern, gemeinsam mit der Frau … – im Sinne der Gleichberechtigung.

Es gibt aber auch heutzutage immer noch unverbesserliche Männer, die die Emanzipation der Frauen mit Misstrauen betrachten und als Nachteil empfinden, weil sie meinen, dass demzufolge die häuslichen Pflichten vernachlässigt werden, insbesondere – und das darf denjenigen hiermit getrost unterstellt werden – auf ihre eigene Versorgung und Vorteile bezogen. Sie befürchten eventuell mangelnde Anerkennung, weil die Frauen im Job mit Kollegen zusammenarbeiten, die charmanter und einfühlsamer sind als sie.

Die Frauen lassen sich aufgrund ihres beruflichen Engagements und ihres selbst verdienten Geldes von den Männern nicht mehr bevormunden oder gängeln. Sie lassen sich stattdessen, wenn der Ehemann ihnen kein selbstbestimmtes Leben gönnt, auf eine neue Liebe ein, und das hat meist die Scheidung zur Folge.

Auch am Arbeitsplatz verhalten sich viele Männer machohaft, rücksichtlos und überheblich den Kolleginnen gegenüber; Konkurrenzdenken statt Loyalität, Mobbing statt Souveränität, Toleranz und Unterstützung … – damit müssen viele Frauen in ihrem Berufsleben fertig werden. Denn dieser Geschlechterkampf kostet sehr viel Kraft und Mut – im wahrsten Sinne des Wortes!

Eine andere Frau beklagt sich beispielsweise „ …über den unflätigen, ungepflegten und oftmals ungeschickten Umgang bzw. das unschickliche Verhalten meines Mannes mir gegenüber. Vor der Ehe hat er sich liebevoll um mich gekümmert und sich bemüht, immer kommunikativ und kooperativ auf meine Interessen einzugehen. Er ist charmant gewesen, hat auf ein gepflegtes Äußeres geachtet, und dass er sich manchmal chauvinistisch und etwas mackerhaft verhalten hat, habe ich für den Ausdruck seiner männlichen Identitätssuche gehalten, für pubertäres Imponiergehabe, also eine Art Inszenierung. Er hat mich vor allem und jedem beschützen wollen; an seiner charakterlichen Integrität gab es für mich niemals etwas zu bemängeln. Dass er sich damit möglicherweise selbst überfordert hat, mag ja sein. Ich habe mehrfach versucht, ihm begreiflich zu machen, dass er meinetwegen nicht den Helden spielen muss. Manchmal hat er vielleicht das Gefühl gehabt, nicht Herr der Lage zu sein, und dieses übersteigerte Verantwortungsgefühl hat in ihm möglicherweise Versagensängste ausgelöst … – an dieser Hoffnung halte ich fest, weil ich mir seinen Sinneswandel sonst nicht erklären kann. Denn seitdem wir verheiratet sind, hat er kaum noch ein liebes Wort für mich übrig. Er schaut mich an, als hätte ich ihn in die Ehefalle gelockt, in die Enge getrieben; es scheint so, als wäre ich nur noch eine Last für ihn, als hätte ich ihm jegliche Lebensfreude genommen. Er verhält sich aggressiv, dogmatisch und dominant, ungeduldig und ungerecht, schreit mich beim kleinsten Anlass an und lässt seinen ganzen Frust an mir aus …“ – Sie beklagt sich auch über das nachlässige und ungepflegte Äußere ihres Ehemannes, falls er überhaupt mal einen Abend mit ihr verbringt. Denn er trifft sich nach der Arbeit meist mit seinen Kumpels, und wenn er nach Hause kommt, riecht er nach Alkohol und Zigarettenrauch. Er beschwert sich, wenn sie das Essen nicht schnell genug aufgewärmt hat, das sie für ihn gekocht hat, nachdem sie von ihrer eigenen Arbeitsstelle gekommen ist und die Hausarbeit erledigt hat. Er reagiert unbeherrscht, wenn sie nicht so pariert, wie er es haben möchte und meint, sich jede Entscheidung anmaßen zu können und die Kontrolle über alles haben zu müssen, was das gemeinschaftliche Leben betrifft. Er behandelt sie wie sein Eigentum, fordert Gehorsam, und dass sie sich wie ein „Heimchen am Herd“ verhält. Er lässt nicht mit sich diskutieren, doch wenn sie ihm sein Macho-Verhalten vorwirft und ihm die kalte Schulter zeigt, fängt er an zu jammern und verspricht ihr, um sie beispielsweise ins Bett zu bekommen, „das Blaue vom Himmel“. Doch am nächsten Tag verhält er sich wieder egoistisch, gleichgültig und rücksichtslos, und sie denkt immer öfter über eine Scheidung nach, um ihrerseits mit einem Schlussstrich die unliebsame Zweisamkeit zu beenden. Denn wenn der elende Druck des Herzschmerzes kaum noch die Hoffnung auf eine erfreuliche Lebensqualität zulässt, ist es mehrheitlich die Frau, die sich von ihrem Mann trennt. Der ist nämlich in der Regel zu bequem und zu konfliktscheu, um diese Konsequenz zu ziehen, obwohl er ansonsten meint, alle Schwierigkeiten des Lebens zu meistern. .

Aber er ist höchstwahrscheinlich auch nicht glücklich über die ständigen Auseinandersetzungen und die Disharmonie in seiner Ehe. Er möchte doch eigentlich einträchtig und friedlich mit seiner Frau zusammenleben, und auch er fragt sich, wie er das Glück und die Harmonie wieder herstellen kann. Denn er liebt sie ja auch …– auf seine Art eben, und er möchte, dass es wieder so ist wie früher, als es für ihn selbstverständlich war, ihr mit Charme, Großzügigkeit und Hilfsbereitschaft zu begegnen. Er kann ihr alles das jedoch nicht mehr so unverkrampft vermitteln wie vor der Ehe, als alles noch unverbindlicher und unverfänglicher war und sie sich im Fangnetz des Liebesglücks befanden, in dem es lebensprall und lustvoll zugegangen ist. Eigentlich hat sich ja, außer auf dem amtlich beurkundeten Papier, im Grunde nichts an ihrer Liebe geändert … – außer an dem formellen Treueversprechen. Meint er also in selbstquälerischer Art, ein Opfer der Verhältnisse geworden zu sein, in denen er aufgrund der verbindlichen Vorgaben funktionieren muss?!

Allerdings gibt es etwas, das nach wie vor, auch aufgrund der neuesten Analysen nicht als total zuverlässiger Beleg gilt: Frauen und Männer sind grundsätzlich, und zwar naturgemäß, nicht nur vom äußerlichen Erscheinungsbild her unterschiedlich, sie sind es auch bezogen auf ihr Innenleben, ihre Persönlichkeit und ihre vorgegebenen Strukturen.

Bei ihrer Partnerwahl ergeben sich meist nur scheinbare Erklärungsmuster, die sich auf die Ähnlichkeit bzw. auf die Gegensätzlichkeit beziehen (auch das ist bereits erläutert worden!). Aber warum sich ein Mann und eine Frau ineinander verlieben, darüber gibt es bisher keine definitive Aufklärung. Das kann schlussendlich selbst Janet Hyde nicht erklären, die in ihrer oft zitierten Gender-Grundlage („Gender similarities hypothesis") bezüglich der Geschlechter-Übereinstimmung auf angeblich 78 Prozent gekommen ist. Bei ihrer Auswertung sind allerdings nur fünf Eigenschaften bei den jeweiligen Persönlichkeitsgruppen berücksichtigt worden. Forscher wie Marco del Diudice haben bei ihrer Analyse ein anderes Bild von den Gegensätzen der Geschlechter nachgewiesen, und zwar aufgrund von 15 Grundelementen. Eigentlich sind es keine außergewöhnlichen Erfahrungswerte, die alles das, was allgemeinhin als männliche bzw. weibliche Verhaltensmuster gelten, in Frage stellen. Sie geben auch keinen Aufschluss über allgemeine bzw. gewöhnliche oder spezielle Eheprobleme, die heutzutage und hierzulande das Leben der Liebespaare belasten. Dennoch sollen diese hier zum besseren Verständnis aufgezeigt und erläutert werden, denn seitdem Menschen sich auf Paarverhältnisse einlassen, gibt es diese Rollenverteilung in mehr oder minder starker Ausprägung.

Demnach ist bei Frauen definitiv ein höherer Anteil an Herzenswärme und Liebesbereitschaft festgestellt worden. Dass sie emotionaler und fürsorglicher, sensibler, spontaner und vertrauensvoller sind, ist eigentlich keine erstaunliche bzw. neue Feststellung. Männer sind ebenfalls emotional, sogar stabiler, aber ansonsten reservierter und wachsamer, sie achten mehr auf Nützlichkeit, Perfektion und Regeln; auch ihr Selbstschutzmechanismus ist ausgeprägter. Dass Erziehungs- und Gesellschaftsregeln dazu geführt haben, ist gleichfalls nicht verwunderlich. Aber seit ca. zehn Jahren ist diese ideologische Prägung durch eine Trendwende beeinflusst. Bei Experimenten mit Neugeborenen hat der amerikanische Forscher Simon Baron-Cohen ermittelt, dass die weiblichen Babys eindeutig empathischer und kommunikativer veranlagt sind, die männlichen haben beim räumlichen und systematischen Leistungstest bessere Ergebnisse erzielt. Gemäß der Anthropologie- und Evolutionsforschung sind diese aktuellen Resultate also bindend; nach diesen Merkmalen und entsprechenden Persönlichkeitstests haben die Mädchen ein geschickteres „Händchen" in den familiären und partnerschaftlichen Belangen und bei der Erziehung der Kinder … – auch das ist durchaus als konservativ zu bezeichnen. Dass die Männer letztendlich die Rolle des Versorgers zu erfüllen haben, ist auch nicht neu. Denn sie sind evolutionsbiologisch besser ausgestattet und somit für die Ernährung der Familie, deren Schutz und für die Wohnsituation zuständig. Darüber hinaus ist die Auseinandersetzung mit den eigenen Gefühlen für die meisten Männer problematisch, weil sie diese meist nicht angemessen bzw. ehrlich reflektieren. Die besonders maskulinen Männer meinen, immer perfekt, stark und unerschütterlich erscheinen zu müssen; die intellektuellen Männer schieben ihre „gefühlten" Probleme auf eine überhöhte Schiene, die nur noch mit dem Verstand und nicht mit gewöhnlichen Gefühlen zu erreichen ist.

Es ist demnach, wie es immer schon war, eine archaische Begebenheit bei der Begegnung von Frauen und Männern, die sich eigendynamisch entwickelt und sich nur in seltenen bzw. in vernunftsbetonten Fällen steuern lässt. Denn dieser „Apfel vom Baum der Erkenntnis" lässt sich nichts vormachen.

Deshalb hat es höchstwahrscheinlich mit keiner Bruchstelle an der Charakteristik des Ehemannes zu tun, wenn er sich so fragwürdig verhält, und auch die Ehefrau ist kein anderes Geschöpf geworden, das sich nach der Heirat zum Nachteil verändert hat und sich jetzt nur noch beklagt oder/und widersetzt.

Möglicherweise entdeckt er nach der Heirat, dass sie empfindsamer geworden ist – aber auch deshalb, weil ihr in ihrem unerfreulichen Eheleben die erwartete Geborgenheit und Harmonie fehlt. Das ist nicht so, weil sie möglicherweise besonders romantisch veranlagt ist und sie sich Illusionen gemacht hat. Sie träumt ja nicht von einem Märchenprinzen, sondern sieht die Realität ganz klar, und nicht in einer anderen bzw. vermeintlich besseren Welt. Sie hat diesen Mann geheiratet, weil sie nicht alleine leben möchte und weil sie ihn liebt. Sie möchte mit ihm eine Familie gründen und ein gemeinsames Leben führen, weil sie ihn für vertrauenswürdig und zuverlässig hält.

Aber auch Männer beklagen sich häufig über die übertriebenen bzw. unrealistischen Verhaltensformen seitens der Frauen, die anscheinend meinen, dass sie als Ehemänner Unmögliches möglich machen sollen, selbst wenn die Wünsche unverhältnismäßig und unvernünftig sind. Und wenn ihnen die Verwirklichung nicht gelingt, reagieren die Frauen mit Verärgerung und Vorwürfen. Auch deren starke Abhängigkeit von ihrer Familie, insbesondere den Müttern, ist für sie meist nicht nachvollziehbar, vor allem, wenn über Anfangsschwierigkeiten in der Beziehung alle Einzelheiten und Geheimnisse ausgeplaudert werden und die Mütter auf die Probleme mit gut gemeinten Ratschlägen reagieren, die aber meist nicht objektiv sind.

Auch diesbezüglich gibt es neue Forschungsergebnisse, die in diesem Kontext durchaus erwähnenswert sind: Mütter, die nach einer Scheidung enttäuscht und frustriert sind, beeinflussen ihre Töchter in entsprechender Weise, ob bewusst oder unbewusst. Allerdings wird von den Sozialforschern angenommen, dass vor allem bei den Töchtern eine Art Transmission bzw. Vererbung erfolgen kann, und zwar aufgrund der Eindrücke aus dem Elternhaus, die sich als Erfahrungs-, Erkenntnis- und Erlebniswerte eingeprägt haben. Das kann anhand von durchschnittlich ermittelten Daten und Fakten aus dem Jahr 2009 von der Sozialforscherin Sonja Schulz anschaulich belegt werden: Demnach sind nach zwanzig Ehejahren 80 Prozent der Eheleute noch verheiratet gewesen, die bei beiden Eltern aufgewachsen sind; bei einem alleinerziehenden Elternteil sind es 70 Prozent, bei den neuzeitlichen Patchworkfamilien 60 Prozent gewesen. Auch wenn diese Aussagen etwas plakativ erscheinen, sind sie durchaus erklärbar, denn die Beeinflussung, die das Beziehungsmuster der Eltern bei den Kindern auslöst, hat mehrheitlich Folgen auf deren Erwartungshaltung in der Ehe. Frauen gehen unterschiedlich mit dieser Vorbelastung um; Männer auch, aber sie haben ihre Erkenntnisse und Erlebnisse aufgrund ihres meist (normalerweise) geringeren Gefühlseinsatzes besser im Griff.

Um hier ein „klassisches“ Beispiel zu nennen: Wenn die Mutter vom Vater wegen einer jüngeren Frau verlassen wurde, übertragen sich die Frustgefühle der Mutter meist auf die Tochter, die ihren Mann daraufhin misstrauisch beobachtet, wenn der mit einer jüngeren Frau flirtet. Diese Ehefrauen haben eher Verlustängste und Vorbehalte; auch deshalb lassen sie sich gefühlsmäßig möglicherweise nicht ganz und gar auf den Partner ein und verhalten sich in der Paarbeziehung unverbindlicher und vorsichtiger. Manche testen vielleicht auch die Belastbarkeit der Beziehung und den Einsatzwillen ihres Mannes, indem sie ihn mit fast unlösbaren Herausforderungen konfrontieren. Denn diese Frau will wissen, ob er bereit ist, alles für sie zu tun … – wie er es ihr vor der Ehe versprochen hat. Sie ist, um auf alle Eventualitäten gleich reagieren zu können, von vornherein in Habachtstellung, weil sie dem Mann nicht so hilflos ausgeliefert sein will wie ihre Mutter, die davon überrascht wurde, dass der Vater sie von heute auf morgen verlassen hat. Ihr Selbstschutzmechanismus ist demnach in ständiger Bereitschaft, um auf Unebenheiten und Unpässlichkeiten gleich reagieren zu können.

Das Eheversprechen ist für andere Frauen dagegen absolut bindend; sie investieren meist zu viele Gefühle, um den Mann zu halten, damit ihnen das, was die Mutter erlebt hat, nicht passiert. Damit überfordern sie jedoch nicht nur ihn, auch sie können diese permanente Bestätigungs- und Harmoniesucht sowie Konfliktvermeidung nicht lange aushalten.

Ebenso ist festgestellt worden, dass Kinder aus geschiedenen Ehen frühzeitiger sexuelle Beziehungen aufnehmen – möglicherweise, um sich so emotional zu sozialisieren und Liebesbeweise zu sichern, aber meist auch aus Mangel an Selbstbewusstsein und Selbstwertgefühl.

Dass manche Frauen nach der Heirat ihr äußeres Erscheinungsbild ebenfalls vernachlässigen, ist für die Männer ebenso enttäuschend. Allerdings sind die Frauen meist durch den Alltagsstress überlastet, nämlich aufgrund ihrer Berufstätigkeit, der Hausarbeit, gegebenenfalls der Kindererziehung und möglicherweise auch noch, weil sie eine pflegebedürftige Person zu versorgen haben. Dass auch sie demzufolge die Paarbeziehung vernachlässigen – womit bei den Männern meistenteils das eheliche sexuelle Pflichtprogramm gemeint ist –, ist also durchaus verständlich, denn nach einem arbeitsreichen Tag haben sie auf Leibesertüchtigung keine Lust.

Wenn der Mann sich ärgert, weil die Ehefrau ihm zu langweilig geworden ist, oder weil sie sich nicht für seine Arbeit, seine Hobbys, für Politik, Sport, kulturelle Themen und neue Trends interessiert, dann sollte er sich allen Ernstes fragen: „Warum habe ich sie denn eigentlich geheiratet, und worüber haben wir denn früher miteinander gesprochen?“ – Wenn er sich nun über ein zu geringes Einfühlungsvermögen, über Intellekt- oder Interessenmangel beschwert, hat er sich aber auch zu einseitig oder zu oberflächlich in die Beziehung eingebracht und nur geringfügig bzw. „unter seinem Niveau“ seinen Verstand benutzt – diesen Vorwurf muss er sich folglich gefallen lassen.

Es ergibt sich jedoch für die Ehefrau häufig eine Konfliktsituation, die auf den ersten Blick klischeehaft erscheint, aber dennoch nicht zu unterschätzen ist und die bisher in dieser Abhandlung nicht thematisiert wurde: diese bezieht sich auf die Mutter des Ehemannes, die die Schwiegertochter für ihren

Sohn nicht angemessen oder fein genug empfindet, oder ihn nicht loslassen kann. Auch sie drängt sich in die Beziehung, weil sie meint, am besten zu wissen, was für ihren Sohn gut oder schlecht ist. Je nachdem, ob der Ehemann seine Mutter in die Schranken verweist, oder er sich von ihr gegen seine Ehefrau aufhetzen lässt oder die Konkurrenz zwischen beiden Frauen als Machtinstrumen zu seinem Vorteil nutzt … – dementsprechend findet die Beeinflussung in Bezug auf die eheliche Gemeinschaft statt.

Die Ehemänner, die sich beispielsweise beschweren, dass ihre Frauen sich fast nur noch für das Neugeborene interessieren und schon von weiteren Kindern schwärmen, bevor das Baby aus dem Säuglingsalter raus ist, sind auch nicht bedauernswert oder gar „in einer beschissenen Situation“, wenn sie meinen, nur als Erzeuger gebraucht zu werden. Denn sie hätten sich ja vor der Eheschließung über die Familienplanung einigen können. Anzunehmen ist also auch in diesem Fall, dass der Gesprächsbedarf nicht rechtzeitig wahrgenommen wurde. Dies betrifft ja nicht unwesentlich auch den beruflichen Einsatz der Frau nach der Heirat, denn für einen Alleinverdiener ist die familiäre Finanzsituation in einem mehrköpfigen Haushalt heutzutage und hierzulande kaum noch zu schaffen.

Das ist häufig die nächste „Ehefalle“ nach der anfänglichen Euphorie: Dass die Ehefrau wegen der Kinder und der Kosten jammert, und dass sie meint, aufgrund der vielen Arbeit nur noch als dienende Erfüllungsgehilfin fungieren zu müssen. Es wird auch oft darüber gestritten, dass der Ehemann neben der Funktion des Ernährers und Geldgebers nur ungenügend seine Rolle als Vater wahrnimmt. Dass er als Ehemann und Familienvater schon viel „am Hals hat“, darüber hinaus aber auch an seinem Arbeitsplatz effektiv, effizient, erfolgsorientiert und leistungsfähig sein muss, ist schon eine sehr hohe Anforderung und Belastung. Der Bildungsanspruch der Kinder nebst einem Lebensstandard, der das gewöhnliche Maß überschreitet, ist für einen Normalverdiener heutzutage und hierzulande kaum noch zu erfüllen. Falls eine unzufriedene Ehefrau ihrem Gatten also vorwirft, ihre Lebensbedürfnisse nicht angemessen bzw. wunschgemäß zu befriedigen, ist es nicht verwunderlich, wenn dies sich zum Beziehungsstreit und damit zum Ehestress auswirkt. Dass der Ehemann für seinen beruflichen Einsatz zwecks Existenzsicherung für die Familie seine ganze Kraft bündeln muss, können manche Frauen offenbar nicht verstehen. Sie jammern und nörgeln oder beschweren sich sogar, wenn er nicht genug Geld nach Hause bringt oder seine Karriere nicht schnell genug vorantreibt, damit sie daran partizipieren und davon profitieren können. Das ist ein „Jammern auf hohem Niveau“, wie es heutzutage und hierzulande genannt wird, weil die kommerziellen und materiellen Bedürfnisse häufig höher angesetzt werden als die seelischen und sinnlichen. Denn er hat ja nur zwei Hände und nur einen Kopf; er kann also nicht beruflich Höchstleistungen erbringen und gleichzeitig seinen familiären Pflichten gerecht werden. Das gelingt den wenigsten, und Frauen, die ihre Ehegefährten mit erfolgreicheren Männern vergleichen, um sie somit auf besser dotierte und höher platzierte Posten zu treiben … – alles das ist für eine Ehe destruktiv, auf keinen Fall konstruktiv! Wenn eine Aufrechnung in „Cent“ über den Ehefrieden entscheidet, kann dies nur zur beiderseitigen Desillusion und Ernüchterung führen, gefolgt von allmählicher Gleichgültigkeit und Halb- sowie Hartherzigkeit.

Deshalb: Falls eine Frau nach der Heirat ihren Mann in eine unmäßige, nahezu zweckdienliche Versorgerrolle drängt, muss sie zwangsläufig mit Problemen und Streitigkeiten rechnen; da ist ein harmonisches Miteinander kaum noch möglich. Die unterschiedlichen Ansprüche, Eigenschaften und Einstellungen bezüglich der Partnerschaft sind meist nicht kompatibel. Aber auch darüber darf sich der Mann hinterher eigentlich nicht beschweren, denn die Charakteristik eines Menschen ändert sich ja nicht grundlegend, und höchstwahrscheinlich hat er vor der Eheschließung die wahre geistige Gesinnung seiner Liebespartnerin nicht erkennen wollen, denn Liebe macht ja bekanntlich „blind“, und andere, speziell ihre körperlichen Merkmale, waren für ihn vermutlich so wichtig, dass er alle anderen Wesenszüge nicht ausreichend beachtet hat. Dabei besteht, beim ernsthaften Interesse, das normale Kennenlernprogramm doch aus den Komponenten: miteinander reden, sich sympathisch finden, und dann erst folgt möglicherweise der erste Kuss. Doch falls die Geisteshaltung kaum, die Körperbetontheit jedoch mehr Beachtung erhält, dann ist etwas falsch gelaufen bei der Eheplanung.

Alle diese Ausprägungen bringen sich also in unterschiedlicher Gewichtung ein; sie lassen sich üblicherweise in zwei Grundmuster einteilen:

1) in eine naturgegebene, weil Frauen und Männer eben naturbedingt verschieden sind (wie bereits erläutert);

2) in eine, die aus Erfahrungs- und Erkenntniswerten entstanden sind, auch aufgrund der speziellen bzw. unterschiedlichen Erziehungsmethoden, vor allem, wenn sie sehr traditionsgebunden sind.

Bezogen auf dieses spezifisch Verschiedenartige ist es der Frau im gesellschaftlichen Kontext gestattet, mehr gefühlsbetont zu reagieren als der Mann; sie übernimmt damit einen wichtigen Part im gesellschaftlichen Rollenspiel. Dabei kann sie sich meist ganz gut auf ihre Intuition und Konditionierung verlassen und damit menschliche Schwächen und Stärken erkennen und nutzen. Diejenigen, die die traditionelle Frauenrolle bevorzugen, also Haushalt und Kinder, haben beruflich keine großen Ambitionen, die besonders hohe Ansprüche und komplexe Fähigkeiten erforderlich machen; sie sind eher konditioniert auf die traditionelle Frauenrolle. Allerdings ist es eine große Herausforderung, die Mutterrolle und die häuslichen Pflichten zu erfüllen, das darf keinesfalls unterschätzt werden. Und dass sie das Beste für ihre Familie erreichen möchte, demnach einen gut situierten Lebensstandard, das kann man ihr nicht verübeln. Aber dass sie die Leistungskraft ihres Mannes und die Realität in ihr Verwirklichungsbild einbezieht, das kann man von ihr verlangen.

Bereits kleine Jungs sind von Natur aus auf Abenteuer und Aktivitäten aus, ihr Erlebnishunger und Forschergeist ist ausgeprägter als bei den Artgenossinnen, obwohl die im 20. Jahrhundert daran sehr viel geändert und sich somit mehr oder minder angeglichen haben. Beruflicherseits, aber auch in allen anderen Disziplinsarten des Lebens haben die Frauen mittlerweile ebenfalls gerne „die Nase vorne"; sie interessieren sich mehr und mehr für das, was außerhalb „der vier Wände" passiert, wollen aktiv am Weltgeschehen teilhaben, sei es in gesellschaftlicher, kultureller, politischer, sozialer und wirtschaftlicher Form. Auch sie wollen, wie die Männer, ihre Ideen in die Tat umsetzen, allerdings bekommen sie es dann häufig mit dem Chauvinismus und der Egozentrik der Männer zu tun. Daher ist Anerkennung und Erfolgsstreben für Frauen, die sich in diesem Geschlechterkampf nicht behaupten können (oder wollen), keine Option. Deshalb sind sie häufig in Arbeitsbereichen tätig, in denen sie meist nicht sehr viel verdienen, mit ihrem Einkommen der Familie jedoch einen besseren Lebensstil ermöglichen wollen. Auch daher erwarten sie von ihren Männern eine höhere Positionierung in der gesellschaftlichen Rangordnung, da sie diese, aufgrund ihrer begrenzten Arbeitsmöglichkeiten und der nach wie vor mangelnden Chancengleichheit meist nicht erreichen können. Dass er beispielsweise in den geistes- und naturwissenschaftlichen Berufszweigen bessere Chancen im Führungsbereich hat, ist leider immer noch eine unbestreitbare Tatsache.

Es sind also für beide Ehepartner keine leichten Aufgaben, Beruf und Familie unter einen HEs gibt mittlerweile aber auch artbedingte Unterschiede, insbesondere bei den Männern, die sich während der Emanzipations- und Gleichberechtigungsbewegung in der so genannten Hippiezeit entwickelt haben (wie bereits erwähnt, aber in einem anderen Zusammenhang!). Es gibt nach wie vor die „harten Kerle", die gerne ihre Muskeln zeigen, wenn ihnen etwas nicht in den Kram passt und den Mackertyp verkörpern, stark, unerschütterlich und jeder Situation gewachsen. Diese betont maskulinen Typen unterscheiden sich auffällig von den Softietypen, die sensibel und eher etwas weiblich und weichherzig veranlagt und eher intellektuell geprägt sind, und die nicht so körperbetont auftreten. Sie integrieren sich und lassen sich bezüglich der klassischen männlichen bzw. weiblichen Rollenverteilung ohne Schwierigkeiten auf ein partnerschaftliches Verhältnis ein, indem sie sich beispielsweise beruflich etwas zurücknehmen, sich familiengerechter einbringen und auch mal als „Hausmann" fungieren, wenn es um die Erziehung der Kinder geht. Sie überlassen demnach die Familienversorgung ihren Frauen, sei es zum Teil oder für eine gewisse Zeit. Allerdings ist dieser Einsatz meist nur dann möglich, wenn diese Frauen beruflich so qualifiziert sind, dass sie ein überdurchschnittliches Einkommen nach Hause bringen können. Da dies jedoch nicht der Norm entspricht, ist solch eine Vorgehensweise eher selten.

Es muss also auch noch zwischen der väterlichen Autoritätsperson, dem Familienmenschen und dem Individualisten unterschieden werden; alle diese Grundtypen bringen sich mehr oder weniger antiautoritär und gefühlsbetont, als Kumpel eben, in den „Familienbetrieb" ein. Diejenigen, die mit Gleichgültigkeit ihr familiäres Pflichtprogramm erfüllen, weil sie eigentlich ihre Ruhe haben wollen, sind meist streng und ungeduldig. Sie vermitteln den Eindruck, als hätten sie die Familiengründung nur der Form halber auf sich genommen, um ihrer Frau den Gefallen zu tun und in der Gesellschaft anerkannt zu werden.

Damit stellt sich als eigendynamischer Einwurf die etwas provokative Frage:

> Was wollen die Frauen eigentlich? – Einen „harten Kerl“, der sein Leben in selbstbestimmter Eigenregie fortsetzt, aber das Geld nach Hause bringt, und von den Ehefrauen verlangt, dass sie ihrerseits ihre Funktion erfüllen?
>
> Oder einen „Softietypen“, der bereit ist, seine Eigeninitiative zugunsten der Ehe- und Familiengemeinschaft zu vermindern, indem er auf seine berufliche Selbstverwirklichung verzichtet – zumindest für eine gewisse Zeit?

Beides gleichzeitig können die Frauen nicht haben, denn die Dinge des Lebens müssen sich ja erst mal fügen; die können sie nicht einfach so im Supermarkt kaufen. Die Ehepartner müssen ja, jeder für sich, erst mal versuchen, ihre Form in der Partnerschaft zu festigen und ihre jeweilige Persönlichkeitsstruktur zu fundamentieren. Denn in der Beziehung der Ehepartner kriselt es sicherlich bald, wenn beide jeweils ihre eigenen Prinzipien und ihre eigenen Strategien entwickeln und diese nicht auf einen gemeinsamen Nenner bringen.

Die Bildung des Denkens und der Herzen ist der Schlüssel für eine gesunde und gute Partnerschaft, nach dem Motto: “Einer für alle, alle für einen“, und nicht: „jeder für sich“.

Demokratie, aber auch Diplomatie – beide Komponenten sind für die Ehe gute Einstimmungs- und Einwirkungsmittel; beide sollen ihre Bedürfnisse ausleben und ihre Chancen ergreifen können. Aber diese eigentlich ganz natürlichen Erfordernisse, dass jeder Mensch sich nach seinen Fähigkeiten entwickeln sollte, scheinen für viele Partner nicht selbstverständlich zu sein, trotz aller neuzeitlichen Beziehungs- bzw. Eheformeln und Reformen. Dazu gibt es noch einen kritischen Ansatzpunkt, der die damalige Emanzipations- bzw. Frauenbewegung betrifft: Die haben einen neuen Männertyp gefordert, aber ihre „Töchter“ beklagen nun, dass er häufig nichts „manns“ genug ist!

Diese Probleme ergeben sich demnach heutzutage und hierzulande oftmals, weil es kaum noch dogmatische bzw. feste Anforderungsprofile oder „Benimmregeln“ für das Eheleben gibt, wie es früher in den traditionell geführten Ehen der Fall war. Nach der Heirat wird beiden möglicherweise erst bewusst, dass sie jetzt nicht mehr nur an sich, sondern im Sinne ihrer ehelichen Gemeinschaft denken, fühlen und handeln müssen. Und dass beide ihren jeweiligen Part festlegen und beide an ihren jeweiligen Rollen arbeiten müssen, damit sie wahrhaftig und wirklich zusammenfinden.

Die eigene Anschauung in Bezug auf das Leben können sie ja auch beibehalten; sie müssen sich ja nicht eins zu eins anpassen, denn es ist nahezu unmöglich, dass sie ganz und gar übereinstimmen. Dass Frauen und Männer unterschiedlich „ticken“, ist ja bereits in dieser Abhandlung ausführlich festgestellt worden, und dass die Anziehungskraft anfangs bei ähnlich gearteten oder gegensätzlich gekennzeichneten Liebespartnern nicht unterscheidet, ob sie für immer oder nur kurzfristig zusammenbleiben, ebenso. Einerseits heißt es nämlich: „Gleich und gleich gesellt sich gern“, andererseits „Gegensätze ziehen sich an“, und an beiden Einstellungen ist etwas dran.

Allerdings sollten die Ehepartner ihre eigene Familie und jeweiligen Freunde sowie ihre beruflichen Interessen oder privaten bzw. sonstigen Lebenspläne nicht vernachlässigen – das kann nicht oft genug wiederholt werden –, damit das Eigenleben, der egoistische Eigenwille, der durchaus gesund ist, nicht zu kurz kommt. Denn der ganz persönliche Egoismus, der für jedes Einzelwesen lebensnotwendig ist, darf durch eine Heirat nicht eingeschränkt werden. Die Menschen werden durch die Partnerschaft ja nicht zu einem Wesen; man spricht ja nicht umsonst von einer Zweiergemeinschaft!

Albert Einstein hat mal sinngemäß gesagt, dass sich beim Anblick der selben Dinge von einer Person zur anderen eine unterschiedliche Ansicht ergibt, je nach der momentanen, situativen bzw. stimmungsbetonten Lage, in der sich die Personen befinden. Die selben Dinge können also durchaus verschieden von den Ehepartnern betrachtet werden, allerdings ist dies abhängig davon, ob beide in diesem Augenblick in einer einvernehmlichen bzw. glücklichen Verfassung sind, oder ob beispielsweise der Mann lebensfroh und liberal ist, und die Frau eher schwermütig und zürückhaltend.

Der Ehemann hat demnach mit seiner Lebenssituation in diesem Moment kein Problem; er ist eigentlich immer optimistisch gestimmt und kann mit Sorgen anders bzw. besser umgehen als beispielsweise seine Frau. Er hält seinen Kopf möglichst frei von mühseligen und schwer verdaulichen Denkprozessen und Existenzsorgen und hat für trübsinnige Gedanken und Gefühle in seinem Herzen kaum oder nur kurzfristig mal Platz. Dabei ist er kein leichtsinniger Draufgängertyp, der seine Pflichten nicht ernst nimmt und nur an sein Vergnügen denkt, oder nur von einem einfachen Gemüt beseelt ist. Er geht nur anders, nämlich angstfreier mit Belastungen um und hat für sich ein Lebens-Leitmotiv und eine Patentlösung gefunden, die ihm alles etwas leichter macht, sodass er entscheidungsfreudiger, glücklicher und somit zufriedener mit seinem Leben ist. Natürlich hat er hin und wieder auch Sorgen und muss Stresssituationen bewältigen, er kann auf diese jedoch mit einer anderen, nämlich einer gelasseneren und heiteren Wahrnehmung reagieren. Die Menschen in seinem Umfeld sind gerne mit ihm zusammen, weil er ein inneres Lächeln und Lebensfreude vermittelt und ihnen mit Geduld und Milde begegnet. Auch diese Akzeptanz ist für ihn eine Bestätigung und positive Erfahrung, die ihn in seiner Lebensauffassung und -führung bestärkt und bestätigt, sodass er mit sich „im Reinen ist".

Da fragt man sich natürlich, warum er sich ausgerechnet auf eine Frau eingelassen hat, die meist pessimistisch gestimmt ist und von ihrer Lebenseinstellung und –haltung nicht unterschiedlicher sein könnte, nämlich oftmals skeptisch, verhalten und verkrampft. Sie macht sich damit das Leben schwer; während er sich der Leichtigkeit des Seins verschrieben hat, und dies lebensprall und lustvoll in aller Offenheit auslebt. Sie entspricht somit exakt dem Gegenteil von ihm, und dennoch haben sie sich gefunden und sogar geheiratet.

Es gibt diesbezüglich die unterschiedlichsten Beispiele: Auch eine sensibel und träumerisch veranlagte Frau, die einen materiell denkenden und pragmatisch handelnden Mann heiratet, darf von ihm keine romantischen und schwärmerischen Liebesschwüre erwarten. Sie muss wissen, dass er ein Machertyp ist, verantwortungsvoll und zuverlässig, und wenn er auf ihr dünnhäutiges, empfindsames Seelenheil emotional nicht so eingehen kann, wie sie es gerne hätte, darf sie ihm das eigentlich nicht verübeln. Dafür hat sie einen Mann an ihrer Seite, der ihr Selbstvertrauen stärkt, ihr Sicherheit gibt, und auf den sie sich in jeder Situation verlassen kann.

Es sind die Wurzeln, in denen unsere Erfahrungen, Erinnerungen und Erkenntnisse entstehen, die für unsere Gegenwart und unsere Zukunft maßgeblich sind. Die Balance, die unser Dasein bestimmt, ist das Fundament, mitsamt den alten familiären oder modernen partnerschaftlichen Strukturen. Frauen und Männer, alte und junge Menschen müssen sich gegenseitig stabilisieren, denn sie tragen ja die Verantwortung für das gesellschaftliche Wohlergehen, das Zusammenspiel und –wirken.

Dass durch die Globalisierung andere Spielregeln gelten, die leider nicht immer fair oder gemeinnützig sind, ist jedoch ein anderes Thema, das hier nicht weiter ausgeführt werden kann.

Die unterschiedlichen Bedürfnisse der Eheleute, ihre jeweiligen Eigenheiten und Gewohnheiten sowie möglicherweise traditionelle Pflicht- und Regelvorgaben, die für das Eheleben verbindlich bzw. vorbildlich sind – beispielsweise, weil der Familien- oder Herkunftskodex es von ihnen fordert –, haben in der Anfangszeit relativ wenig Bedeutung, wenn zwei Menschen sich lieben. Nach all den Erfahrungswerten, die hier eingearbeitet worden sind, hat sich das als Erkenntniswert herauskristallisiert.

Die unterschiedlichen Dispositionen ändern sich erst, wenn das Verhältnis offenbart wird, dann kann es dazu kommen, dass die Verschiedenartigkeit kritischer betrachtet und beurteilt wird, aber meist eher von den Außenstehenden, die beiden Ehepartnern mehr oder minder nahestehen, nämlich beispielsweise bezogen auf die Eltern, Familienmitglieder und Freunde. Von ihnen geht möglicherweise für die Betroffenen eine Einflussnahme aus, und damit eine Gefahr für das eheliche Leben, weil die dies abgeklärter und distanzierter betrachten können. Allerdings ist dafür die Bedingung notwendig, dass sie nicht aus eigennützigen oder hinterhältigen Motiven eine Parteinahme des einen oder anderen Partners ergreifen; auch die Unvoreingenommenheit und Urteilskraft muss gewährleistet sein. Denn solch ein Einfluss für oder gegen einen der Ehepartner kann fatale Folgen haben, wenn andere sich leichtfertig einmischen und damit möglicherweise noch mehr Unfrieden stiften.

Dass beide ihre jeweiligen Familienkontakte und Freundschaften nach der Heirat pflegen, ist auch für ihre soziale Kompetenz wichtig. Denn emotionale Intelligenz und Kommunikationslust stärkt die soziale Kompetenz beim Kontakt mit anderen Menschen. Jeder Mensch braucht nämlich gute Beziehungen zum Glücklichsein auch außerhalb der Ehegemeinschaft, und sei es, dass er diese manchmal durch die „rosarote Brille“ sieht, sozusagen als bewusst vorgegaukelte Illusionsspielwiese, um damit gehaltvoller und genüsslicher leben zu können. Alles kann einem der Ehepartner nämlich nicht geben, und eine gewisse Mischung aus bekannten und geheimnisvollen Persönlichkeitsmerkmalen macht doch erst den Reiz aus und das Zusammenleben prickelnd und spannend. Ideal ist es, wenn jeder Mensch sein eigenes Refugium behält, in dem er schalten und walten kann, wie es ihm gefällt, nach dem Motto: „Die Gedanken sind frei …“. – In diesen „Spielraum“ darf der Ehepartner seine Gedanken, Gewohnheiten und Lebensmethoden nicht anmaßend, sondern nur bedingt einbringen, und keinesfalls verpflichtend. Ansonsten riskiert er, dass der Lebenspartner mit innerlichem Rückzug reagiert, und das hätte negative Auswirkungen auf das Liebes- und das gesamte Vertrauensverhältnis. Denn der Drang, quasi der eingefleischte, naturgegebene Egoismus des Individuums nach Selbstbestimmung, darf durch nichts und niemanden begrenzt werden, wenn er der Selbstverwirklichung dienen soll, und nicht der Unterwerfung eines anderen Individuums.

Es gibt allerdings auch unerledigte „Altlasten“, die von einer Beziehung in die nächste geschleppt werden und zu einer Blockade innerhalb des Ehelebens und zu einer falschen Einordnung der Gegebenheiten führen können, weil der objektive Blick verstellt ist. Dann ist es hilfreich, dass der Ehepartner höchstsensibel, mit Einfühlungs- und Einlenkungsgeschick, Orientierungshilfe gibt. Denn auch das gehört zur sozialen Kompetenz, dass eine Meinungsverschiedenheit ausgesprochen und ausgetragen wird, damit eine einvernehmliche Problemlösung erreicht wird und Streitigkeiten vermindert werden.

Die Annäherung der Ehepartner kann nur erfolgen, wenn dies respekt-, verständnis- und vertrauensvoll erfolgt, denn nichts führt die Menschen innerlich mehr zusammen wie eine erfüllte Paarbeziehung, in der beide Partner die Persönlichkeit des anderen akzeptieren. Diese Haupteigenschaften sind den Menschen von Natur aus gegeben, und nichts belastet die Menschen körperlich und seelisch mehr als eine unbefriedigende Zweisamkeit. Das solide Gefühl, gemeinsam stark zu sein und dieses solidarische Denken und Empfinden sozusagen dem „Rest der Welt“ zu beweisen, ist ein belast- und haltbares Konstrukt, das außerdem trag- und zukunftsfähig ist.

Frischverliebte möchten ihr Glück festhalten in Harmonie und Hingabe, sie sehnen sich nach dem Ideal der totalen Übereinstimmung und Verschmelzung. Die Partnerschaft hat jedoch drei Prozessstufen:

1) anfangs die symbiotische Verschmelzung, die meist nur einige Monate dauert;

2) die Differenzierung, damit beide wieder als eigenständige Personen wahrgenommen werden;

3) ein Gleichgewicht bzw. eine Gleichstellungsmaßnahme, die als Dauerzustand die Eigenständigkeit stärkt und die Gemeinschaft stützt.

Denn die jeweils persönliche Entwicklung stabilisiert die Liebesbeziehung, und je entwicklungsfreudiger beide Beteiligten sind, umso eher hält die Beziehung. Deshalb ist die Eigenständigkeit das erstrebenswerte Ideal, damit die Liebe sich entwickeln kann in einer gleichberechtigten Beziehung, in der, unabhängig voneinander, beide ihren Idealzustand finden.

Es gibt naturbedingt die unterschiedlichsten Modelle bei der Paarbildung, doch in diesem Kapitel sollen nicht die Fernbeziehungen erläutert werden, die heutzutage und hierzulande fast schon normal sind in unserer auf Eigeninitiative und Flexibilität angelegten Geschäftswelt. Auch die Abhängigkeitsverhältnisse, die „abartigen“, außergewöhnlichen bzw. extremen Auswüchse, die beispielsweise einen krankhaft liebesbedürftigen oder sexuell ausgerichteten Hintergrund haben, sollen hier nicht erörtert werden, sondern die konfliktbeladenen Konstellationen.

Gar nicht so ungewöhnlich ist die von gleichgesinnten „Artverwandten“, die meist mit übersteigerter Egozentrik, Eitelkeit sowie Geltungssucht besetzt sind, denn sie erkennen sich auf den ersten Blick an ihrem ästhetisch aufgerüsteten äußeren Erscheinungsbild. Falls beide übermäßig auf ihr Äußeres achten, kann sich das bei der Paarbildung jedoch als Störfaktor erweisen, vor allem, wenn einer von beiden bei jeder Gelegenheit im Mittelpunkt stehen möchte. Das besondere Interesse bei betont narzisstisch veranlagten Menschen gilt nämlich der Selbstliebe, und wenn beide so veranlagt sind, dann sind sie oftmals nicht in der Lage, echte Liebe für andere Menschen zu empfinden, auch für den Partner bzw. die Partnerin nicht. Denen geht es um die Aufmerksamkeit, die sie immerzu einfordern, aber auch um die gegenseitige Aufwertung, Bewunderung … – und letztlich um Eigennutz. Allerdings erkennen sie ihre echten Bedürfnisse und Grenzen nicht, und weil ihr Einfühlungs- und Empathievermögen eher mangelhaft ausgebildet ist, dafür ihr Perfektionssinn für alles Schöne umso mehr, ist ihre Sichtweise zu eindimensional.

Als grundsätzliche psychoanalytische Betrachtung hierzu kann eingefügt werden, dass der Geborgenheits- und Gefühlsfaktor in den ersten Lebensjahren eines Menschen eine große Rolle spielt, nämlich: wie er sich in seine Umwelt einbringen und das Urvertrauen entwickeln kann. Das heißt: die ersten Erfahrungen, die ein Kind macht, sind maßgeblich für den sicheren, den unsicheren bzw. den vermeidenden Bindungsstil und die Grundhaltung in Liebesbeziehungen. Dementsprechend kann es Neugierde und Offenheit entwickeln und demzufolge ein positives Selbstbild erlangen.

Frauen lassen sich gerne von gut aussehenden Männern beeindrucken, das ist ein genetisches Naturgesetz, und Männer lassen sich gerne von attraktiven Frauen betören; der erste Eindruck ergibt sich somit aufgrund des Erscheinungsbildes. Demzufolge kann ein aufgesetztes bzw. falsches Image zu Missverständissen führen, beispielsweise, wenn eine Frau sich betont sexy gibt, aber eigentlich eine biedere Gesinnung hat. Durch ihren provokativen Auftritt erhöht sie ihre Flirtchancen, aber einen aufrichtigen bzw. richtigen Partner findet sie dabei eher nicht.

Attraktive und außergewöhnliche Menschen tun sich auch deshalb gerne zusammen, weil dadurch ihr jeweiliger Egowert gesteigert wird; dafür gibt es viele Beispiele insbesondere im Showgeschäft; sie sammeln eine Trophäe nach der anderen, weil sie dem Aufmerksamkeitsgrad und dem guten Aussehen mehr beimessen als der inneren Beschaffenheit. Sie sind fast nur auf außere Befindlichkeiten fixiert und meist nicht bereit, der inneren Belastbarkeit eine Chance zu geben. Dass Männer sich mittlerweile auch „unters Messer“ legen, um ihre Optik zu optimieren und sich möglichst ihrem Schönheitsideal anzugleichen, ist demnach nicht verwunderlich, und im Fitness-, Kosmetik- und Wellness-Bereich sind sie inzwischen ebenfalls Stammkunden. Statt die eigenen Schwächen und Stärken als Wertmaßstäbe zu definieren, verlassen sie sich auf ihre äußere Wirkung. Sie hassen sich, weil sie ihr altes Gesicht und ihre erschlafften Muskeln im Spiegel sehen und die Vergänglichkeit des jugendlichen Selbstbildes wahrnehmen müssen. Denn der Jugendwahn hat auch bei ihnen mehr und mehr neurotische Psycho-Schadstoffe angesetzt und ungehobelte Spurenelemente hinterlassen. Sie wollen eine Veränderung, aber nicht an ihrer Seele und an ihrem Verhalten; sie wenden sich lieber einer anderen, jüngeren Partnerin zu, um sich wieder jung zu fühlen, an deren Lebensmethode anzudocken und dies als angebliche Liebe zu definieren.

Diese „Auswüchse“ sollen hier nicht den Anschein einer Charakterschwäche erwecken, sondern lediglich auf Paarbeziehungen hinweisen, in denen bestimmte Schemata bzw. Schwierigkeiten auftreten können, aber nicht müssen!

Denn Ästhetik und gutes Aussehen sind Grundelemente, die ja positiv auf unsere Lebenseinstellung einwirken, aber sie dürfen eben nicht überbewertet werden bzw. das mitmenschliche Miteinander bestimmen. Wir alle sind mittlerweile ein Produkt unserer Gesellschaft; Frauen- und Männer gehorchen einer Regieanweisung, die ihnen ein verändertes Rollenspiel abverlangt, aber immer noch herrschen die hier beispielhaft angeführten Grundregeln als Kodex:

Ein „echter Mann“ hat für die familiäre Sicherheit zu sorgen;

er muss mutig sein und seine Interessen verfolgen; er darf seine Entschlossenheit nicht in Frage stellen, nur weil er seiner Frau einen Gefallen tun will.

Das gilt, im umgekehrten Fall, für Frauen aber ebenso!

„Muttersöhnchen“, die sich unselbstständig verhalten, dürfen sich nicht wundern, wenn sie als „Softie“ oder „Weichei“ bezeichnet werden.

Männer müssen zu Kompromissen bereit sein und dennoch standhaft ihre Meinung vertreten.

Frauen auch! Denn von ihnen erwarten die Männer ja, dass sie mal anschmiegsam, mal durchsetzungsfähig sind.

Der ritterliche Beschützerinstinkt ist bei Muskelmännern oftmals unterentwickelt; sie hauen einfach drauf, ohne den Grund zu hinterfragen.

Eine Frau fühlt sich gerne als „echte Frau“, wenn sie einen starken, verlässlichen und zuvorkommenden Mann an ihrer Seite hat!

Das Klassifikationssytem umfasst zudem sechs unterscheidbare Liebesformeln:

den altruistischen (selbstlosen), den besitzergreifenden, den romantischen und den spielerischen Stil sowie den freundschaftlichen und den pragmatischen.

Das männlich-typische Beute-Schema-Verhalten ist heutzutage und hierzulande auch bei den Frauen durchaus üblich geworden und hat sich zwecks lockerer Kontaktpflege entwickelt. Dass aber erst das Geben und dann das Nehmen zu erfolgen hat, ist bei vielen Frauen noch nicht selbstverständlich, aber im Grunde ist das der einfache Mechanismus, aus dem ein faires Miteinander entsteht.

Die seelische Grundbefindlichkeit der ca. Dreißigjährigen betrifft nicht nur die Angst vor einer falschen Lebensentscheidung, sie betrifft im Allgemeinen und im Besonderen den Druck des gesellschaftlichen Lebenssystems, der sich aufgrund der nahezu unerschöpflichen Möglichkeiten und Optionen aufgebaut hat. Frauen und Männer haben allerlei Orientierungsprobleme, aber Bindungsängste sind es im Speziellen, da doch alle ihr Lebens- und Liebesglück finden möchten mit einem Menschen, dem sie sich blind und ganz und gar anvertrauen können. Bei diesen höchstpersönlichen und hypersensiblen Entscheidungen ist Panik kein guter Ratgeber. Im Internet oder im Katalog können sie konzeptionell, programmatisch, systemorientiert den idealen Partner aussuchen (wie bereits geschildert), einfühlsam, familienbewusst, gefühlsbetont, herzenswarm, humorvoll, kommunikations- und konsensfreudig, kulturell und sportlich in Topform, beruflich dennoch durchsetzungsstark und erfolgreich, natürlich gut aussehend, gut situiert ...– also samt und sonders die „gute Partie“ schlechthin im allgemeingültigen Sinne. Dass dieser männliche Supermann bzw. diese weibliche Superfrau in die „erste Wahl“ kommt bei diesem Wettbewerb, ist ja klar. Aber dass diese 1A-Favoriten sich mit ihrer geradezu übermenschlichen Charakterbildung und mit ihren übernatürlichen Fähigkeiten per Internet oder im Katalog offerieren, ist doch eigentlich erstaunlich, oder?!

Im Internet und Katalog ist echte menschliche Nähe nämlich nicht gegeben, obgleich die Präsentation per Videobotschaft möglichst optimal erfolgt, von Angesicht zu Angesicht, aber häufig als künstlich offeriertes Begutachtungs-Blendwerk in Gestik und Mimik. Das mag auf den ersten Blick verlockend erscheinen, dass man sich nicht gleich zu nahe kommt im Originalzustand, aber das ist nur ein vermeintlicher Vorteil. Dadurch wird bei den Kandidaten die Toleranzgrenze immer undurchlässiger, und dies erschwert letztlich die natürliche bzw. persönliche Kontaktaufnahme mit einem Menschen, der sich ihnen so präsentiert, wie ihn die Natur geschaffen hat, nämlich nicht so ideal und nicht so optimiert, aber mit menschlicher Nähe, die sie doch eigentlich suchen. Außerdem müsste derjenige, der einen makellosen Lebenspartner sucht, ja ebenso sein, oder noch perfekter sogar, und da ein dauerhaftes Dasein als Marionette mit Maske dem Persönlichkeitsprofil mehr schadet als nützt, ist dieser „falsche Schein" kaum durchzuhalten und daher keine empfehlenswerte Option.

Die persönliche Begegnung, echt und lebensprall, unverfälscht und unverkrampft, mit allen Vor- und Nachteilen, ist demnach heute noch bei der Partnerwahl die beste und ehrlichste Präsentationsform, auch weil die Unvollkommenheit menschlich ist. Eine ideale Lebens- und Liebespartnerschaft wird folglich von Menschen geführt, die alle ihre Eigenschaften in die Gemeinschaft einbringen können, ohne sich zu verstellen oder zu verstricken. Es ist nahezu unmöglich, diese eingefleischten Eigenschaften zu verändern, denn letztendlich wäre es nur eine Kopie des Menschen, der in eine aufopfernde, selbstlose Rolle schlüpft und seine Wesenszüge verfälscht und verfremdet darstellt.

Den Partner zu kontrollieren, quasi zu „normalisieren" bzw. zu normen, damit er sich angepasst, „homogen" bzw. wunschgemäß verhält, ist nicht nur unmenschlich, sondern hochgradig verantwortungslos und vermessen. Denn jeder Mensch ist einzigartig, niemand ist perfekt oder vollkommen, und echte Bedürfnisse und originale Eigenschaften sind nicht verhandelbar. Die illusionäre Vorstellung, dass die Beziehung durch die Liebe zu einer immerwährenden Einheit wird, dass die Beteiligten immerzu das Gleiche denken und fühlen, kann sich meist sowieso nur während der akuten Verliebtheitsphase halten. Danach muss die Bereitschaft zur Verständigung durch Dialoge und Diskussionen erreicht und mit Geduld gestärkt werden, damit die Anforderungen, die beide an die Beziehung stellen, mit ihren jeweiligen Eigenschaften und Gewohnheiten vereinbart werden können. Die Erfahrungen und Erlebnisse, die beide Liebespartner einbringen, können nämlich nicht einfach umgekrempelt oder verdrängt werden, damit in der neuen Beziehung alles reibungslos verläuft. Beide müssen deshalb ehrlich folgende Fragen beantworten:

Was brauche ich?

Was gebe ich?

Dabei können die schädlichen Einwirkungen entlarvt und erkannt werden, die ein harmonisches Für- und Miteinander verhindern; folglich können beide neue Impulse einbringen, die das eheliche Leben reichhaltiger und vielfältiger machen, nämlich auch aufgrund der unterschiedlichen Lebensmodelle und Meinungen. Aufgrund dieses Einlenkens bzw. Korrektivs können Fehlentwicklungen erfahrbar gemacht und getilgt werden, bevor sie die Beziehung belasten. Das Gemeinschaftskonzept kann nämlich nur dann gelingen, wenn beide Partner bereit sind, ihre jeweiligen „Unarten" auf ein erträgliches Maß zu reduzieren – allerdings (wie bereits mehrfach erwähnt), ohne dass sie sich so verbiegen, dass das Naturell, die Persönlichkeit und das Selbstwertgefühl darunter leiden. Aber eigentlich sollte man ja meinen, dass den Ehepartnern die negativen charakterlichen Eigenschaften schon vorher aufgefallen sind, sodass sie nicht erst nach der Heirat zu einem Problem werden. Das Arrangieren und das Engagieren ist jedoch in allen Gemeinschaften und Lebensbereichen unumgänglich, denn als Außenseiter oder als „asoziale Eigenbrötler" möchten nur wenige Menschen betrachtet werden; es sei denn, sie entscheiden sich bewusst gegen den „Herdentrieb".

Die Integration ermöglicht die Anziehungskraft der negativen und der positiven Pole, wie bei einem Magnet, sodass die Harmonie zwischen den verschiedenen Instrumenten eine wohltönende Lebensmelodie ergibt, wenn sie gut gestimmt sind. Die Ehepartner erzeugen die Melodie sozusagen als Musiker; ihre jeweiligen Eigenschaften und Emotionen bringen sie mithilfe der Instrumente zum Klingen, sodass die "Lebensgeister" den Rhythmus vorgeben. Wenn einer der Ehepartner dies zu diktatorisch, zu dogmatisch, zu eigenwillig oder zu engstirnig ausführt, fehlt es an der Harmonie und der Klangfülle, schlimmstenfalls sind sogar Misstöne zu hören. Wenn beide nicht über die „Duett"-Fähigkeit verfügen, sich demnach nicht die Hände reichen und ihre Seelen- und Sinnesleidenschaft nicht aufeinander einstellen können, dann ist es nahezu unmöglich, dass sie miteinander froh werden. Das kurzzeitige Glück der körperlichen Verbundenheit ist vielleicht noch vorhanden, aber in Bezug auf ihre wahren Gefühls-, Liebes- und Lebenseinstellungen sind sie getrennt. Sie reden nicht über ihre wirklichen Bedürfnisse, schweigen sich an, um eine Missstimmung zu vermeiden, oder streiten, wenn ihnen die Nähe des Partners zu eng wird.

Alle möchten glücklich sein, doch was erwarten die Liebespaare voneinander? – In der Fernsehwerbung sieht alles so super aus, man braucht nur das passende Mittel oder richtige Produkt, und das „Happyend" in den Liebeskomödien oder Romanzen rührt sie zu Tränen. Aber wenn ihre eigenen Vorstellungen zu überspannt oder zu unrealistisch sind, können sie keine Zufriedenheit mit ihrem Zustand erreichen, und dann kann ihnen eigentlich niemand helfen.

Es gibt ja Paare, die nicht miteinander leben können, aber auch nicht ohne einander. Sie trennen sich, weil sie die Macken des Partners nicht ertragen können, kehren jedoch zu ihnen zurück, weil sie mit anderen Partnern ebenfalls Probleme haben. Also sind folgende Fragen berechtigt:

Was ist es, was sie trotzdem zusammenhält?

Ist es die grundsätzliche Angst vor einer festen Beziehung?

Ist es die Angst vor der Einsamkeit?

Sind es die ähnlichen Eigenschaften, oder diejenigen, in denen sie sich in ihren Grundzügen unterscheiden?

Die Beantwortung ist nicht eindeutig und einfach, da in Paarbeziehungen ambivalente Verhältnisse fast normal sind, mal mit ähnlichen Variations-, mal mit unterschiedlichen Verhaltensweisen. Da spielen beziehungsinterne, gesellschaftliche und viele andere Reizfaktoren eine maßgebliche Rolle, die mal so, mal so auf das Stimmungshoch bzw. das Stimmungstief einwirken.

Dieses Thema ist allerdings zu komplex und auch zu kompliziert, um es mit allgemeingültigen bzw. bestimmten objektiven Maßgaben zu bemessen, denn es sind auch bestimmte subjektive Maßstäbe einzubeziehen, die nicht als Normalmaß bewertet werden können.

Außerdem ist Glück ein Ausnahmezustand, demnach nicht von Dauer … – sonst wäre es ja kein Glück! – Die ganz natürlichen Herz-, Hirn- und Humorströmungen, die unverbildet und unverstellt auf die gute Laune sowie die Lebens- und Liebesnerven einwirken, sind die besten Motivationsverstärker für das beiderseitige Wohlbefinden … – mal mehr, mal weniger und mal von Zeit zu Zeit.

Deshalb: Wenn man einigermaßen zufrieden ist in der Beziehung, und wenn man gelegentlich mal glücklich ist, dann ist das eine beglückende Bestandsaufnahme, über die man echt froh sein kann.

Allerdings gehört dazu die bedingungslose Bereitschaft für beide Beteiligten, dass sie sich selbst so annehmen, wie sie geschaffen sind, und dass sie sich anpassen und einbringen, ohne ihre jeweilige Identität aufzugeben, auch nicht in den innigsten und intimsten Momenten. Denn die Individualität und Intimsphäre eines jeden Menschen ist unantastbar, selbst totale Offenheit, die möglicherweise aus einem momentan überströmenden Drang heraus offeriert wird, darf niemals als Druckmittel benutzt werden, falls sich später Auseinandersetzungen zwischen den Beziehungspartnern ergeben sollten. Abhängigkeit und Ausbeutung sind Gift für die Partnerschaft, eine aufrichtige Gleichberechtigung und ein ausgeglichenes Gleichgewicht lässt sich dann nicht mehr herstellen. Denn meist sind demütigende Behandlungsmethoden und despektierliche Bemerkungen die Folge, es ergibt sich somit kein Füreinander, sondern ein Gegeneinander, und damit sind die Gegensätze ganz klar herausgestellt: Ein „Opfer“ kann kein gleichwertiger Partner sein; ein Partner, der es an Respekt und Rücksichtnahme mangeln lässt, aber auch nicht.

Auch diese Folgen sind hier etwas drastisch und überspitzt dargestellt, um sie zu verdeutlichen. Aber als Bedingung gilt grundsätzlich: Betrug, Diskriminierung und Gewalt, respekt- und rücksichtsloses Verhalten sowie Verrat lassen in jeder Partnerschaft einen unumstößlichen Vertrauensbruch entstehen. Fühlt einer der Beteiligten sich ausgeliefert oder ausgenutzt, fehlt es ihm an der geradlinigen Solidarität, die ihm Unterstützung zusichert, und nicht Unterwerfung. Missverhältnisse in Partnerschaften – egal, wie sie geartet sind, ob privat oder beruflich – sind unweigerlich von dem Unausgeglichenheits- und Unzufriedenheits-Virus infiziert.

Am Anfang einer Beziehung ist es nämlich oftmals die überhöhte Erwartungshaltung, die den Partnern eine gewisse Selbstdarstellung und -inzenierung auferlegt. Erst wenn sie zu einem Liebespaar geworden sind, lassen sie die Masken nach und nach fallen, weil sie sich nun aneinander gewöhnt haben und die „Schutzmaske“ nicht mehr – oder nicht mehr so häufig – benötigen. Die Erkenntnis, dass dennoch die Liebe erhalten bleibt, auch wenn beide Partner nicht in jeder Situation ideal oder perfekt sind, bringt sie schließlich dazu, sich jeweils selbst so zu akzeptieren, wie „Gott“ sie geschaffen hat, und sich so zu öffnen und zu präsentieren, dass die geliebte Person es ebenso kann: im „Echtzustand“!

Verheimlichungs- und Verhüllungsstrategien führen zu Verleugnungstaktiken, aber nicht zu einem Vertrauensvorschuss, ohne den nichts geht im Leben. Darin unterscheidet sich nämlich ganz wesentlich eine flüchtige Affäre von einer echten Liebe. Eigentlich braucht es nur ein positives Denken und Fühlen zum Glücklichsein, denn Lebensfreude ist haltbarer und kostbarer als alle materiellen Dinge auf der Welt.

All die gut aussehenden „Beziehungssurfer", die charismatischen „Charmingboys" und smarten „Don Juans" sind als haltlose Hallodris oder Hasardeure nicht für ein Leben zu zweit geeignet (auch das ist in dieser Abhandlung bereits ausreichend erklärt worden). Sie haben kein Interesse an einer festen Liebespartnerschaft; sie verabschieden sich sofort, wenn es ihnen zu eng wird. Und da sie ihre Maske nicht ablegen, verbergen sie ihre wahren Absichten dahinter … – aus gewissen Gründen.

Allerdings sind es nicht nur die großen Lebenslügen, die hinter einem geschickt gesponnenen Netz ihre eigene Dynamik entwickeln und hinter denen sich beispielsweise persönliche Ängste, emotionale Berührungs- und Hemmschwellen sowie andere Schwachstellen verbergen, die gravierende Stolperfallen darstellen können.

Es sind aber auch die kleinen Ausreden, hinter denen sich die Beziehungspartner oftmals verstecken, um sich und dem Lebensgefährten etwas vorzumachen. Manchmal sind Notlügen ja gnädige Problemlöser, um jemandem beispielsweise schonend eine unschöne Wahrheit zu vermitteln oder die Wirklichkeit zu verschwiemeln.

Aber sie können fatale Folgen für den betroffenen Partner bzw. für beide haben, vor allem dann, wenn sie sich nicht als jeweils eigenständige Persönlichkeiten weiterentwickeln und anstehenden Schwierigkeiten ausweichen, statt sie anzupacken. Selbsttäuschung führt zu Verdrängungs-, Verleugnungs- und Vermeidungsmechanismen, lässt unterschwellig Schuldgefühle entstehen, die wiederum den Selbstlügen Vorschub leisten.

Die Absicht, die sich hinter der Selbstlüge verbirgt, ist ja meist nicht bösartig oder heimtückisch, sondern eher eine Art Überlebenstraining, damit ein problemloseres Verhältnis begünstigt wird. Das ist jedoch ein tückisches, mehr noch verhängnisvolles Verhalten, weil es passieren kann, dass dies sich nur noch auf Erotik und Gefälligkeitsgesten beschränkt … – bis sich alles zu einer faden Pflichtnummer entwickelt: der Sex und samt und sonders das Zusammenleben.

Besonders die Frauen reagieren darauf mit Frust; sie werfen den Männern Gleichgültigkeit und Lieblosigkeit vor, und so nimmt das Unheil seinen Lauf. Dabei unterschätzen sie auch heutzutage noch, trotz all der psychologischen Aufklärungs- und Beziehungsratgeber, in denen die Bedürfnisse der Beziehungspartner und alle Eventualitätsfälle ausführlichst behandelt werden, dass die Männer lieber in ihrer Passivität verharren, statt schwierige Punkte zu thematisieren. Dass die weiblichen „Bauchmenschen" anders geartet sind als ihre männlichen Artgenossen, die mehrheitlich als „Kopfmenschen" ihre Lebensziele verfolgen, ist, außer während der der ersten Flirt- bzw. Verliebtheitsphase, ein Naturgesetz. Selbst Simone de Beauvoir verwendet die apodiktische (unumstößliche) Erklärung: dass „...die Frau Immanenz, also Körper, der Mann dagegen Transzendenz, also Geist sei!"

Aber während der „Balzzeit" erfolgt auch bei denen die Annäherung und Anziehungskraft mithilfe des „Bauchgefühls", bedingt durch die gegenseitige Begeisterung und Bewunderung, die das rationale Denken aus- und das sinnliche Fühlen einschaltet ... – gesetzt den Fall, es hat sie wahrhaftig und wirklich „erwischt". Diese Gefühlsanwandlungen sind für die meisten Männer jedoch ungewohnt – mehr noch unheimlich –, sodass ihnen die Angst zu schaffen macht, den Ansprüchen der vergötterten Frau, die sie erobern möchten, nicht zu genügen. Deshalb streifen sie sich sozusagen eine zweite Haut über, um ihr in möglichst allen Lebenslagen mit einer Pseudocoolness zu imponieren und so den psychischen Druck zu entladen. Denn sie möchten die entflammte Liebe durch nichts und niemanden gefährden, deshalb verhalten sie sich so angepasst wie möglich, nämlich mithilfe ihres Bauchgefühls, blind vor Liebe" und mit besagter „Gefälligkeitsmaske". Denn dahinter können sie ihren Gefühlen freien Lauf lassen und ihr „Über-Ich" oder ihre Verkrampftheit verstecken und so die gegenseitige Annäherung des Geistes und der Körper in spielerischer Verführungsweise steuern.

Das Anbändeln, der geheimisvolle Charme des prickelnden Flirts, bringt die Gefühle in Hoch- und Jubelstimmung, und das ist die Kunst der Liebe. Christian Morgenstern hat das mal so beschrieben: „Ich halte es nicht für das größte Glück, einen Menschen ganz enträtselt zu haben; ein größeres noch ist es, bei dem, den wir lieben, immer neue Tiefen zu entdecken, die uns immer mehr die Unergründlichkeit seiner Natur offenbaren."

Anfangs sind die unterschiedlichen Eigenschaften noch prickelnd und reizvoll sowie spannungsgeladen und strapazierfähig; die Gewohnheiten haben sich noch nicht im Lebens- und Liebesnest verfangen und verfestigt. Entweder gelingt also die Integration in das gegensätzliche bzw. verschiedenartige Partnergefüge, oder die Ähnlichkeit der Charaktere führt auf Dauer zur Langeweile, Passivität bzw. zur Sprachlosigkeit und damit zum Stillstand und zum Stumpfsinn. Oder es ergeben sich positive Gegenpole, die ihre Herausforderung in einem alltagstauglichen und konstruktiven Impuls- und Interessenmiteinander finden; die Beteiligten ziehen bei Konflikten nicht „den Kopf ein", sondern erzeugen immer wieder neue Spannungszustände, um sich so der Teilnahmslosigkeit zu widersetzen, wie bei der „Anziehungskraft der Magnetpole", die immer wieder aufs Neue zusammenfinden, wenn sie aneinandergestöpselt werden.

Wenn beide sich bemühen, für ihre Lebens- und Nervenkraft ein stütz- und tragfähiges Geflecht zu erstellen, damit die Gemeinschaft gestärkt und stabilisiert wird, dann wird das jeweilige Mitmachen zum lebensprallen – und hoffentlich auch lustvollen – Miteinander.

Dabei gelten drei Motivationen als maßgebliche, „neuzeitliche" Orientierungspunkte bei der Partnerwahl:

> Die emotionale: Um den engen Bindungswunsch auch nach außen zu demonstrieren, erfolgt die Eheschließung; besonders bei der „großen Liebe". Dabei ist den Beteiligten nicht in pessimistischer, sondern in realistischer Hinsicht klar, dass der alltägliche Lebensstress das Liebesleben beeinträchtigen wird, wobei die Familiengründung nicht einmal an erster Stelle steht!
>
> Die Nutzenorientierung ist eher dem pragmatischen Denken und Fühlen, und weniger der rauschhaften Liebesbezeugung zuzuordnen, beispielsweise, wenn es um Steuerermäßigung, Verhinderung einer beruflichen Versetzung oder um günstigere Voraussetzungen bei der Wohnungssuche geht.

Die Wertorientierung hat eine konservative Richtlinie, damit soll die Familientradition bewahrt, fortgesetzt und das gemeinsame Leben geordnet werden!

Welches Ehemotiv für eine glückliche Partnerschaft am besten und geeignetesten ist, wissen die Soziologen allerdings auch nicht so genau. Eine Garantie für eine gute Grundlage der Liebe kann demnach niemand geben! Denn meist sind es „nur“ die Kleinigkeiten, die im Laufe des gemeinsamen Lebens zu Unzufriedenheit und Verdrossenheit führen, oder dem überstürzten „Ja-Wort“ nach einem Liebes- und Sinnesrausch folgt Enttäuschung und Ernüchterung.

Ein junger Mann, der ehrgeizig ist und beruflich großartige Pläne hat, sollte demnach nicht eine junge Frau heiraten, die nur „auf Händen getragen“ und verwöhnt werden möchte, die keine Eigeninitiative entwickelt und keine Verantwortung übernehmen will. Ebenfalls unvernünftig wäre es, wenn ein lebensfroher und optimistischer junger Mann eine Frau heiraten würde, die immerzu pessimistisch und traurig ins Leben blickt.

Aber manch einer, der gemeint hat, dass er die „Frau fürs Leben“ kennen gelernt hat und mittels der „großen Liebe“ alle Probleme bewältigen kann, hat dies vergeblich versucht ... – bis eine Scheidung nicht mehr zu vermeiden war. Erst bei diesem schwerwiegenden Schritt hat er sich vielleicht an die besorgten Vorbehalte seitens der Familie oder Freunde erinnert, wie: „Lernt euch doch erst mal richtig kennen ...“ – aber die nützen ihm ja nun nichts mehr. Bei der Bilanz nach diesem ehelichen Desaster sollte nicht die Schuldfrage im Vordergrund stehen, vielmehr die Fragen:

Ist es die Fixierung auf ein bestimmtes Partnermuster?

Ist es die Spontanität aufgrund der Verliebtheit gewesen, die den Verstand „ausgeschaltet“ hat?

Ist es die sexuelle Anziehungskraft, die so stimulierend auf die Beziehungspartner eingewirkt hat, aber auf Dauer und im alltäglichen Eheleben an Reiz verloren hat?

Ist eine Scheidung heutzutage und hierzulande kein gesellschaftlicher Makel mehr, weil in den Medien fast täglich über gescheiterte Prominentenehen berichtet wird und auch daher an eine „lebenslange

Verbindung“ nicht mehr geglaubt und die ehelichen Versprechungen nicht mehr eingehalten werden?

Kann man beinahe schon von einer „Wegwerfmentalität“ reden, weil jede und jeder insgeheim hofft, dass es irgendwann, irgendwie, irgendwo doch noch den passenderen, perfekteren Partner gibt?“

Hierzu passt ein Fallbeispiel, in dem verdeutlicht wird, warum eine Beziehung in die Brüche gehen kann: Romy Schneider, die als „Sissy“ großen Erfolg hatte, stammte aus einem sehr gut situierten Elternhaus, das allerdings bürgerlich geprägt war, obwohl Magda Schneider, ihre Mutter, damals, im Nachkriegsdeutschland, ein berühmter Filmstar war. Sie hätte ihre Tochter gerne weiterhin in romantisch verklärten Rollen gesehen, doch Romy hat das in Deutschland herrschende Frauenbild der 1950er Jahre, das dem braven Hausfrauen-Klischee entsprach, nicht angenommen und ist aus der konservativen Gesellschaft ausgebrochen. Das hat man ihr damals hierzulande sehr übel genommen, und als sie sich mit 20 Jahren in Alain Delon verliebte, den französischen Filmstar, der als leibhaftiger Schönling einen leichtlebigen, lockeren Lebensstil mit einer Nonchalance führte, die sie faszinierte. Aber dem war ihr Ausbruch nicht konsequent genug; er sagte sinngemäß nach der Trennung:„Sie stammt aus einer Gesellschaftsschicht, die ich hasse! Sie kann nichts dafür, aber sie ist eben davon geprägt! Ich habe ihr in unseren fünf gemeinsamen Jahren nicht austreiben können, was ihr in zwanzig Jahren eingetrichtert wurde. Die eine Romy habe ich geliebt, die andere Romy habe ich gehasst …“

Demnach sind die weiblichen Artgenossen früher mehr oder minder eingeteilt worden in drei Klassifikationen: als Ehefrau, Tochter oder Witwe – wenn man hierbei die verwandtschaftlichen Abzweigungen und die Ausnahmeerscheinungen, die sich ihre unkonventioelle Daseinsberechtigung einfach genommen haben, außer Acht lässt. Die Eltern bemühten sich, ihre Töchter frühzeitig „unter die Haube“ zu bringen; bei manchen brach Torschlusspanik aus, wenn sie als Zwanzigjährige noch „unberingt“ waren. Die Emanzipationsbewegung der Feministinnen hat den Frauen die Gleichberechtigung gebracht, sodass sie heutzutage ihr Glück eigenständig und nach eigenem Gutdünken finden können. Ob sie es im Beruf oder in einer Ehe finden, ist erst einmal sekundär, sie sind auf jeden Fall nicht mehr auf einen

Mann angewiesen, um in gesellschaftlicher bzw. sozialer Hinsicht anerkannt zu werden – insbesondere nicht auf einen „hypermaskulinen“ Mann, der ihr seine Regeln auferlegt. Sie können sich – so, wie es den Männern immer schon gestattet war – vor der adäqauten Partnerwahl „austoben“; es ist fast so, als wären die Frauen, die sich für ein Singledasein entschieden haben, eine neue Spezie. Allerdings schauen diejenigen, die bisher eher ihrem Beruf, ihren lockeren Beziehungen oder ihrem kinderlosen Eheleben den Vorzug gegeben haben, mit ca. Mitte Dreißig auf ihre „biologische Uhr“. Denn falls sie Karriere und Kind doch noch unter „einen Hut“ bringen möchten, müssen sie sich allmählich beeilen, insbesondere, falls sie den adäquaten Partner bzw. die Vaterfigur für ihr Ansinnen noch nicht gefunden haben. Bei manchen Frauen kommt es sogar zu der Entscheidung, sich lieber als Alleinerziehende um das Kind zu kümmern, den Mann insofern „nur“ als Erzeuger zu „gebrauchen“.

Diese komplett reformierte Erscheinungsform ist für konservativ geprägte Männer immer noch gewöhnungsbedürftig, und wenn ihnen seitens der Frauen vermittelt wird, dass sie aus Referenzgründen keine große Rolle mehr für sie spielen, lassen sie es oftmals an Taktgefühl mangeln. Denn sie verstehen es nicht, dass Frauen ihre Unabhängigkeit mit einer lustvollen Unbekümmertheit verteidigen. Dennoch sehen viele junge Frauen in ihrem Idealmann den Märchenprinzen, einen „Mr. Perfekt“, den es in der Realität nicht gibt: Er soll so reich und so schön wie George Clooney sein, ihnen ihre Freiheit lassen, aber romantisch und treu sein und über einen gehobenen Gesellschaftsstatus verfügen, damit sie möglichst neben Glamour und Glanz ein interessantes und luxuriöses Leben führen können.

Diese Frauen müssen sich allerdings den Vorwurf gefallen lassen, dass sie im Grunde auch dem kleinbürgerlichen, konservativen Partnermodell den Vorzug geben, insbesondere, wenn ihre eigenen Ambitionen durch ein Baby eingeschränkt sind. Hinzu kommt, dass Frauen meist nicht so viel verdienen wie Männer, auch in ähnlichen beruflichen Positionen nicht, und das führt offenbar dazu, dass sie sich das, was sie selbst nicht erreicht haben, über den Ehemann holen, quasi als eine Art Notfall-Reaktion zur Rettung des Selbstwertgefühls. Beide, Frauen und Männer, haben sich also anscheinend gar nicht so weit voneinander entfernt, denn sie wählen nach wie vor – oder dann doch – die Idylle des altbackenen Lebensglücks. Dass sie, um zu dieser

Erkenntnis zu gelangen, so viele Umwege und Verirrungen in Kauf nehmen, ist keinesfalls eine originelle Entwicklung, und schon gar keine neuzeitliche oder ultimative.

Das haben möglicherweise die allzu radikalen Feministinnen bewirkt, die nur die Freiheits- und Gleichheitskultur berücksichtigt haben, die ihrem Gusto entsprochen haben, aber die natürlichen Bedürfnisse der „normalen" Frauen und die der Männer ignoriert haben, beispielsweise die sexuellen. „Die sexuelle Ausbeutung der Frauen" haben sie angeprangert, um damit „die sexuelle Befreiung der Frauen" zu erreichen; das war das Leitmotiv der so genannten „Emanzen", gemeinsam mit der Forderung nach Gleichberechtigung in allen Lebensbereichen. Aber vielen Frauen war das zu radikal, und die damaligen Männer reagierten auf die Parolen mit Spott oder Verunsicherung. Denn die Feministinnen hatten für die von ihnen geforderte Männlichkeit und Weiblichkeit keine neuen Grundregeln geschaffen, aber die alten Regeln, beipielsweise in „Sachen Sex", etwas zu übereifrig verdammt. Sie hätten also als Erstes einen neuen Frauen- und Männertyp schaffen müssen, damit das neue Beziehungsmodell funktionieren kann, mit Mitbestimmung und psychischer Neuorientierung auf beiden Seiten. Diese „geistige Entwicklung" ist jedoch bei den meisten Frauen nicht erfolgt, und bei manchen männlichen Geschlechtspartnern führte dies sogar zu einer Identitätskrise. Besonders anpassungs- und gutwillige oder sensibel veranlagte Männer brachten sich nun „verweiblicht" bzw. verweichlicht in die Partnerschaft ein, aber auch das war den Frauen nicht recht.

Auch das kann hier nur kurz eingebracht werden, damit die Eheprobleme mit ihren Verirrungen und Verwirrungen anhand dieser Vorgeschichte jedenfalls etwas plausibler werden.

Aber alles in allem ist eine Bedingung für ein erfülltes Eheleben bedeutsam:

> Die psychische Normalität der Partner, nämlich: dass beide sich in ihrem Selbstdarstellungsdrang zügeln und damit für eine Stabilität sorgen,
>
> und dass eine „gepflegte Streitkultur" den Ton bestimmt, falls es mal zu einer Missstimmung kommt.

Denn es ist ganz normal, dass zwei intelligente Menschen unterschiedliche Meinungen haben und die auch vertreten, wenn es notwendig ist.

Bei solcherart Auseinandersetzungen werden, quasi als Belohnungssystem, Endorphine im Gehirn ausgeschüttet, die statt einer „Haudrauf-Methode“ einen konstruktiven Umgang miteinander ermöglicht und auf diese Weise mit „Wohlfühlhormonen“ belohnt. Emotional instabile Menschen haben auch deshalb oftmals partnerschaftliche Probleme, weil ihre Selbstwahrnehmung gestört ist.

Dafür kann es – muss es nicht – fünf Gründe geben:

Sie haben Angst vor Intimität und Nähe, deshalb suchen sie sich zum Beispiel jemanden, der nicht zu nahe wohnt. – Denn: Einerseits fürchten sie, seelisch verletzt zu werden, andererseits möchten sie dauerhaft mit jemandem zusammen sein.

Sie möchten alles, rigoros, sofort, unbedingt! – Denn: Das Einfordern eines „Lebensthemas“, das dem einen Partner quasi „unter den Nägeln brennt“, kann den anderen überfordern, etwa so, als wäre das „Drehbuch des Familienstücks“ schon geschrieben, aber die Hauptrolle noch nicht besetzt.

Sie nötigen dem Lebenspartner ihr Misstrauen und ihre Vorurteile auf. – Denn: Sie lassen nur ihre pessimistische Grundhaltung gelten, sodass ein unbefangenes Miteinander kaum noch möglich ist. Eine vorgefasste Meinung signalisiert: „Was du zu sagen hast, das interessiert mich nicht!“ – Allerdings hat bei Frauen und Männern gleichermaßen der Frust auf das jeweils andere Geschlecht zugenommen.

Sie gehen mit sich selbst nicht respektvoll um, jedoch umso weniger mit anderen Menschen. – Denn: Sie sind mit sich selbst nicht im Reinen, schieben aber die Schuld ihrer Umwelt zu.

Sie haben sich übereilt von einer Beziehung in die nächste geflüchtet. – Denn: Sie entziehen sich dem Schmerz der Trennung, haben jedoch kein Fundament für einen neuen Liebesbund geschaffen und schleppen die Altlasten der bisherigen Partnerschaft in das neue Verhältnis.

In der Ehe ein Gleichgewicht zu schaffen, das beiden Partnern gerecht wird, ist meist nicht einfach, seit die Beständigkeit bei jedem kleinen Durchhänger in Frage gestellt wird. Jede und jeder hat eine Schwachstelle; erst wenn beide Partner bereit sind, sich diese einzugestehen, können sie die reparieren bzw. etwas verändern. Letztlich stärkt der Erfolg das Selbstbewusstsein, denn wenn man mit sich selbst im Reinen ist, kann man dieses Stärkebewusstsein auch auf das Verhältnis übertragen.

An einer Ehe unter allen Umständen festzuhalten, aus Angst vor dem Alleinsein, Bequemlichkeit, Familientradition, finanziellen Gründen, oder der Kinder wegen, ist für alle Beteiligten kaum eine gute Entscheidung, weil keine guten Impulse das Liebesleben inspirieren, sondern im Gegenteil: die negativen Ingredienzen lassen sich nicht einfach in positive umwandeln. Am Anfang der Beziehung hat es bestimmt schöne Erinnerungen und Erlebnisse sowie gemeinsame Interessen gegeben, denn sonst hätten sie sich ja nicht zu einer Ehe entschlossen. Da es jedoch zu gravierenden Umstimmigkeiten gekommen ist, muss eine grundlegende Verständigungs- und Vertrauensbasis neu geschaffen werden, und die ist nur dann zu erreichen, wenn beide den wahrhaftigen und wirklichen Willen dazu haben.

Die gegenseitige Annäherung kann also nur dann erneut erreicht werden, wenn beide sich die negative Beeinflussung und die problematische Beeinträchtigung vergegenwärtigen, damit beide dagegen solidarisch und tatkräftig angehen können, also nicht nur mit feinfühliger Diplomatie, sondern mit handfester Disziplin. Wenn es möglich wird, dass beide die alltägliche und „eingelatschte“ Routine verlassen und sich, wie am Anfang der Beziehung, wieder auf das besinnen, was ihnen am anderen gefallen hat, und so wieder die positiven Seiten aneinander entdecken, die sie zusammengeführt haben, können sie möglicherweise auch mit den negativen Seiten besser umgehen, indem sie „über den Tellerrand blicken“ und mit mehr Toleranz, Verständnis und Weitblick ihr Zusammengehörigkeitsgefühl stärken.

Amerikanische Forscher führen seit 1992 eine „Beziehungsstress“-Langzeitstudie mit 700 frisch vermählten Ehepartnern durch; alle müssen 15 Minuten ein für die jeweilige Partnerschaft heikles Thema diskutieren. Dabei werden Blutdruck und Schweißbildung gemessen sowie die Gesichts- bzw. Körperreaktionen psychologisch ausgewertet, da die Brisanz des Diskussionsstoffes meist schnell zu Streitgesprächen geführt hat. Mithilfe eines speziellen Punktesystems sind die Regungen bewertet worden: Dominante, gleichgültige bzw. jammernde oder zornige mit Minuspunkten, einsichtige, humorvolle und interessierte bzw. kooperationsbereite mit Pluspunkten. In den folgenden Jahren haben die Psychologen und Soziologen anhand der

Punkteverhältnisse überprüft, ob die Ehepaare noch miteinander verheiratet sind, oder ob sie sich inzwischen getrennt haben. Diejenigen mit den Pluspunkten sind (erwartungsgemäß) mehrheitlich noch zusammen, bei den geschiedenen Paaren hat das Punkteverhältnis von vornherein keine günstige Konstellation ergeben, nämlich durchschnittlich 5 Minuspunkte, 1 Pluspunkt. Entfremdung, Gleichgültigkeit und Missachtung haben meist zur Scheidung geführt. Die Experten haben dafür vier Anhaltspunkte als „mathematische Eheformeln“ für menschlische Emotionen ermittelt:

Beabsichtigte, generaliserte bzw. unsachliche Schuldzuweisungen, um sich selbst ins Recht und den Partner ins Unrecht zu setzen, beispielsweise mit: „Immer machst du dies und jenes ...“

Das Bloßstellen bzw. Herabwürdigen eines Partners, indem er mit Sarkasmus oder Spott belegt und wie ein unmündiges Geschöpf behandelt wird.

Die Belange des Ehepartners herunterzuspielen und zu missachten, sich selbst aber als Opfer darzustellen und in den Vorderdrund zu drängen, ist auch ein Ehekiller.

Mit Distanz und Schweigen auf emotional geladene Situationen zu reagieren, gleichfalls.

Das heißt: Mit Aufgeschlossenheit, Einfühlungsvermögen, Gesprächsbereitschaft, Humor und Konfliktfähigkeit sowie mit einer positiven Lebenseinstellung und einem respektvollen Umgang kann man eine erfüllte und langjährige Partnerschaft erreichen. Es gibt demnach Paare, die durchaus mal heftig miteinander streiten, aber wenn sie meistens miteinander lachen können, dann gelingt es ihnen, dennoch mit ihren unterschiedlichen Meinungen so zu leben, dass sie sich respektieren, tolerieren und immer wieder aufeinander zugehen.

* * *

Falls nach der Heirat ca. ein Jahr später das erste Kind geboren wird, muss es ja nicht zwangsläufig mit dem Eheglück und der Liebesromantik vorbei sein, denn Kommunikations- und Kompromissbereitschaft sind überaus wichtige und zweckdienliche Mittel, um niemals an den Punkt der Sprachlosigkeit zu gelangen. Dass die Ehefrau nach der Geburt des Kindes erst mal andere Aufgaben zu bewältigen hat, ist für den Ehemann doch nicht als Nachteil zu bewerten, oder dass sie ihn nicht mehr liebt. Ein Ehemann, der mit Eifersucht auf das neue Familienmitglied schaut und sich nur noch als „bedauernswerten Geldgeber" betrachtet, ist, (sorry vielmals!) ein egoistischer Kindskopf! Falls er dies an die erste Stelle setzt, an die zweite die Rolle als Vater, und an dritter die Position des Ehemannes … – dann hat er nichts kapiert. Dass eine Familiengründung einschneidende Konsequenzen mit sich bringt, hätte er sich eben früher überlegen müssen – es sei denn, er ist davon derartig überrascht worden, dass er sich übertölpelt fühlt. Aber dann gibt es in der Partnerschaft ohnehin gravierende Verständigungs- und Vertrauensprobleme, denn in einer idealen bzw. normalen Ehe gilt ein Kind als Liebesbeweis, und deshalb liegt ihm der Familienzuwachs am Herzen und er bemüht sich um dessen Schutz und Sicherheit. Beide müssen ja erst mal in ihre Elternrolle hineinwachsen, denn die Frau ist ja nicht gleich nach der Geburt eine perfekte Mutter. Aber alles das ändert doch nichts an der Liebe zu ihrem Mann – es sei denn, sie hat aus anderen Gründen das Interesse an ihm verloren.

Geduld, ein liebevoller Gedanken- und Gefühlsaustausch sowie eine rücksichts- und verständnisvolle Gesprächsbasis sind wichtige Indikatoren, und damit wird auch das sexuelle Interesse wieder aufgeladen und die körperliche Liebe belebt.

Auch in den nächsten Jahren wird das Kind – oder werden die Kinder – mehr oder minder den ehelichen Lebensmittelpunkt darstellen und die elterlichen Verhaltensweisen und Verpflichtungen bestimmen – egal, in welcher Form. Falls die Ehefrau wieder berufstätig wird, bleibt sie dennoch Mutter, auch falls der Ehemann die Erziehungs- und Haushaltsaufgaben übernimmt. Eine Veränderung ergibt sich normalerweise erst, wenn der Nachwuchs die gesetzlich vorgegebene Schulpflicht erfüllt hat, denn falls die Kinder anschließend studieren, sind sie meist schon so eigenständig, dass die Eltern, außer der finanziellen Unterstützung, kaum noch für sie sorgen müssen. Beide Ehepartner erhalten somit die Gelegenheit, sich wieder auf ihre Gefühle und ihre Interessen zu konzentrieren, vorausgesetzt, ihr Verständigungs- und Vertrauensverhältnis ist stabil geblieben.

Das Ehe- und Lebensmodell der Monogamie, das heutzutage und hierzulande mit dem Treueversprechen verbunden ist: „Bis dass der Tod uns scheidet“, und das eine Beziehung fest und stark machen soll, hat jedoch das Durchhaltevermögen mancher Ehepaare strapaziert. Wenn die Kinder „aus dem Haus sind“, können sie sich wieder auf ihre jeweils eigenen Bedürfnisse besinnen, oder auf ihre gemeinsamen, und daraus ergibt sich die Beschaffenheit und Beständigkeit des Ehegeflechts; Entweder schaffen sie es, sich wieder auf ihre eigenen und gemeinsamen Interessen zu konzentrieren, oder sie leben nebeneinander her, ohne ihre Seelen- und Sinnesgemeinschaft zu beleben, und dann kommt es oftmals zur Trennung.

Manche versuchen ihr Glück mit neuen Partnern, wenn sie meinen, dass der bisherige ihr Selbstwertgefühl nicht ausreichend gestützt und ihr Wohlbefinden nicht genügend gesichert hat. Das reformierte Scheidungsverfahren, das mittlerweile ohne Schuldfrage die jeweiligen Verpflichtungs- und Versorgungsansprüche regelt, erleichtert möglicherweise eine solche Entscheidung.

Aber auch dieses Begehren nach Eigenständigkeit bzw. nach freier Entfaltung wird geschlechtsspezifisch unterschiedlich bewertet: Der „Ehebruch“ erfolgt häufig seitens der Ehemänner, die sich mithilfe einer jüngeren Frau wieder als „Jungspund“ fühlen und damit ein neues Lebenskonzept realisieren möchten. Sie lassen nun auch ihre Emotionen raus, weil ihr „Herzblut“ insbesondere sexuell neue Impulse erhält. Das wird im gesellschaftlichen Sinne insgeheim nahezu toleriert, während eine Ehefrau, die gleichfalls ihre Lebenswünsche neu ausrichtet, von der Gesellschaft eher kritisch beäugt wird. Das heißt demnach, dass Ehebruch immer noch insgeheim mit zweierlei Maß gemessen wird: bei dem Ehemann wird das mehr oder minder toleriert, die Ehefrau muss sich mehr oder minder misstrauische Fragen gefallen lassen und sich möglicherweise rechtfertigen.

Die Gründe für eine Scheidung oder Trennung lassen sich jedoch meist nicht so eindeutig und einfach auf den Mann alleine oder die Frau alleine beziehen, es sei denn, dass bösartige Absichten oder Brutalität dazu geführt haben. Dass es ihnen in der Ehe zu langweilig geworden ist, dass sie sich „auseinander gelebt“ und sich möglicherweise nichts mehr zu sagen haben, oder dass sie ihre Interessen nicht so vereinbaren bzw. verwirklichen können, wie sie es anfangs geplant haben, kann man weder ihm noch ihr als Schuld anlasten und zum Vorwurf machen. Das eheliche Leben beinhaltet eben nicht nur ein harmonisches und konfliktfreies Miteinander, das ist ganz normal. Und dass beide ihre Selbstständigkeit behalten und statt Unterdrückungs- gegenseitige Unterstützungsmaßnahmen einsetzen, führt zur beiderseitigen Zufriedenheit. Beide suchen kein neues „Gefühlsheim“, wenn sie es im Herzen des Partners gefunden haben. Falls es dennoch zu einer Affäre kommt, passiert es beispielsweise am Arbeitsplatz, da die gemeinsamen Interessen mit den Kollgen bzw. Kolleginnen zu einer zwangsläufigen, zweckbedingten Nähe führen. Früher waren es eher die Ehemänner, die sich eine Geliebte „zulegten“, heutzutage sind es auch die Ehefrauen, die, bedingt durch ihre Erwerbstätigkeit, sich mit einem anderen Mann einlassen.

Dabei sind die unterschiedlichen Gefühlsregungen bemerkenswert, die dennoch nicht verallgemeinert werden können. Der Ehemann kann seine Emotionen ganz gut kontrollieren; er kann zum Beispiel eine langjährige Beziehung neben seiner Ehe führen, ohne mit seinen Gefühlen auf Kollisionskurs zu gehen; er kann seine Liebesfähigkeit auch mehreren „Nebenfrauen“ zukommen lassen. Außerdem ist wissenschaftlich bewiesen, dass der Jagdtrieb der Männer immerzu vorhanden ist, dass Männer beim Anblick einer Frau (fast) immer sexuell stimuliert sind und dass Männer insgeheim möglichst viele weibliche Wesen begatten und beglücken möchten, um damit ihren Beitrag zur menschlichen Evolutions- und Generationsfolge zu leisten. Es bleiben demnach die Fragen:

Warum binden sie sich dennoch in einer Ehe an eine Frau?

Erfüllen sie damit die gesellschaftliche Forderung nach Ordnung und Regeln?

Oder lassen sie sich doch von ihren Gefühlen leiten?

Aber auch diese Fragenkomplexe können hier nur als Randbemerkung aufgenommen werden.

Einer Frau gelingt es meist nicht, ihre Emotionen in beliebiger Form zu leiten, denn wenn sie einen anderen Mann liebt, dann kann sie ihre Gefühle nicht so gut teilen. Sie gibt sich ganz und gar, „mit Haut und Haaren“, mit ihrem Herzblut und aller Intensität demjenigen hin, der ihre Liebe erwidert. Deshalb ist die Enttäuschung für sie auch größer, wenn der Mann sich einer anderen Frau zuwendet.

Der Mann hält meist deshalb an der „Mutter seiner Kinder" fest, weil er sein familiäres Nest nicht verlieren möchte und verdrängt seine Schuldgefühle, denn im Verdrängen von unangenehmen Gefühlen sind die meisten Männer ja (bekanntlich) Meister. Außerdem sind viele Männer – das muss hier auch der Vollständigkeit halber zum Ausdruck gebracht werden – zu bequem, zu egoistisch, zu feige, zu konfliktscheu und zu unehrlich, um die Konsequenzen zu ziehen. Auch das soll hier nicht allgemeingültig oder anmaßend behauptet werden, aber diese Begründungen sind leider nicht von der Hand zu weisen. Er kehrt immer wieder zu seiner Frau zurück und vertröstet seine Geliebte beispielsweise damit, dass er das ja nur wegen der Kinder tut, dass er seine Frau nicht mehr liebt, und mit rührseligen Geschichten versucht er die andere Frau an sich zu binden. Dass die Geliebte unter der Heimlichtuerei leidet und daran, in seinem Herzen nur die zweite Stelle zu besetzen, nimmt er billigend in Kauf. Außerdem muss sie andauernd damit rechnen, dass er sie verlässt, wenn ihm die Situation zu problematisch wird, oder dass er auch sie betrügt und sie durch eine andere Frau ersetzt. Die Ehefrau kann an sein Verantwortungsgefühl und an seine Verpflichtungen appellieren, die Geliebte kann es nicht!

Manchen Frauen gelingt ein ähnliches Gefühlsjonglieren, aber da sie sich in Liebesdingen intensiver einbringen, ist das nicht der Normalfall.

Die Ehepartner können sich vor dem Auseinanderleben und der Langeweile am besten schützen, wenn sie die Kommunikation aktiv und lebendig halten und sich immer wieder aufs Neue bemühen, ihre Gedanken und Gefühle aufeinander und füreinander einzustellen. Damit gelingt es ihnen, ihr Interesse aneinander immer wieder zu erneuern und ihre Liebe immer wieder zu stärken. Auf diese Art können sie einer Gefühlskälte vorbeugen und mit ihrer Herzenswärme etwaige Probleme gemeinsam lösen!

Das dritte Kapitel: Ein erfreuliches Eheleben

Früher war alles ganz einfach geregelt: Die Frau hat sich um Haushalt und Kinder, der Mann um Schutz und Versorgung gekümmert. Nach ca. dreißigjähriger Emanzipations- und Gleichstellungsbemühungen verdienen die meisten Frauen nun ihr eigenes Geld, aber dennoch stellen sie hohe Ansprüche in Bezug auf den Ehepartner, denn einen Ernährer brauchen sie ja nicht mehr. Jedoch möchten sie einen Mann, der beruflich erfolgreich ist, der charmant, feinfühlig und gewitzt ist, der blendend aussieht, ein Feingeist ist und immer eine „gute Figur macht“ – bei jedem Intelligenztest und in jeder Lebenslage. Er soll anpassungsfähig, aber auch durchsetzungsstark sein, elegant und natürlich vielseitig interessiert: mal ein Kenner im Kultur- und Kunstbereich, mal ein Naturbursche, mal ein Romantiker, dazu familienbewusst und fürsorglich, kinderlieb und praktisch. Damit ist er, alles in allem, das Musterbeispiel eines Prachtexemplars; neudeutsch wird er allerdings bereits als „Alpha-Softie“ bezeichnet. Und dass er neben seiner Herzens- und Hirnbildung sexuell in Superform und sportlich in Topform sein muss, das ist doch selbstverständlich.

Diese anspruchsvollen Attribute, die sich fast nur auf das äußere Erscheinungsbild beziehen, werden in den gängigen Frauenzeitschriften propagiert und prozediert, denn auch bei den Männern soll mittlerweile alles perfekt und alles schön sein! Das scheint existenziell wichtig für das eigene Dasein und die eigene Perfektionierung und Performance zu sein … – so wird es ihnen jedenfalls vermittelt.

Demnach ist es kaum möglich, ein immerzu einfühlsames, erfreuliches und erfülltes Eheleben im Gleichklang zu führen, wenn die Beteiligten ihre Ideen in das gemeinsame Lebenskonstrukt als gleichberechtigte Partner einbringen wollen. Diejenigen, die bei der Aufgabenverteilung oder bei wesentlichen Entscheidungen nur aus Gefälligkeit, Gehorsam oder Harmoniesucht zustimmen, haben sich meist ganz gut im Griff, bis sie „aus der Haut platzen“ und ihre emotionale Intelligenz ihnen nichts mehr nützt. In einem eigentlich nebensächlichen Konfliktfall verlieren sie dann ihre rationale Kontrolle und damit ihre Nerven und reagieren folglich unausgeglichen und unsachlich mit Provokations- und Trotzverhalten.

Die Anforderungen im „Geschlechterkampf“ sind also, besonders bezogen auf die Gleichstellung, meist nicht eindeutig geklärt: Denn die „Alpha“-Männer haben, weil die meisten Ehefrauen sie in die „alte“, archaische Form drängen – beispielweise, weil sie nach wie vor das meiste Geld nach Hause bringen –, das Sagen, als hauptsächliche Versorger nämlich.

Die Ehefrauen heutzutage und hierzulande müssen sich also entscheiden, ob sie als „Emanze“ oder als „Prinzessin“ wahrgenommen werden wollen – im übertriebenen Sinne natürlich. Denn manche schlüpfen – je nachdem, wie es ihnen in den Kram passt – mal in diese, mal in jene Rolle, aber sie möchten auf jeden Fall einen Mann mit „Gentleman“-Qualitäten, damit sie sich an seiner Seite mal als elegante Superfrau, mal als erotisches Vollweib fühlen können. Denn natürlich erwarten sie auch, dass er als Liebhaber außergewöhnlich ist, aber dennoch treu, verantwortungsbewusst und zuverlässig. Sie erwarten ebenso, dass er finanziell bestens situiert ist, weil sie, selbst in höheren Positionen, meist nicht so viel verdienen, eine gut bestückte Scheckkarte jedoch Selbstvertrauen und Sicherheit gibt – sie möchten, einfach formuliert, möglichst eine Vollkasko-Welt und Vollwert-Zukunft.

Mit einem je nach Anlass gestylten Äußeren und einer Checkliste im Kopf lässt sich d e r einzige richtige und wichtige Mann also bestimmt finden, aber dass der ebenfalls hohe Ansprüche an die Frau stellt, mit der er leben möchte, ist durchaus verständlich. Also beansprucht auch er ein an seiner Idealvorstellung orientiertes Niveau, das die Normalwerte übersteigt, und so wird mit Selbstinszenierungs- und Selbstoptimierungsmitteln eine Topform erreicht, die jedoch meist nicht alltagstauglich ist.

Diese erfolgreichen jungen Leute tun so lässig und wirken so locker, aber es mangelt ihnen oftmals an der inneren Duldsamkeit und Festigkeit, auch an einer gewissen Flexibilität und Geschmeidigkeit, weil sie im Leben und in der Liebe alles gleich haben möchten und nichts dem Schicksal oder dem Zufall überlassen wollen. Dabei schauen sie jedoch zu sehr auf Körpermaße und Leistungsideale, die sie sich von den Designern der Medien- und Modefirmen diktieren lassen.

Deshalb: Es ist einerseits einfacher geworden, aber andererseits auch angestrengter, aufgesetzter und gnadenloser bei der Partnersuche der Superfrauen und Traummänner. Dabei darf eines nicht unterschätzt werden: Die Frauen haben zwar ihre Gleichberechtigung erreicht, aber sie bewegen sich dabei in einer Männerwelt – denn die haben ja einst die Regeln gemacht. Macht ist auch heute meistenteils noch männlich besetzt … – aber Frauen mögen Machthaber, um an deren Potenzial partizipieren und davon profitieren zu können!

Sie wollen von allem gern das Beste, das heißt: er soll beruflich Erfolg haben, aber ebenso über Familienqualitäten verfügen. Auch deshalb fühlen sich so manche Single-Männer teils überfordert, teils verunsichert, und weil die meisten, trotz eines gesunden Selbstvertrauens, nicht wissen, wie sie sich am besten präsentieren sollen, bleiben sie lieber Solisten.

Dabei ist die Eheglücksformel doch eigentlich ganz simpel, und aufgrund der Erfahrungswerte aus den bisherigen Ergebnissen und den Erkenntnissen, insbesondere aus dem vorherigen Kapitel, ist klar ersichtlich geworden, um was es hauptsächlich geht: Das Interesse aneinander und die Kommunikation miteinander sind die Komponenten, die niemals vernachlässigt werden dürfen! Das Reden und das Zuhören sind für ein erfreuliches Eheleben überaus wichtig, ebenso die Fähigkeiten, das Leben und die Liebe mit Spaß und Spiel lebendig und lustvoll zu halten. Freude und immer wieder neue Herausforderungen und Impulse sorgen sozusagen für gehaltvolle Ballast- und Baustoffe, die für eine gute Ehe unabdingbar sind und den Glauben an die Festigkeit der Gefühle stärken. Diese Inputs geben der Liebe immer wieder aufs Neue die Bestätigung, dass eine Beziehung als bereicherndes Erfüllungsorgan und Lebenselixier gilt – mehr als die rasanteste Luxuskarosse, mit der man(n) meint, immerzu auf der Überholspur fahren zu müssen.

Und wenn das Alltagseinerlei tatsächlich mal lästig, mal monoton, mal nervig ist, dann ist der „Bund des Lebens“ bei denjenigen, die ihre Liebe immer wieder aufs Neue beleben, nicht gleich erschüttert. Denn gerade in der täglichen Auseinandersetzung mit den profanen Dingen, die meist gar nicht direkt das Ehepaar betreffen, aber dennoch auf sie einwirken – beispielsweise, wenn einer Ärger im Job hat oder der Nachwuchs nicht wunschgemäß pariert, oder/und bei familiären oder finanziellen Problemen –, können sich kleine Reibereien zu Reizthemen entwickeln, wenn sie nicht mit Sorgfalt und Verständnis behandelt werden.

An den Alltagstrott, an die jeweiligen Eigenschaften und Gewohnheiten, die im bisher „liebesblinden“ Ausnahmezustand eher als geringe Bedeutung bzw. Beeinträchtigung wahrgenommen worden sind, müssen sich beide Partner ja erst mal gewöhnen. Die veränderten Bedingungen im enger geschnürten Beziehungskorsett lassen möglicherweise enttäuschte Emotionen und ernüchterte Erfahrungswerte entstehen, denn nun sind es ja zwei gleichberechtigte Einheiten, die als Entscheidungsträger „unter einen Hut“ zu bringen sind, falls beide ihre unterschiedlichen Meinungen ausdrücklich durchsetzen wollen. Denn auch das Kräftemessen und Machtgerangel gehört zu einer guten Partnerschaftsbildung und zur jeweiligen Positionierung. Auf diese Art können egozentrische oder extreme, unvernünftige oder unzumutbare Profilierungsversuche gleich im Keim erstickt werden.

Es gibt als Kernpunkte neun „Liebesstile", die allgemeinhin als gute Basis für Beziehungs- bzw. Ehepartner gelten, auch wenn man bei manchen auf den ersten Blick meinen könnte, dass sie eher fordernd bzw. kontraproduktiv sind. Aber sie sind ja auch nur beispielhaft gemeint und lassen sich nicht auf jede Beziehung bzw. Ehe umsetzen, denn in jeder Partnerschaft gibt es andere Planvorhaben oder Schwerpunkte, nichts im Leben ist nur schwarz oder nur weiß; außerdem bringen die gesellschaftlichen Veränderungen bzw. Verhältnisse automatisch neue Wertschätzungen und Wunschvorstellungen mit sich. Und da sich ja mehrheitlich zwei Individuen zusammentun, also zwei ausgewachsene, charakterstarke Persönlichkeiten, die miteinander und mit ihrem jeweiligen Potenzial etwas erreichen wollen, spielen diese Richtwerte mehr oder minder eine Rolle – egal, ob sie bewusst oder unbewusst als Stilelemente eingesetzt werden:

1. Intimität, Verständnis, Vertrauen: dadurch entsteht eine emotionale Innigkeit, in der sich eine gefühl- und gehaltvolle Kommunikation und damit ein liebevolles Kraftfeld entwickelt.
2. Begehren, Sexualität, Zärtlichkeit: dadurch entsteht eine erotische Spannung, in der sich eine intensive und leidenschaftliche Stimulation und damit ein liebevolles Verhältnis entwickelt.
3. Schutzbedürftigkeit, Sensibilität, Sicherheitsbedürfnis: dadurch entstehen zwar Abhängigkeits- bzw. Anhänglichkeitsgefühle, aber die können durchaus nützlich sein – für den Beziehungspartner, der beschützt werden möchte, meistens die Frau, und für denjenigen, der die Beschützerfunktion übernimmt, meistens der Mann –, in der klassischen Rollenverteilung.
4. Profilierungssucht, Spieltrieb, Streitlust: dadurch entstehen unterschiedliche Ausprägungen des Kräftemessens und Machtanspruchs, aber die sind durchaus normal in einer Partnerschaft mit zwei starken Persönlichkeiten. Eine gewisse Aggressivität ist zum Beispiel in jedem Sexualakt enthalten und erhöht die lustvoll pri-

ckelnde Spannung. Bei blutleeren Gefühlen führt eine künstlich geschaffene Idylle zur Langeweile; in einer leidenschaftlichen Liebesbeziehung kracht es auch mal, wenn jeder sein Potenzial einbringt und seinen Standpunkt behauptet.

5. Gutmütigkeit, Großzügigkeit, Humor: dadurch entstehen Frohsinn, Fürsorglichkeit und Harmonie; in Konfliktsituationen werden faire und gerechte Bedingungen geschaffen, damit sich niemand überlistet, übervorteilt oder unterdrückt fühlt.
6. Ambivalenz, Dynamik, Fantasie: dadurch entstehen Reibungspunkte, die als Reizstoffe durchaus konstruktiv und kooperativ eingesetzt werden können und die Partnerschaft beleben.
7. Anstand, Ordnung, Prinzipientreue: dadurch entsteht beiderseits eine besonders bindungsorientierte, konservative und moralische Grundhaltung, in der nach Vollkommenheit und traditionellen Werten gestrebt wird.
8. Erfüllung, Gemeinschaftsgefühl, Leistungsbewusstsein: dadurch entsteht ein Anspruchsniveau mit Optimierungs- und „Powergeist", um gemeinsam einen gesellschafts- und imagefördernden Standard- und Stellenwert zu erreichen.
9. Glück, Willensstärke, Zufriedenheit: dadurch ergeben sich positive Erfahrungen und zuversichtliche Erwartungen für die Partnerschaft, in der unverblümte Widerworte nicht abwertend gemeint sind, sondern anregend und erregend.

Dem letzten „Kernpunkt der Liebesstile" entsprechend ist es also keinesfalls empfehlenswert, nur Bescheidenheit und Edelmut, Gutmütigkeit und Hingabe in eine Partnerschaft einzubringen, denn mit dieser „Opferbereitschaft" wird ein Sanftmut und eine Selbstlosigkeit signalisiert, die fast schon an Selbstverleugnung grenzt. Aufgrund einer geradezu kompromisslosen Anpassungsfähigkeit und konfliktfreien Gutartigkeit fühlt sich der Partner nämlich nicht entlastet, sondern überlastet, denn er kommt sich ja beinahe wie ein Schuft oder Unruhestifter vor beim Ansprechen von einfachen Kompetenzfragen, Komplikationen oder sonstigen Konfrontationen, und wenn jede kleine Kritik oder Launenhaftigkeit gleich zur Krise aufgebauscht und überbewertet wird, kann er sich nicht normal verhalten. Jeder Mensch hat das Recht, seine Stimmungsschwankungen und Temperamentsausbrüche auszuleben, ohne immerzu auf den hypersensiblen Partner Rücksicht zu nehmen, denn es muss eine „Abladefläche" für Aggressionen und eine „Angriffsfläche" für konstruktive Auseinandersetzungen oder kontroverse Einstellungen geben, damit sich beide, gemäß ihrer naturgegebenen Gemütshaltung, abreagieren können. Es muss für beide ein Gefühlsventil bei Klärungsbedarf geben, damit eine aufrichtige, ehrliche und entspannte Partnerschaft gedeihen kann, in der beide sich angemessen ausprobieren können. Denn der emotionale Draht muss immer wieder neu gespannt werden, um den mal enthusiastisch, mal explosiv geladenen Gefühlen und der geistigen Herausforderung eine Mitteilungsform und ein Mitspracherecht zu ermöglichen. Wer sich immerzu diszipliniert und kontrolliert verhält, immerzu lieb und nett ist, niemals außer Fassung gerät und mit notorischer Gelassenheit und passivem Gleichmut auf die wechselhaften Fälle des Lebens reagiert, darf sich nicht wundern, wenn dies die Nerven des Partners strapaziert und er bei einem möglicherweise kleinen Anlass die Beherrschung verliert.

Aber auch für Gedulds- und Gutmenschen ist es ein physischer und psychischer Kraftakt, immerzu die Selbstbeherrschung zu bewahren, bei Verstimmungen wegzuschauen und sich ständig in Zurückhaltung zu üben. Denn unangepasste Bedingungen und unbequeme Forderungen bringen durchaus frische Innovationen und Kreativität ins „Liebesspiel"; sodass sich die „Ich-Bezogenheit" mehr und mehr zum „Wir"-Merkmal" entwickelt, und damit zu gemeinsamen Interessen und einem innigen Liebesstil führt, in dem Intimität, Intensität den „erotischen Kick" geben.

Aber damit das richtig verstanden wird: Es geht hier um Streitkultur, nicht um Streitlust! Denn nicht immer gewinnt derjenige, der das letzte Wort hat, sondern derjenige, der darauf verzichtet. Es ist jedoch ein Befreiungsakt sowohl für den extrovertierten wie für den introvertierten Beteiligten, wenn im Konfliktfall mal Stellung bezogen und mal „Tacheles" geredet wird. Das überempfindsame Ablenken und Ausblenden von Klartext-, Krisen- bzw. Kritik-Situationen lässt nämlich keine einvernehmliche und fürsorgliche Basis entstehen, in der die Beziehungspartner ihre Gefühle und ihren Gestaltungswillen aufeinander einstellen und ihn entfalten können. Die Beziehungs- und Bindungsfähigkeit muss nämlich auch mal den Stresstest aushalten und die Teamorientiertheit beweisen können, ohne dass gleich alles in Frage gestellt wird.

Mit einer beiderseits heiteren und humorvollen Einstellung, in der es um gegenseitige Ergänzung geht, und nicht um Ehrverlust, können alle Fälle des Lebens, ob die guten oder die schlechten, besser bewältigt werden, und dabei wird der besonders harmoniebedürftige Partner merken, dass er keine negative Beeinträchtigung, sondern eine positive Erfahrung machen kann, und dass er dennoch – oder gerade deshalb – akzeptiert, geliebt und geschätzt wird: Aufgrund seiner aufrechten Haltung, authentischen Integrität, und weil er mit seiner eigenen Meinungsbildung und seinem eigenen Potenzial seinen Standpunkt vertritt.

Jeder Mensch ist mit nachteiligen und vorteilhaften Verhaltensweisen behaftet, die er nicht von seiner Haut abstreifen kann wie ein kratziges oder schmutziges Hemd; es gibt kaum jemanden, der in ein berufliches oder persönliches Verhältnis nur Vorteile einbringt und der nur mit einem gutartigen Wesen ausgestattet ist.

Die Befindlichkeit eines jeden Erdenbürgers ändert sich außerdem in den unterschiedlichen Lebensphasen, und wenn eine Problembewältigung ansteht, dann sollten es beide tun, gleichberechtigt und gleichgestellt.

Auch ein glücklich verheirateter Ehemann schaut mal nach anderen Frauen, wenn sie hübsch sind; eine kluge Ehefrau macht ihm deshalb jedoch nicht gleich eine Eifersuchtsszene und zweifelt an seinem Treueversprechen. Die meisten Männer sind von Natur aus in „Sachen Sex“ schnell stimuliert, einen „Seitensprung“ riskieren sie jedoch mehrheitlich nicht; ihnen genügt es, dass sie mit ihrer Charmeoffensive beim anderen Geschlecht „ankommen“ – mehr nicht!

Frauen freuen sich ja auch über die Flirtversuche und Komplimente anderer Männer, um für ihre Attraktivität und Ausstrahlung eine Bestätigung zu erhalten … – das sind doch männlicher- und weiblicherseits ganz natürliche und normale Beweggründe, denen keine Überbewertung zukommen sollte. Diese sollten aber durchaus positive Auswirkungen auf das Paarverhältnis haben, sodass das Selbstbewusstsein gefestigt und der Stellenwert gestärkt wird.

Für die Frage: „Wer passt zu wem – Gegensätze oder Gleichgesinnte“, gibt es demnach keine konkrete Grundregel, nur deutungsweise eine Interpretationshilfe.

Männer beneiden Frauen bezüglich ihrer Gefühlstiefe, auch das ist analysiert worden in beispielhaft aufgeführten sieben Kernpunkten:

1. weil sie einfühlsamer und empathischer sind;
2. weil sie ihrem Bauchgefühl vertrauen, wenn es um eine wichtige Entscheidung geht;
3. weil sie über ihre Gefühle reden können;
4. weil sie Hilfe annehmen können, ohne sich schwach zu fühlen;
5. weil sie ihre Schwäche mit Tränen abreagieren dürfen;
6. weil sie in sexueller Hinsicht weniger Leistungsdruck haben;
7. weil sie in ihrer Lebensführung samt und sonders stilsicherer sind und auch unabhängiger.

In jeder Freundschafts- und Liebesbeziehung sind Respekt und Toleranz überaus wichtige Faktoren, und dass ohne Vertrauen gar nichts geht, kann nicht oft genug wiederholt werden. Es ist dennoch eine glückliche Fügung, wenn sich zwei herzens- und seelenverwandte Menschen treffen, die eine ehrliche und gute Partnerschaft zu schätzen wissen, in einer häufig eigennützig, kaltschnäuzig und materiell geprägten Welt mit oberflächlich stylisierten Zeitgeisterscheinungen. Heutzutage und hierzulande wird alles immerzu noch funktionaler, noch großartiger, noch optimierter und perfekter, noch schneller und noch toller gefertigt, aber solche traditionellen Eigenschaften wie charakterliche Wertschätzung und emotionale Zufriedenheit sind eher nebensächlich und unverbindlich geworden, weil sie nur eine vergängliche Zwischenstation darstellen. Der „gute Charakter“ hat neben den materiellen Dingen kaum einen nennenswerten Punktwert; der britische Historiker Thomas Carlyle hat das sinngemäß so interpretiert: „Du darfst nicht die Sonne tadeln, weil sie deine Zigarette nicht entzündet!“

Die Menschen haben eine computerisierte, digitale, „hightech“-geprägte Konsumier-Mentalität entwickelt, in der alles faszinierend, aber nur scheinbar alles möglich ist; sie definieren sich über: Erfolg, Karriere, Statussymbole. Das Menschliche und das Natürliche bleibt dabei oftmals auf der Strecke, weil es nicht effizien genugt, nicht kompatibel und nicht „modern“ ist, obgleich dies die einzige Konstante in unserem Leben darstellt.

Tatsache ist also, dass besonders die jungen Menschen in Bezug auf die jeweilig neuzeitlichen, technisch auf die jeweils höchste Niveaustufe gestellten Gerätschaften die Fähigkeit zu einer Flexibilität und Umgangsform entwickelt haben, die erstaunlich ist. Wer heutzutage und hierzulande keinen Computerstick um den Hals hat, um immer und überall online zu sein, oder das Handy, i-pad oder i-phone ignoriert, wird häufig milde belächelt, gilt fast schon als nicht „gesellschaftsfähig“, mindestens als rückständig, weil er nicht ständig erreichbar ist, wenn spontan zu einem Event oder einer Fete gerufen wird. Mit der immerzu neuen Aktualisierung und Optimierung der Geräte erhalten sie scheinbar den ultimativen Kick, mit dem sie wettbewerbsfähig sind.

Auf alles das stellen sie sich gerne ein, geben viel Geld dafür aus und lassen sich von den IT-Firmen instrumentalisieren, E-Commerce, Online-Marketing, Social-Media sind für sie das Maß aller Dinge geworden. Aber in Bezug auf menschliche Gefühle und natürliche Lebensbedingungen verhalten sie sich oftmals wie – sorry! – urtümliche Neandertaler.

Das soll hier und jetzt nicht nur negativ eingebracht werden, sondern das Konsumdenken und –handeln sowie das mediale Inszenieren und den dadurch geprägten Lebensstil in überzeichneter Weise veranschaulichen. Es gibt andere Schlagworte und Schwerpunkte, und wenn beide Beziehungs- bzw. Ehepartner sich darüber einig sind, dass sie damit Erfolg haben und dies als Glückszustand empfinden und sich gemeinsam darüber freuen, dann ist es in Ordnung für ihre eigene Selbstinszenierung und Selbstverwirklichung. Aber die Souveränität anderen gegenüber, die nicht so hightech-fixiert sind und auf andere Wertmaßstäbe setzen, sollten sie nicht aus den Augen verlieren.

In Bezug auf die Frauen und deren Glückseligkeit hat Bernard Shaw mal sinngemäß behauptet, dass die Frauen die Glückseligkeit für sich alleine haben möchten.

Hat er damit gemeint, dass sie ichsüchtig sind? – Oder Salvador Dali, der bekannterweise in seiner Kunst- und seiner Lebensform sehr exzentrisch gewesen ist, hat mal sinngemäß gesagt: „Wenn eine Frau liebt, dann liebt sie sich selbst.“

Aber kann man das in Bezug auf die Frauen so einfach, leichtfertig und verallgemeinernd sagen? – Als Definition bezüglich der keim- und kernhaltigen Evolutionslehre steht geschrieben:

„a) allmählich fortschreitende Entwicklung;

b) stammesgeschichtliche Entwicklung der Lebewesen von niederen zu höheren Formen."

Damit sind, gänzlich geschlechtsneutral, ausdrücklich beide menschlichen Lebewesen gemeint, die sich von den primitiven Organismen zu den privilegierten entwickelt und somit eine Kultivierung vollzogen haben. Die Egozentrik bzw. Ichsucht ist demnach gleichermaßen in beiden, in Männern und Frauen, in Elementarteilchen vorhanden – als biologisches Antriebsmittel in persönlicher, primärer Ausrichtung zur Daseins- und Existenzsicherung. Denn bereits Babys entwickeln aufgrund ihrer erstmalig erfahrenen seelischen Bedürfnis- und sinnlichen Berührungskontakte, dass eine enge Beziehung elementare Empfindungen der Geborgenheit vermittelt, denn sie sind ja auf die Eltern oder auf andere Pflegekräfte angewiesen, um überhaupt überleben zu können, und müssen diesen Menschen vertrauen. Dieses Urvertrauen ist es nämlich, das als erste Glücksformel und Grundregel gilt, wenn ein Mensch auf die Welt kommt: das „blinde", starke, tiefe, unbedingte und unerschütterliche Vertrauen, das Zufriedenheit und Zuversicht in sich vereint.

Die ersten „Beziehungspartner" sind die Eltern, Geschwister, Großeltern oder andere Bezugspersonen, die sich um den hilflosen, nackten Erdenbürger kümmern – egal, ob er dem männlichen oder weiblichen Geschlecht angehört. Und bei ihnen bringt er sich impulsiv und intuitiv ein, mit all seiner Bedürftigkeit und dem einzigen Besitz: seinem Ego, also seinem „Ich", und seinem Überlebenswillen. Das ist sozusagen das einzige Erbgut neben den genetischen, das ihm „von Geburt an gegeben ist", unabhängig davon, ob die Eltern arm oder reich sind. Erst bei der Erziehung erhält das Geschöpf, genormt jeweils nach dem „kleinen" körperlichen Unterschied, seine Wesensbestimmung und damit seine gesellschaftliche Wirkungszuteilung.

Diese Argumente sind eigentlich nur gegen die Behauptung von Dali gerichtet, dass Frauen angeblich besonders ichbezogen sind. Aber sie haben auch Bestand in der weiteren Diktion des „Erdenbürgers", denn diese Glücksformel und Grundregel lässt sich auch auf seine weitere Entwicklung übertragen, auf seine Lebens- und Liebesfähigkeit nämlich. Das heißt: er bzw. sie bringt sich idealerweise selbstbewusst, vertrauensvoll und widerstandsfähig mit seiner Charakterbildung und mit Eigeninitiative in die gesellschaftliche Gemeinschaft ein, indem er sich in der Kita, in der Schule, beim Sport oder bei anderen Aktivitäten sowie im Freundeskreis als vollwertiges Mitglied erweist. Allerdings beginnt es heutzutage und hierzulande bereits frühzeitig mit dem Drill zum Funktionieren, denn im Anforderungsprofil beim Persönlichkeitstest seitens des „Soziotops" steht an erster Stelle: Durchsetzungskraft, Ehrgeiz, Erfolgsorientiertheit!

Es ist also durchaus ein Balanceakt und setzt strategische Begabung und taktische Geschicklichkeit voraus, um von der Ich-Bezogenheit in einen Integrations-Bezug zu gelangen, also eine Art Komplizenschaft und Miteinander, und sich dennoch nicht so zu verbiegen, dass die Persönlichkeit verformt wird. Denn der Maßstab, nachdem die Menschen handeln und urteilen, ergibt sich aus der Summe der ureigenen Vertrauensbeweise bzw. –brüche.

Aber normalerweise erhält dieser Anpassungs- bzw. Eingliederungsprozess eine positive Resonanz und ermuntert mithilfe der „eingefleischten", mehr und mehr physisch, psychisch und pubertär aktivierten „Happy-Anteile" – beispielsweise in Bezug auf die ersten Erfahrungen mit den Freundschaften und den Gefühlen im Geschlechtsleben –, die Herz-, Hirn- und Hormonstimulanz.

Damit ist nun wieder das Denken und Fühlen in Liebesdingen gemeint, denn wenn es bei beiden Partnern „Peng" gemacht hat, es fortan nicht nur um Sympathie, sondern um Verliebtheit geht; wenn es also keine flüchtige Liaison mehr ist, sondern dies als einzigartige „große Liebe" empfunden und erlebt wird, dann folgt idealerweise die Eheschließung, aus der die Familiengründung entsteht, mittels der die Fortpflanzung der Generationsfolge gesichert wird. Das ist jedenfalls im Normalfall die Regel, das menschliche Sozialgefüge wird somit immer wieder belebt, erneuert und fortgeführt. .

Dieses Bestreben nach einer ehelichen Einheit bringt in der anfänglichen Idealisierung des Liebeszustandes mit sich, dass die ureigene Ichsucht zur vereinten „Wirsucht" verschmilzt, denn beide nehmen dieses „für immer dein" in diesem Moment sehr ernst, weil sie sich so innigst verbunden und intensiv vereinigt fühlen, gemäß dem Leitspruch: „Wir gegen den Rest der Welt!" – Dieses Wunschdenken darf sich dennoch nicht verselbständigen, denn die ursächliche Identität darf niemand verlieren, um seiner Selbstständigkeit willen, und nicht nur wegen der aufgewühlten Sexualhormone.

Abhängigkeit ist niemals ein guter Beziehungspartner, insbesondere für junge Menschen nicht, die ihre Berufung und Bestimmung meist noch nicht gefunden haben. Deshalb müssen beide Beteiligten, unabhängig voneinander, ihre eigenen Ideen und ihre eigene Identität verteidigen und stets für ihre Selbstbestimmung sorgen: „Wer bin ich" und „wo will ich hin?", sind unverzichtbare Lebensfragen, die sich jeder Mensch stellen sollte, nur für sich.

Auch wenn beide am Anfang der Beziehung durch ein gemeinsames Seelenempfinden stark verbunden sind und meinen, eine gleichartig ausgerichtete Sinnsuche zu verfolgen, bleibt dieser Idealfall meist nur für eine gewisse Lebensphase erhalten – so ernüchternd das hier und jetzt klingen mag –, da jeder Mensch seinen eigenen Reifeprozess erlebt, mit unterschiedlicher Selbsterkenntnis, Selbstkritik und Selbstreflexion auf die jeweils eigene Situation. Das Ausleben der Eigenarten, der Drang nach Eigeninitiative, nach freier, selbstverantwortlicher Entfaltung und der fremdbestimmte Druck auf die Gefühlsnerven … – das sind nur einige primäre Ausdrucksmittel, die die Fassade allmählich bröckeln lassen. Dazu kommt, dass die Ehefrauen sich letztendlich von ihren Männern mehrheitlich immer noch sagen lassen, was sie zu tun oder zu unterlassen haben, weil das männliche Rollenverhalten auch heutzutage immer noch von der konventionellen bzw. traditionellen Familienform geprägt ist – auch das ist bereits mehrfach in dieser Abhandlung betont worden.

Das entspricht jedoch nicht den Ambitionen der Ehefrauen; gemäß einer Analyse der deutschen Frauenzeitschrift „Brigitte" aus dem Jahr 2008 wollen nur ca. sechs Prozent als Hauptbeschäftigung die Hausfrauenrolle übernehmen; je junger die Frauen waren, umso weniger. Der „Märchenprinz", der alleine für die Familie das Geld verdient, ist demnach nicht mehr gefragt; die Frauen bevorzugen eine Kooperation mit den Männern und wollen ihre beruflichen und familiären Ambitionen nach eigenem Gutdünken realisieren. Immerhin waren 43,5 Prozent der männlichen Befragten bereit, ihre Karriere zugunsten eines Kindes kurzfristig zu unterbrechen, um es aktiv zu betreuen. Damit ist den Frauen jedoch nur wenig geholfen, da die alltägliche Routine und die berufliche und familiäre Vereinbarkeit der bestehenden Verhältnisse sich nicht von heute auf morgen verändern lässt. Denn solange Frauen weniger Geld verdienen als Männer, können sich die meisten Paare die Reduktion bzw. den Verzicht einfach nicht leisten. Fazit: Damit eine beiderseitige Elternschaft lebbar und möglich wird, müssen Frauen und Männer in etwa gleichartigen Positionen gleichberechtigt entlohnt werden, damit sie den „Rollentausch" vornehmen können. Zur Entspannung tragen solche Entwicklungen wie befristete Arbeitsverträge und „Generation Praktikum" jedoch ganz und gar nicht bei, denn während der Ausbildungszeit ist eine Familiengründung heutzutage und hierzulande für einen jungen, ehrgeizigen Mann kaum möglich. Es ist also durchaus empfehlenswert – und dies ist nicht nur aufrührerisch gemeint –, nachdem die Frauen ihre Gleichberechtigung, jedenfalls im privaten Lebensbereich, erlangt haben, nun für die Männer ein Modernisierungs- und Reformkonzept zu entwickeln, damit echte Veränderungen und Verbesserungen für die beruflichen und familiären Verhältnisse geschaffen werden können. Akzeptanz und Anerkennung fehlen zum Beispiel meist noch im „männlichen" Berufsleben, wenn es um familienfreundlichere bzw. flexiblere Arbeitszeiten geht, die zu mehr Entspannung und Entstressung im Familienleben beitragen würden. Bisher sind fast nur die besonders markanten „Macho-Typen" von der „Moderne" verdrängt worden, aber die eher feinsinnig und feminin veranlagten Männer der „Reformbewegung" lassen sich schnell verunsichern, und das passt vielen Frauen auch nicht.

Was wollen die Frauen also? – Einen handfesten Kerl, der impulsiv alles anpackt, oder einen intellektuellen Mann, mit dem sie endlos diskutieren können?!

Sie fordern den engagierten, familienbewussten, gefühlvollen Mann, aber ein erfolgreicher, karrierebewusster, leistungsorientierter bringt für ihre Lebens- und Liebeswerte mehr Selbstwertgefühl.

Damit sind natürlich nicht alle Frauen gemeint, es gibt solche und solche! Aber die „Andersartigkeit" im weiblichen Denken, Fühlen und Handeln wird häufig aber auch beim Kommunizieren ersichtlich, denn: Frauen reden indirekt, Männer hingegen konkret! Die weibliche Sozialisierung ist auch deshalb mit anderen Spiel- und Stilregeln ausgerüstet, die spitzfindiger und subtiler auf den Partner einwirken, wenn er nicht hundertprozentig mitzieht.

Die absolute Anpassung an die beiderseitigen Bedürfnisse ist daher kaum durchsetzbar, und falls *sie* emanzipiert und fortschrittlich orientiert ist, *er* dagegen eher die herkömmliche Familien- bzw. Lebensform bevorzugt, handelt es sich ihrerseits wahrscheinlich eher um ein Liebes- bzw. „Lippenbekenntnis“ oder Manipulationsmittel, das im trivialen Alltagstrott kaum zur Anwendung kommt.

Letztendlich müssen beide ihr jeweils „eigenes Ding“ machen und jeder für sich seinen „Horizont“ erweitern, aber erst das macht das gemeinsame Leben ja abwechslungsreich, bunt, interessant, lebensprall und lustvoll. Nur so können sie angemessen auf anstehende Probleme, Sinnfragen und Stimmungsschwankungen reagieren und im beiderseitigen Einverständnis darauf eingehen. Denn selbst wenn die Beziehungs- bzw. Ehepartner meinen, absolut aufeinander eingestellt und füreinander bestimmt – oder gar geschaffen – zu sein, es gibt keine Garantie für ein abgesichertes, berechenbares, beständiges Leben.

Dennoch lässt diese Anwandlung, ganz und gar mit dem Beziehungspartner eine Einheit zu bilden, eine innovative Kraft und einen konstruktiven Prozess entstehen, in dem beide gemeinsam ihren Spielraum entwickeln, sich dann aber auf ihre jeweiligen Stärken und Talente konzentrieren.

In Bezug auf die bei Frauen angeblich besonders ausgeprägte „Ich-Sucht“ noch ein Schlusssatz: Alle „Menschenkinder“ finden instinktiv als Erstes an sich selbst Gefallen; sie „lieben“ sich selbst, bevor sie zu ihren engsten Bezugspersonen Gefühle entwickeln. Das Bewusstsein, mit der eigenen Auffassungsgabe etwas zu begreifen, zu entdenken, zu erobern, zu formen … – das ist doch keine negative Ich- bzw. Selbstsucht, sondern ein ganz gesunder, natürlicher und normaler Vorgang. Damit, mithilfe ihres Selbstbewusstseins und -vertrauens nämlich, bringen sie sich in das Sozialgefüge ein, und nur auf diese Art erhalten sie die Fähigkeit, sich in einen anderen Menschen hineinzudenken, hineinzufühlen und zu verlieben, sodass der „beschränkte Blick auf sich selbst“, auf Eltern, Familienmitglieder et cetera ein neues Gegenüber erhält. Nur so entwickelt sich eine gesunde Beziehungsfähigkeit, ein Geben und Nehmen und ein verantwortungsvoller Umgang miteinander, in dem mehr und mehr die Sicherung der Stabilität und das Zusammengehörigkeitsgefühl in den Fokus gerückt wird.

Es ist, wie es ist: Die Frau übernimmt als Liebespartnerin die Mutterrolle für den Nachwuchs, der Mann die Sicherung des Familienbundes und -friedens … – es haben sich also keine nennenswerten neuen Formen in der

Partnerschaft ergeben. Das Geben und das Nehmen ist für eine eheliche Gemeinschaft also nach wie vor die existenzielle Grundlage.

Dieses Abbild des bürgerlichen Beziehungs- und Familienlebens spiegelt sich auch in den gängigen, häufig kitsch- und klischeebehafteten Fernsehserien wider, in denen die „guten“ Akteure in dramaturgisch inszenierter Folge Frust, Herzschmerz, Verzweiflung darstellen, bis die „bösen“ Akteure mittels Rache und Schuldzuweisung entlarvt sind und die „Lovestory“ beginnen kann, mithilfe des Gefühlsverstärkers „Leidenschaft“ und Hoffnungsträgers „Liebe“. Anschließen gelangen die „Guten“ wieder zu einer optimistischen Seelenverfassung, während die „Bösen“ sich neue Opfer suchen, niederträchtige Pläne schmieden, oder ein schlimmes Schicksal oder eine Strafe hinnehmen müssen ... – je nachdem, wie die Drehbuchautoren es beschlossen haben.

Die Frauen freuen sich über die Gerechtigkeit, und dass der Glaube an das „Gute“ letztendlich bestätigt wird, während das „Schlechte“ nicht siegen darf, weil das unmoralisch und verwerflich wäre. Das ist eine „schöne Illusion“ und simpel gestrickt, aber im „stinknormalen Leben“ gibt es eben zu viel Ungerechtigkeit.

Diese stilistischen Elemente sind auch in der Frauenliteratur, den so genannten Heftromanen enthalten, in denen Liebesgeschichten nach einem bestimmten Schema und in „Schönschreiberei“ gefertigt werden; die „Guten“ werden demnach mit dem Happyend belohnt und in die „heile Welt“ entlassen; die „Bösen“ werden ihrer gerechten Strafe zugeführt, weil Unmoral und Verrat nicht in die Vorstellung einer „heilenWelt“ passen.

Aber das echte Leben spielt sich nicht auf dem „Lovestory“-Niveau ab, denn das Gefühl der Liebe ist überwältigend, und die Vorstellung, sich niemals zu trennen, ebenfalls. Aber in der Wirklichkeit des Zusammenlebens zeigen sich meist schon bald die ersten Missverständnisse, hässlichen Risse und hinterhältigen Tücken, denn die Beziehungspartner müssen ihr Eheleben einträchtig gestalten, sich wahrhaftig und wirklich „zusammenraufen“ und sich bemühen, für ihre beiderseitigen Interessen und Lebenspläne einen gemeinsamen Nenner zu finden, auch wenn beide extrem unterschiedlich sind: beispielsweise sie aktiv, spontan, temperamentvoll, er introvertiert, eher phlegmatisch und verhalten. Dennoch haben sie sich ja gefunden, und solange die erotische Anziehungskraft ihre Gefühle im Gleichtakt ticken lässt und die romantische Überhöhung und Verklärung ihnen den „Verstand raubt", ist diese Verschiedenartigkeit durchaus reizvoll. Die aktive Aufgeschlossenheit der Ehefrau kann für den Ehemann bereichernd und ergänzend sein, kann Farbe, Fröhlichkeit und heiteres Geplänkel in sein Leben bringen, selbst wenn im Allgemeinen die Bedingungen nicht so günstig erscheinen und im Besonderen im alltäglichen Einerlei das Gemeinschaftsgefühl erst gefunden und gestärkt werden muss. Dass beide ihre charakterlichen Eigenarten und lieb gewordenen Gewohnheiten beibehalten möchten, ist ja verständlich, und wenn diese nicht zur Belastung in der Beziehung werden, sollten diese toleriert werden, denn kein Mensch ist die Perfektion in Person! Kommunikation und Kooperation sind die wichtigsten Verbündeten in einem emotionalen Verhältnis – das kann nicht oft genug betont werden! Denn die Beschaffenheit von halbherzigen Kompromissen ist meist nicht haltbar; die Eigendynamik führt immer wieder zu Interessenskonflikten, die allmählich die Partnerschaft vergiften, sodass es statt zu einer vernünftigen Problemlösung, beispielsweise einer Paartherapie, zur Trennung kommt, wegen der Unvereinbarkeit, und weil die Voraussetzungen für eine Zerreißprobe meist gar nicht in Betracht gezogen werden.

Den Veränderungswillen im Verhältnis, der erst an der Hinwendung zum Partner bzw. zur Partnerin orientiert ist, und nicht gleich am Rückzug, müssen sich beide beteiligen, wenn die Liebe nicht mehr so „heiß" und übermächtig ist und mit einem Mal festgestellt wird, dass der bis zum Höchstmaß idealisierte Partner bzw. die Partnerin nur über ganz „gewöhnliche" menschliche Qualitäten verfügt. Deshalb sollten beide sich um Besonnenheit bemühen und sich beide die Fragen stellen:

> Habe ich für die Beziehung genug getan, um den Fortbestand auch nach den „berauschenden Gefühlen" zu sichern?
>
> Habe ich mich auf den Partner bzw. die Partnerin genug eingestellt, nach der ernüchternden Bestandsaufnahme der Beziehung?
>
> Habe ich mich genug bemüht, für uns eine Basis zu schaffen, die uns beiden erlaubt, die jeweiligen Interessen in das gemeinsame Leben zu implantieren?

Also: Falls ein Beziehungspartner möglicherweise unüberlegt und voreilig den Entschluss gefasst hat, sich zu trennen, weil er enttäuscht ist von der

Partnerschaft, in der seine Selbstverwirklichung nur unzureichend berücksichtigt wird, sollten sich beide Beteiligten erst mal diese Fragen stellen, um Klarheit zu erhalten.

In der früheren klassischen Frau/Mann- bzw. Mutter/Vater-Beziehung war in der Regel die Rollenverteilung klar klassifiziert; es gab relativ selten Ausnahmen. Die meist unterschiedlich und vielfältig angelegten Bedürfnisse der Beziehungspartner heutzutage und hierzulande bringen jedoch neue Erfordernisse mit sich, nicht nur aufgrund des beruflichen Engagements der Frau. Dazu, als Anmerkung, ein paar Daten und Fakten: 1953 haben ca. 4.000 deutche Frauen ihren Hochschulabschluss erreicht, zwanzig Jahre später sind es rund sechsmal so viele: 27.625. Zehn Jahre später hat sich diese Anzahl fast verdoppelt, auf über 50.000, und seit 2003 sind es weit über 100.000, die die Universität verlassen und einen Arbeitsplatz suchen, der ihrer Ausbildung entspricht. Dass sie dies ihrem Berufs- und Familienwunsch gemäß ausleben möchten, ist immer noch ein Problem. Denn die Beziehungspartner müssen sich demzufolge auf ein strukturell verändertes Verhältnis einstellen, in dem sie sich mal als Freunde, mal als Geliebte, mal möglicherweise als Kollegen begegnen, also mal leidenschaftlich und verführerisch, mal partnerschaftlich und verlässlich. In den „modernen Ehen“ wird also erwartet, dass eine Person, egal, ob männlich oder weiblich, alles das in sich vereinigt. Viele junge Männer bekommen mittlerweile die Nachteile der herkömmlichen Rolle zu spüren, die ihnen mehr oder minder immer noch „auf den Leib“ geschrieben werden. Sie werden meist immer noch nach den alten Mustern des 19. Jahrhunderts erzogen – insbesondere von ihren Müttern –, und kaum auf die veränderten Anforderungen und Ansprüche der jungen Frauen bzw.der heutigen Gesellschaft vorbereitet. Diese archetypische Rollenverteilung besteht auch heutzutage und hierzulande nahezu unvermindert weiter, aber nun sollen sie alles sein: erfolgreich im Beruf, gefühlvoll und konfliktfähig als Lebens- bzw. Liebespartner und dazu ein fürsorglicher Vater, der sich ebenso um die Kindererziehung kümmert wie die meist berufstätige Mutter.

Viele junge Männer befinden sich demnach mehr oder minder in einer Orientierungsphase; sie wollen die alten Regeln und Rollen abstreifen, sich nicht mehr nach den anerzogenen, gängigen Stereotypen richten, da das neue Sozialkorsett nicht mehr in die heutige Welt und Zeit passt. Aber es gibt für sie kaum neue Vorbilder oder eine entsprechende Wertschätzung, sodass viele Jungs sich eher wankelmütig und zaudernd in eine Partnerschaft begeben und bei der kleinsten Störung flüchten: in die Arme einer anderen Frau, auf die berufliche „Überholspur" oder in ein ganz anderes Lebenskonzept.

Als philosophische Betrachtung hierzu ein Denkmuster: Das Leben – insbesondere die Liebe –lässt sich nicht auf simple Gesetze reduzieren, so verlockend das auch sein mag. Die Evolution hat hingegen feste Gesetze, aber das bedeutet dennoch nicht, dass das, was als Naturgesetz gilt, ganz und gar plan- und vorhersehbar ist – besonders in den menschlichen Beziehungen nicht. Denn die komplexe Gemeinschaft in einer festen Partnerschaft besteht in der nicht linearen Interaktion der Individuen, obgleich bestimmte Ordnungs- und Strukturmuster gewissermaßen, aus menschlichem Ermessen und einer naturgegebenen Erwartungshaltung heraus, vorgegeben werden – bereits seit Jahrtausenden. Die Reaktionen auf dieses komplexe System haben sich mehr und mehr verändert und orientieren sich nach und nach an der Veränderlichkeit der Verhältnisse in der gesamten bzw. globalen Weltordnung. Diese existenziell und fundamental geordnete Art des Lebens – und Liebens – bleibt demnach als sinnstiftendes Element erhalten; die Komplexität des Lebens – und des Liebens – ist jedoch im größeren Maße auf die Vernetzung der Wechselwirkungen angewiesen.

Im Klartext: Statt eine Person nach der anderen auszuprobieren – egal, ob männlicher- oder weiblicherseits –, ob sie kompatibel und kooperativ genug ist, sollte besser das Prinzip der beiderseits eindeutig erklärten Bereitwilligkeit und Beteiligung umgesetzt werden, um das Gelingen des „Gemeinschaftswerks" zu erreichen, damit die zerstörerischen Elemente der Missverständnisse, die dem Paar einzutrichtern versuchen, dass ihre Liebe „eine einzige Lüge ist", oder dass sie eine „falsche Partnerwahl" getroffen haben, ausgeräumt werden können. Auf jeden Fall ist das überzeugender als ein kategorisches „Entweder – oder", das fürs Erste eine äußerlich betrachtete Nähe durchaus einbringen kann, aber keine dauerhaft gefühlte innerliche, damit sich echte Intimität und totales Vertrauen einstellen und entwickeln kann

Es ist für beide Beteiligten eine jeweils persönliche Entscheidung, ob sie das eine oder das andere Prinzip einsetzen, und ob dies oder jenes ehrlich gemeint und richtig ist, oder nur vernünftig, damit die „bürgerliche Fassade" erhalten bleibt. Die Betroffenen müssen entscheiden, ob sie den Beziehungspartner primär als Individuum und sekundär als Lebens- und Liebspartner betrachten wollen … – das mag rational gedacht sein, ist aber bedeutungsvoll für das Partnerprofil und für beide Personen, besonders dann, wenn beide von ganzem Herzen an einer langfristigen Beziehung interessiert sind und sich nicht die „Luft zum Atmen" nehmen wollen. Dass ein lebhaftes Miteinander sich nicht ohne „Pulsbeschleuniger" gestalten lässt – mal aus Gründen der überaus liebevoll zugeneigten Reizüberflutung, mal aus abgrundtief empfundenen gegenteiligen Gründen, die eine gereizte Stimmung verbreiten –, ist ja normal. Es gibt im Leben kaum eine makellose Partnerschaft, es wird immer mal Toleranzgrenzen, Übereinstimmungs- und Verständigungsbedarf geben. Denn wenn sich ein Paar wirklich aufeinander einlässt, dann geht es nicht nur um das beglückende emotionale Denken und Fühlen, um gemeinsame Geistes- und Herzensergüsse, sondern um das Hineindenken und –fühlen in den Partner, dass sich beide die jeweils „andere Person" bewusst machen, wie sie wahrhaftig ist; dass sie diese als eine selbstständige Persönlichkeit wahrnehmen. Jeder möchte sich verstanden und wertgeschätzt fühlen, denn nur so kann Liebe empfangen und erwidert werden, und dies kann oftmals mit den kleinen Gesten der Aufmerksamkeit besser und ehrlicher vermittelt werden als mit den großen, die Aufsehen erregen und meist übertrieben sind. Dass die „eingefleischten" Eigenarten des Partners möglicherweise gewöhnungsbedürftig sind, ist in dieser Abhandlung bereits mehrfach zum Ausdruck gebracht worden, aber da sie wie die Handschrift zu dem geliebten Menschen gehören, sollten sie möglichst akzeptiert werden; auf jeden Fall darf sich niemand anmaßen, die persönliche Freiheit des Partners bzw. der Partnerin zu missachten. Mit einem Arrangement kommt man meist weiter, statt mit unangemessenen Maßnahmen der Umerziehung, oder indem die „unangenehme Wahrheit" einfach ignoriert und bei passender Gelegenheit zum verletztenden „Wurfgeschoss" wird. Man kann eben nicht alles vom Partner verlangen; die Beziehung ist doch kein Rundum-Versorgungspaket; es wird immer Reibungsflächen geben, auf die, mal von der einen, mal von der anderen Seite, mit Unwillen und Verhandlungs- bzw. Verständigungsschwierigkeiten reagiert wird.

Die beiderseitige Beteiligung in der Beziehung ist also der beste Klebstoff für die Partnerschaft, damit Gleichgültigkeit, Langeweile und Missstimmung möglichst keine lange Verweildauer erhalten.

Einen besonderen Stellenwert bekommt auch das jeweilige Stilgefühl in der gemeinsamen Wohnung; auch darin müssen die ureigenen Bedürfnisse ihren jeweiligen Platz finden und eine räumliche Distanz erlauben, wenn es mal notwendig ist. Auch darin zeigt sich der beiderseitige Respekt, die Tolenz und eine würdigendes Verhalten. Normalerweise freuen sich ja zwei Menschen, die zusammenziehen, auf ihr eigenes kleines Reich, um es sich so einzurichten und zu gestalten, dass sich beide darin wohlfühlen. Das gemeinsame Gestalten zeigt ja auch, dass sie sich sehr verbunden fühlen, auch wenn der eine möglicherweise die Dominanz übernimmt, und es dem anderen überlässt, für seine räumliche Geborgenheit zu sorgen. Meist ist es so, dass die Ausgestaltung und die Charakterisierung von den Frauen übernommen wird, sodass den Männern die technische Einrichtung überlassen wird, also bezüglich der Beleuchtungskörper, der Musik- und TV-Anlage etc. Aber auch das muss ausgehandelt werden, denn wenn der Gestaltungswille des einen Partners vom anderen nicht ausreichend berücksichtigt wird, kann das die Beziehung auf Dauer gefährden. Es ist zum Beispiel durchaus angebracht, ein neues Bett zu kaufen, falls in dem alten andere so genannte Lebensabschnittsgefährten geschlafen haben. Damit kann ein klares Zeichen gesetzt werden, dass diese Zeit nun vorbei ist. Falls ein Beziehungspartner zum anderen zieht, ergeben sich häufig Konflikte um diese oder jene Erinnerungsstücke aus dem früheren Liebesleben. Aber so, wie man die Vergangenheit des Partners nicht einfach auslöschen kann, muss man diese Dinge, die für ihn möglicherweise wichtig sind, akzeptieren, ebenso wie traditionsgebundene Antiquitäten oder trendy Designermöbel, einen konservativen oder einen modernen Wohnstil. Und wenn der Anblick des „scheußlichen Dings“ den Familienfrieden bedroht, sollte es dahin geräumt werden, wo es hinter einer Tür verschwinden kann. Allerdings ist das meist nur in größeren Wohnungen möglich.

Auf 40 Qadratmeter kann sich ein junges, kinderloses Paar anfangs noch ganz gut und kuschelig einrichten, so lange es sich „ganz doll lieb hat“. Aber meist sind darin nur ein Einzimmer-Appartement, Küche und Bad enthalten, und nach der Verliebtheitsphase kann diese Enge quälend werden, denn eine mehr oder minder erzwungene Nähe führt unweigerlich zu einem aggressiven Verhalten. Das heißt also, wenn keine zwei Zimmer zur Verfügung stehen, kann in einem kleinen „Zuhause“ ohne Rückzugsmöglichkeit das Zusammenleben schwierig werden.

Ideal ist ein „Paar-Raum“, in dem beide sich wohlfühlen, und in dem Pläne geschmiedet werden können. Falls es auch mal um Probleme geht, ist dieser Platz nämlich eigentlich positiv besetzt, sodass gute Gedanken und Gefühle hier den Grundton vorgeben.

Inzwischen gibt es auch mehr und mehr Partner, die es vorziehen, in getrennten Wohnungen zu leben, oder sie möchten zumindest ihr jeweils eigenes Zimmer haben, um sich im Bedarfsfall zurückziehen zu können und ihren Freiraum zu nutzen. Jedes Paar muss letztendlich für sich selbst entscheiden, wie und wo es lebt – Hauptsache, die Liebe zieht mit ein, und sie gehen sich möglichst wenig auf die Nerven.

Die Tücken des Zusammenziehens müssen also immer in die Zweisamkeit einbezogen werden, zusammen mit dem finanziellen Spielraum, den unterschiedlichen Stilrichtungen und den Temperamentausbrüchen.

Die Hektik, in der die meisten „modernen Menschen“ gefangen sind, zwingt ihnen eine Nervosität und Rastlosigkeit auf, weil mittlerweile kaum noch etwas für immer Bestand hat, und weil sie sich mehrere Leben gleichzeitig wünschen, in denen sie alles das verwirklichen können, was ihnen von der Konsum- und Mediengesellschaft als richtig und wichtig verkauft wird.

* * *

Viele Männer meinen, dass sie ihren Part mit dem finanziellen bzw. materiellen „Versorgen“ erfüllt haben, und dass das fürsorgliche „Verwöhn- und Wohlfühlprogramm“ die Aufgabe der Frau ist. Tatsächlich sind Frauen nicht nur „geschickter“ in häuslichen Dingen und Gefühlsangelegenheiten, sie sind auch gewillter, ihre Liebe und ihr Miteinandergefühl immer wieder zum Ausdruck zu bringen, trotz der meist beruflichen und familiären Doppelbelastung, wenn sie nach einem anstrengenden Arbeitstag eigentlich nur noch die Füße hochlegen möchten. Aber da sie Behaglichkeit, Frieden und Geborgenheit in der ehelichen Gemeinschaft verankern möchten, um die Glückseligkeit möglichst lange zu bewahren, nehmen sie es auf sich, auch zu Hause für Ordnung und Reinlichkeit zu sorgen und dafür. dass etwas Leckeres auf den Tisch kommt.

Für die Frauen ist es unter normalen Bedingungen also ganz und gar nicht so einfach, die Lasten des täglichen Lebens auf sich zu nehmen und für die äußere Pracht und die Präsentation des Wohlgefühls bzw. gegebenenfalls des Wohlstands zu sorgen, die sie als Zusatzleistung erbringen muss, damit der Ehemann sich nach der Heirat nicht benachteiligt fühlt. Denn die jungen Männer sind meist daran gewöhnt, von ihren Müttern verwöhnt zu werden … – das ist immer noch so, trotz Feminismus, Gleichberechtigung und sonstiger Ideologien der „Moderne“, die ca. 1800 ihren Anfang nahm.

Damals begann in der „modernen Gesellschaft“ bezüglich des „Inbegriffs des Männlichen bezogen auf das Menschliche“ ein Umdenkungsprozess, nämlich dergestalt, dass, überspitzt ausgedrückt, „die Frauen ebenfalls als vollwertige Menschen, und nicht nur als zweitklassige Wesen behandelt werden wollten“, da denen Einfältigkeit unterstellt und allenfalls Emotionalität und häusliches Handeln zugestanden wurde. Deshalb erfolgt hier erneut ein kurzer Rückblick: Die Männer hielten sich hingegen für das „überlegene Geschlecht“, obwohl sie sich anmaßend, egoistisch, gefühlskalt und kommunikationsunfähig verhielten (natürlich von wenigen Ausnahmen abgesehen). Der deutsche Bildungsreformer Wilhelm vom Humboldt bezeichnete die „naturale Männlichkeit“ sogar als von „Gewalttätigkeit und Härte“ geprägt, mit „Einseitigkeit und Mangel …“, was ihn zu der Schlussfolgerung veranlasste: „dass sich der Mann von seinem Geschlecht lossagen und sich dem Weiblichen nähern müsse, um wahrer Mensch zu werden!“ Andere zeitgenössische Denker forderten Gerechtigkeit für beide Geschlechter in der „modernen Gesellschaft“ und äußerten sich sogar noch provozierender ihren Geschlechtsgenossen gegenüber; von „Egoismus der gröbsten Art, instinktmäßigem Eigennutz“ und einer „gleichgültigen, grausamen Natur“ war die Rede; von „kalter Vernunft, von der nur das Übelste zu erwarten sei …“, und, noch schlimmer: „ …die Gefühlslosigkeit der Männer vernichtet die Menschlichkeit!“ – Hierzu gibt es beispielsweise von Johann Gottlieb Fichte eine Aussage, die für heutige und hiesige Begriffe nahezu undenkbar ist. Demnach hat er (sinngemäß) verheirateten Frauen jegliches Recht abgesprochen; „sie hätten alle Individualität aufzugeben, um sich ganz dem Manne zu unterwerfen!“ – Auf Immanuel Kant, der ausdrücklich und bekanntlich als Frauenverächter galt, soll hier gar nicht erst eingegangen werden, aber er ließ auch an seinen Geschlechtsgenossen „kein gutes Haar“. Dieser verhängnisvollen Betrachtungsweise musste also eine „neue Logik“ folgen, nämlich (sinngemäß): Wenn die Männer als gesellschaftliches Problem gelten, müssen die Frauen das Gegenteil, und damit die Lösung darstellen mit ihren charakterlichen Eigenschaften: einfühlsam, friedlich, passiv … – alles das also, was einer reduzierten Weiblichkeit entsprach. Falls diese gutherzige, weibliche Geschlechterrolle den Männern keinen Nutzen brachte, „…dann gnade Gott den Menschen“, schrieb ein damaliger, namentlich nicht bekannter Philosoph. „Die Erde wandelt sich zur Hölle des Maskulinen. Der natürliche Egoismus unseres Seyens würde die ganze Schöpfung zerstören!“ (abgedruckt in der ZEIT Nr. 16 vom 12.4.2012). Und 1798 äußerte ein anderer Denker unter dem Titel: „Das andere Geschlecht, das bessere Geschlecht“: „Man kann gewiss seyn, dass die Welt längst zur großen, menschenleeren Wüste geworden wäre, wenn bloss Männer darauf gesetzt worden wären. Sie würden unfehlbar in Kurzem sich alle einander gemordet haben. Die Welt weiss nicht, wie viel sie in dieser Hinsicht edem anderen Geschlecht zu danken hat!“Aber noch 1910 äußerte Alfred Adler, Psychologe: „Der Krebsschaden unserer Kultur ist der zu starke Vorrang der Männlichkeit“. Andererseits entwickelte sich mehr und mehr ein anders geartetes männliches Geschlecht mit dem empfindsamen Mann, der sich vom Macho-Gehabe und von Gewalttätigkeit lossagte. Damit erhielt der sensible, warmherzige Typ seine Daseinsberechtigung, und der gesellschaftliche Umbruch begann. An die Stelle der Tradition traten nun: Arbeitsteilung des männlichen und weiblichen Geschlechts, Individualisierung … – damit ergaben sich neben der neuen Rollenverteilungen neue Verhältnisse. Allerdings wurde das „Aufregende“, meist von den Gelehrten vermittelt, weiterhin männlich assoiziert, das „Betuliche“ weiterhin weiblich, also in der bisherigen geschlechtsspezifisch reduzierten Form. Die politischen und wirtschaftlichen Machtinstrumente blieben demnach in Männerhand, und somit blieb die „Moderne“ männlich besetzt.

Mit diesem Ausflug in den „Beginn der Moderne“ soll veranschaulicht werden, dass das partnerschaftliche Verhältnis, wie wir es heutzutage leben, noch gar nicht sehr lange selbstverständlich ist. Da es in diesem Kapitel um „erfreuliche Lebens- und Liebeserfahrungen“ geht, und die Geschlechterrollen sich mittlerweile grundsätzlich und tatsächlich geändert haben, soll dazu nur noch das hinzugefügt werden: Die Männlichkeit in der „Moderne“ ist allerdings insbesondere geprägt durch solche „kalten“ Begriffe wie: Krieg, Technik und Wissenschaft, und das ist auch heutzutage noch so!

In einer späteren Forschung seitens einer amerikanischen Versicherungsgesellschaft über die physische und psychische Heilwirkung eines Kusses heißt es sinngemäß: „Der Kuss am Morgen lässt positive Empfindungen, optimistische Gedanken und Gefühle entstehen, stärkt das innere Gleichgewicht und verscheucht Unruhe und Unsicherheit. Alles das wirkt sich auf die chemischen Absonderungen im Blut aus, sodass auch der Immunitätsapparat gestärkt wird.“[(11)]

Für Liebespaare bzw. Ehepartner gilt die Intimität eines innigen Kusses als Beweis der Beziehungsstärke und als eine Art Gefühlsthermometer für die körperliche Liebe. Ein flüchtiger Kuss ist heutzutage und hierzulande hingegen auch durchaus in „harmloser Form“ unter Freunden üblich. Aber schon bei einem „Küsschen in Ehren“ sind der Geruchs-, Geschmacks- und Tastsinn beteiligt, und es entsteht eine Wertigkeit bzw. Wertschätzung, die von sehr sympathisch bis unsympathisch reichen kann, zum Beispiel, wenn man jemanden im übertragenen Sinne „nicht riechen mag“.

Die Intensität und Intimität eines innigen Kusses betrifft eigentlich nur Liebespaare, die sich dem Partner bzw. der Partnerin ganz und gar hingeben möchten mit all ihren Sinnen. Damit wird die Bereitschaft und Botschaft mittels eines anregenden Erregungs- und aufreizenden Gefühlszustandes vermittelt und damit einhergehend ein Hormonüberschuss, der sich eigendymanisch entwickelt. Der Geschlechts- bzw. Liebesakt, der nun beiderseits gewünscht wird, hat die Vereinigung beider Körper, wie zu einem einzigen Leib, zur Folge. Dieser Geschlechtstrieb, der in liebevoller Harmonie und Hingabe vollzogen wird, und im Idealfall zur Verschmelzung führt, kann damit für das Verständigungs- und Vertrauensverhältnis festigend und fördernd wirken.

Dass Respekt dabei eine große Rolle spielt, und dass die Würde des Geschlechtspartners niemals verletzt wird, kann nicht oft genug betont und wiederholt werden! Sorglosigkeit, Spontanität und Toleranz sollten nicht als Schwäche, sondern als Stärke ausgelegt und bewusst gemacht werden. Leider zeigen viele Ehepartner, ob männlicher- oder weiblicherseits, wenn sie ihr Heiratsziel erreicht haben, ihr wahres Gesicht, das von Ichsucht geprägt ist, und nicht von einem echten Miteinander und ehrlicher Partnerschaft. Der

Ehemann soll seine Frau nicht nur als eine Art Hausbedienstete betrachten, die sich für ihn und die Kinder abmüht und aufreibt. Er muss sie als selbstständige Person achten und betrachten, die ihr eigenes Persönlichkeitsprofil entwickelt und eigene Träume und Wünsche hat, genauso wie er. Das, was für ihn gilt, gilt ebenso für die Ehefrau; das, was er sich herausnimmt, kann die Ehefrau gleichfalls für sich beanspruchen.

Dabei geht es nicht nur um den gegenseitigen Respekt, auch die Akzeptanz und Offenheit sind wichtige Optionen. Diese Offenheit ermöglicht den Partnern, den anderen besser zu verstehen und mit ihm die richtige Verständigungs- und Vertrauensweise zu erreichen. Auch das ist in dieser Abhandlung bereits mehrfach ausdrücklich betont worden, weil das für ein gutes Verhältnis eine wichtige Voraussetzung ist.

Der dritte Teil: Die Geheimnisse der geschlechtlichen (körperlichen) Liebe

Das erste Kapitel: Die Fortpflanzung

Der Geschlechtstrieb aller Lebewesen und als solcher, ob bei den Menschen oder bei den Tieren, ist ein mit anthropologisch und ethnologisch betrachteten Fachfakten gefüllter elementar und existenziell bedingter Grundtrieb, der in der ganzen Natur vorherrscht, also auch bei den Pflanzen. Wenn die nicht immer wieder, vereinfacht ausgedrückt, befruchtet werden – bestäubt von Bienen und anderen Insekten, gedüngt von Menschen und gewässert von Regentropfen –, und wenn sie nicht mit Keimen, Muttererde, Samen und anderem Saatgut versorgt würden, dann wäre kein Wachstum möglich. Bei den menschlichen und tierischen Lebewesen spricht man auch vom Samen, der als befruchtend und fortpflanzend gilt. Er ist darauf ausgerichtet, den Bestand und damit das Dasein, das Fortbestehen einer Generationsfolge und samt und sonders unserer Welt zu sichern, mithilfe der Fortpflanzung. Aber in unserer Gesellschaft, in der ein lässiger und lockerer Umgang gepflegt wird, nimmt man diese Vorgaben meist nicht so ernst. Denn eigentlich ist der Geschlechtsverkehr, aus ethischen, moralischen und religiösen Gründen, ja nur einem verheirateten Paar vorbehalten. Im Laufe der Menschheitsgeschichte hat sich daran jedoch sehr viel verändert, bzw. die Menschen haben sich daran nicht gehalten, allen Moralaposteln und Sittenwächtern zum Trotz. Nicht umsonst hat das „älteste Gewerbe“, die Prostitution, ihren Stellenwert bis heute behauptet; es hat immer schon, ob männlicher- oder weiblicherseits, bei Eheleuten Seitensprünge und Treuebrüche gegeben.

Darüber hinaus ist eine Heirat heutzutage und hierzulande nicht mehr unbedingt notwendig, wenn zwei gegen-(oder gleich-)geschlechtliche Menschen sich zusammentun. Bei einem „One-Night-Stand“ (als „einmalige Begegnung“) oder „Quickie“ (als „schnelle sexuelle Befriedigung“) ist eine emotionale Bindung gar nicht oder nur kurzfristig angesagt.

Das „Betreiben des Geschlechtsverkehrs“ ist also nicht nur – wie es mittlerweile bei den männlichen und weiblichen Geschlechtspartnern oftmals etwas zu leichtfertig und leichtsinnig betrieben wird – ein sinnliches Lusterlebnis und „spaßiges Sex-Vergnügen“, sondern eine substantielle Vereinigung, die sehr viel Verantwortungsbewusstsein erforderlich macht. Das hat nichts mit altmodischen, konservativen bzw. spießigen oder traditionellen Ansichten zu tun, die zu delikat sind, um darüber öffentlich zu reden, und deshalb diskret bzw. schamhaft und „hinter der vorgehaltenen Hand“ behandelt werden. Die Folgen eines spontanen, ungeschützten Geschlechtsverkehrs können das Leben einer jungen Frau, die danach schwanger wird und ungewollt ein Kind erwartet, nämlich nachhaltig beeinträchtigen. „Erst die Ekstase, dann der Jammer“ ... – der „Morgen danach“ kann durchaus unerwünschte Nach- und Nebenwirkungen haben, wenn der Sexualtrieb zu ungezügelt ausgelebt wird. Für den Mann ändert sich, äußerlich betrachtet, in den neun Monaten der Schwangerschaft nichts, aber die Frau, die das Kind austrägt, hat mit dem „dicken Bauch“ und mit der Last, möglicherweise zu ihrem Leidwesen, ganz offensichtlich zu tun. Natürlich gibt es die „Anti-Baby-Pille“ und Kondome, aber eine hundertprozentige Sicherheit bei der Verhütung gibt es auch heutzutage nicht.

Bei einer Heirat gehört der Geschlechtsverkehr hingegen zur ehelichen Pflicht, nicht nur, um die familiäre Stammfolge zu sichern, auch, um sich die eheliche Verbundenheit gegenseitig zu versichern.

Der deutsche Philosoph Arthur Schopenhauer hat in seinem Buch „Die Welt ist Wille und Vorstellung“ sinngemäß geschrieben: „Solange die Liebe ein Betrug ist, den die Natur erschaffen hat, ist die Heirat wahrlich die Auflösung der Liebe. Die Heirat hebt alle Einbildungen und Vorstellungen auf. Nur der Philosoph kann mit der Liebe froh sein. Die Philosophen heiraten aber nicht ...“.[(12)] - Grundsätzlich ist zu Schopenhauer zu sagen, dass sein Denken von einer pessimistischen Grundhaltung geprägt ist; mit dem Buchtitel vermittelt er, dass die Welt einerseits Wille, andererseits nur als unsere Vorstellung gegeben ist. Dies überträgt er auch auf die Beziehung zwischen emotionaler Bindung, Heirat und körperlicher Liebe. Die Liebe ist demnach (nach seiner Meinung) nur eine Vorstellung; der Grund für eine Heirat besteht darin, dass die Arterhaltung durch den Geschlechtsverkehr verwirklicht wird.

Da die Menschen ihre sexuellen Bedürfnisse aber nicht nur durch die Liebe, sondern auch aus purer Lust befriedigen, ist dies nicht als Betrug zu begreifen, wenn sie ehrlich sind und sich nichts vormachen. Schopenhauer bezeichnet die Liebe, oder das Gefühl der Liebe, als eine Einbildung bzw. Vorstellung, die dem Naturtrieb geschuldet ist, nämlich der Fortpflanzung; als wäre der Mensch nur eine Art Instrument der Natur. Auch deshalb meint er, dass die Liebe nach der Heirat beendet ist und eigentlich nur der Zeugung dient, als ursächliche Ziel- und Zweckorientierung. Demnach haben Männer und Frauen dieses Naturgesetz zu befolgen, damit das Menschengeschlecht erhalten bleibt. Auch deshalb ermuntern Eltern ihre Kinder, zu heiraten, um den Erhalt der Familie zu sichern.

Die Erhaltung des Geschlechts ist demnach für alle Lebewesen der elementare Naturtrieb. Nur mit der Erzeugung des Nachwuchses kann der Fortbestand für Menschen und Tiere auf der Welt ermöglicht werden. Gleichwohl bewertet Schopenhauer die Beziehung der beiden Geschlechter, dem männlichen und dem weiblichen, als hauptsächliche Bestandteile des Lebens, von der alle Taten und Verhaltensweisen abhängen … – immerhin! lässt er das gelten.

Der Mensch, der als Friedensstifter oder Kriegsführer auftritt, der sich ernsthaft um die Belange des Lebens kümmert, sich engagiert für die kulturellen, politischen, sozialen, wirtschaftlichen und wissenschaftlichen Dinge einsetzt, aber auch mit Spaß und Vergnügen seine Vorstellungen verwirklichen möchte, ist eine Schlüsselfigur und ein Sinnstifter für alles das, was auf der Welt passiert, im Bösen und im Guten. Das Leitmotiv, das den Menschen antreibt, ist der Fortbestand und die Fortentwicklung des menschlichen Geschlechts und damit des Lebens samt und sonders. Diesem Lebens- und Überlebenswillen werden alle anderen Wirkungsbereiche untergeordnet. Schopenhauer hat das so betrachtet: „Der Wille im Ganzen ist frei, während der Mensch unfrei ist.“

In seinem Buch „Die kleine Industrie“, hat der griechische Mediziner Galinos einst über die Bedeutung des Geschlechtsverkehrs geschrieben: „Der Geschlechtsverkehr entleert die Fülle, macht den Körper leicht, lässt das schwere Denken vergehen und stillt den Ärger. Ferner ist er ein Medikament der vorübergehenden Brustkrankheiten und führt zur Ruhigkeit der Meinung“.

Die Enthaltung der sexuellen Bedürfnisse führt demnach, also seiner Meinung nach, zur inneren Unruhe, zu schwermütigen Gedanken und verkrampften Gefühlen. In modernen bzw. neuzeitlichen wissenschaftlichen

Abhandlungen werden etwas konkreter die Hormone und andere biologische bzw. chemische Prozesse für die Sexualakt-Stimulanz verantwortlich gemacht. Die Aktivität des Geschlechtsakts beansprucht eine „Muskelmühe" von ca. 2.500 Kalorien bei einem, ca. 7.500 bei einem dreimaligen „Körpereinsatz", das entspricht in etwa dem Gehen einer Strecke von etwa 75 Meilen[13]. Außerdem sondert der Körper das Hormon Oxytocin ab, das den Befriedigungsgrad beim Geschlechtsverkehr sowohl in starkem als auch in steigendem Maße aktiviert. Bezüglich der modernen Wissenschaft ist festgestellt worden, dass es mehr als 30 direkte und indirekte Mechanismen bzw. Methoden gibt, mit denen der Sexualakt beeinflusst werden kann, beispielsweise mithilfe von chemikalischen und auch industriell gefertigten Hilfsmitteln[14].

In einer deutschen Statistik ist nachgewiesen worden, dass das Lebensalter eines verheirateten Mannes durchschnittlich 73,2 Jahre beträgt, das eines ledigen Mannes nur 68,6; der Durchschnittswert einer verheirateten Frau beträgt 78,6 Jahre, das einer ledigen Frau nur 76,6.

In einer amerikanischen Statistik wurde erfasst, dass die Sterbefälle der Männer, die ihre Frauen verloren hatten (durch Tod oder Trennung), 63 % beträgt, im Vergleich zu den Männern, die in einer ehelichen bzw. festen Beziehung leben.

Aufgrund der Beziehung bzw. Heirat leben die Männer also deutlich länger; das hat unter anderem mit dem Hormon „Testosteron" zu tun, das beim Geschlechtsakt eine leistungssteigernde Rolle spielt, aber auch für die Knochen und die Muskulatur wesentlich ist. Auch beim weiblichen Geschlecht sorgen Hormone für eine ausgeglichene Lebens- und essenzielle Liebesfreude, darüber hinaus sind sie für die Funktions- und Leistungskraft aller Organe wichtig. Die regelmäßige Aktivierung der Geschlechtsorgane ist auch für die Arterien bedeutsam, da dies eine schädliche Cholesterineinwirkung vermindert, die nützliche hingegen vermehrt. Hinzu kommt, dass nicht nur der biologische Anteil, auch die physischen und psychischen Auswirkungen sind positive Botenstoffe.

In einer amerikanischen Studie mit 37.000 männlichen und weiblichen Personen ist klar geworden, dass diejenigen, die alleine lebten, innerhalb von zehn Jahren gestorben sind, im Gegensatz zu denjenigen, die nicht alleine lebten. Die Bedeutung einer Beziehung, in der die sexuellen Bedürfnisse ausgelebt und die Emotionen befriedigt werden, ist demnach nicht zu unterschätzen. In einer psychologischen Studie ist außerdem festgestellt worden, dass es bei den Beziehungspartnern, die in sexueller Hinsicht kein Interesse aneinander hatten, am ehesten zu einer Trennung gekommen ist. Denn zu einer Beziehung zwischen Liebenden gehört der emotionale, geistige und körperliche Gefühlsaustausch. Die Liebe braucht also neben der sexuellen Lust diese echte, ehrliche Nähe, ohne Verkrampfung und Verstellung, als Vertrauensbeweis.

Ist der sexuelle Akt als Ausdrucksmittel der Liebe zu betrachten? Oder ist die Liebe das Mittel, das die Paare zum Sexualakt anregt ... – wie Schopenhauer behauptet? Oder ist es die Liebe an sich und die sexuelle Betätigung als solche, die das Paargefühl erzeugt?

In einer psychoanalytischen Abhandlung bezüglich der sexuellen Kontakte zwischen Mann und Frau, in der die Beziehung Liebe und Sexualverhalten thematisiert wird, schreibt der Psychoanalytiker Sigmund Freud (sinngemäß): „Das Geschlechtsgefühl ist dasjenige, das vor allem die Liebe anregt. Als Beweis dafür gilt, dass das Herz des Mannes beim Anblick einer attraktiven Frau, eines hübschen Gesichts, eines entzückenden Lächelns mit der Liebe schlägt“. Es ist demnach das „gewisse Etwas“ oder der gewisse Prickel des „Sex-Appeals“, der dazu führt, dass die „sinnliche Begierde“ geweckt und die stimulierenden Gefühle sich verselbständigen, allerdings passiert dies beim Anblick einer attraktiven Favoritin oder eines charmanten Favoriten gleichermaßen, seitdem sich die Menschen eine Paarbildung wünschen, um für den Rassenerhalt zu sorgen und die Sippe zu stärken. Die Anthropologen, Ethnologen und andere Geistes-, Natur- und Sozialwissenschaftler – wie beispielsweise seinerzeit Freud – haben ihre Erkenntnisse diesbezüglich dokumentiert und dieses „menschliche Phänomen“ immer wieder auf den jeweils neuesten Stand gebracht.

Die geistige Anziehungskraft, als Auslösungsmoment, lässt auf den „ersten Blick“ den „ersten Eindruck“ entstehen, ob man jemanden als angenehm, als mehr oder minder sympathisch oder als unangenehm empfindet. Dies setzt Gefühle frei, die entweder ablehnend oder freundlich oder gleichgültig stimuliert sind, aber auch gleich so unter „die Haut“ gehen können, dass eine sexuelle Annäherung vom ersten Augenblick an gewünscht wird. Diese Fakten hat der Psychoanalytiker Freud neben seinen Schriftwerken zu den Themen Tiefenpsychologie und Traumdeutung auch über das geschlechtliche Triebleben festgeschrieben. Demnach ist die Liebe und die sexuelle Vereinigung ein menschliches Grundbedürfnis und ein naturgegebener Grundtrieb.

Dass die Männer in der Regel mit diesem Sexualtrieb öfter und stärker konfrontiert werden als die Frauen, hat früher daran gelegen, dass sie so viel männlichen Nachwuchs wie möglich zeugen wollten, um so die Position des Stammhalters zu erhalten, aber auch, um beispielsweise im bäuerlichen oder handwerklichen Betrieb die Nachfolge zu sichern. Auch aufgrund der häufigen Kindersterblichkeit, bedingt durch die mangelhafte Hygiene und medizinische Versorgung, und weil die Frauen ja nur in jungen Jahren schwanger werden konnten, hat dazu geführt, dass um die 10 Kinder damals fast normal waren und sie in dieser Mutterrolle nahezu „gefangen" waren. Erst durch verhütende Maßnahmen wie die Pille und ein verändertes weibliches Rollenverhalten ist ihnen ermöglicht worden, ihre Selbstverwirklichung zu betreiben und ihren Stellenwert zu festigen, sie konnten somit ihren „Werdegang" so beeinflussen und so bestimmen, wie sie es wollten. Die berufliche Ausbildung steht hier und jetzt meist vor der Familiengründung und Heirat, und aufgrund hormoneller oder medizinischer Mittel können die Frauen ihren Kinderwunsch auch noch mit Mitte vierzig verwirklichen, oder mit hormonellen Mitteln sogar noch später.

Die anfangs beschriebenen sexuellen Aktivitäten haben auch keine so starke Bedeutung mehr in Bezug auf den Famlien- und Generationserhalt der männlichen Geschlechtspartner. Die gelockerten Bedingungen an der neuzeitlichen, geradezu revolutionären sexuellen Front haben für das männliche und das weibliche Geschlechtsleben andere Kriterien bzw. Maßstäbe und Prioritäten gesetzt (auch das ist bereits mehrfach in dieser Abhandlung thematisiert worden). Dazu deshalb nur folgender Beitrag aus dem Internet vom 07.05.2012 über „Partnerschaft" an dieser Stelle: „Romantiker werden es künftig schwer haben. Beziehungen mit mehreren Sexualpartnern, auch Partnerschaften ohne Sex – alles ist möglich. Liebesbeziehungen werden in einer Zeit der wachsenden Individualität neu ausgehandelt, hemmungsloser Partnerwechsel gehört zum Repertoire derjenigen, die ihren Sexualtrieb abreagieren wollen, aber an einer längerfristigen Verbindung nicht interessiert sind. Das Internet beschleunigt diesen Trend …".

Die Zukunftsforscher haben ebenso festgestellt, dass die bisherigen Monogamie- und Moralvorstellungen veraltet sind: „Liebes-Praktiken, die früher als Sittenverfall stigmatisiert wurden, sind keine Randerscheinungen mehr ..., verpflichtende Moralvorstellungen, wie sie beispielsweise seitens der Religionsgemeinschaften diktiert wurden, gelten nicht mehr ..."

Die Denk- und Gefühlsübereinstimmung hat sich also von Grund auf geändert; in einer Aussage heißt es provokativ: „Die Frau ‚verkauft ihre biologische Liebenswürdigkeit' und bekommt dafür Geld oder Ruhm. Anders als der Mann ist sie nicht so sehr auf sexuelle Aktivitäten aus, weil sie ja eigentlicht mehr auf die Aufzucht programmiert ist, während der Mann nur ‚seinen Samen rumstreuen' möchte!"

Der Sexualforscher Volkmar Sigusch, seit ca. 40 Jahren mit diesem Thema befasst (als Erster weltweit 1972 als Sexualwissenschaftler habitiliert; 1973 bis 2006 in Frankfurt Leiter des Instituts für Sexualwissenschaft), ist mittlerweile als Gesprächstherapeut für „sexuelle Abweichungen" tätig, ob Hetero-, Homo-, Sexsucht, Trans-Sexualität, ob Fetischismus, Masochismus, Pädophilie, Sadismus, Sodomie etc. – er findet für alle geschlechtlichen „Spielarten der Triebe" die richtigen Worte.

Es hängt natürlich von den Beziehungs- bzw. den Gelegenheitspartnern ab, wie sie den „Geschlechtsverkehr" praktizieren, und wenn beide damit einverstanden sind – vorausgesetzt, es besteht kein abhängigkeitsbedingter, brutaler oder gar pädophiler Missbrauch oder eine einseitige perverse oder sadistische Neigung –, ist es reine Privatsache, wer „es mit wem treibt". Beim unbelasteten, unkomplizierten, unverbindlichen Sex geht es meist um reine Triebbefriedigung ohne Verpflichtung und ohne Vertrauensfragen.

Aber irgendwie muss es ja weitergehen mit der Fortpflanzung und der Generationsfolge der Menschen, deshalb ist es essenziell wesentlich und wichtig, dass nicht alle nur noch auf erotische Abenteuer und auf erotisierende Gelegenheiten aus sind, und dass es weiterhin Beziehungs- bzw. Ehepaare gibt, die sich in aufrichtiger und gegenseitiger Innigkeit verbunden fühlen und die bewusst und gerne „Kinder in die Welt setzen wollen". Für die würde ein Treuebruch den Vertrauensverlust bedeuten; für sie würde „die Welt zusammenbrechen", wenn der Familienfrieden durch solcherart Fremdeinwirkung beeinflusst würde. Diese emotionale Verletzung hat meist ein nachhaltiges Misstrauen zur Folge, sodass ein vertrauensvolles Miteinander kaum noch möglich ist. Für die meisten Bezehungspartner ist die vom Instinkt getriebene Liebeslust nämlich das intensivste und intimste, was Menschen miteinander erleben und fühlen können, denn diese Art der Befriedigung und „Beglückung“ ist nicht nur „naturbedingt notwendig“, es ist für ihr Leben und für ihre Liebe die wichtigste Trieb- und Willenskraft. Allein beim Denken daran, dass der Partner oder die Partnerin diese Intimität, die als Liebesversprechen gilt, mit einem anderen Menschen erlebt und gefühlt hat, lässt rasende Eifersucht und ungute Gefühle entstehen.

Es ist eben ein genetisches Gesetz: Wenn Liebe und Sexualakt vereinigt werden, ist der höchste Grad des geistigen und sinnlichen Genusses verwirklicht. Auch deshalb kann davon ausgegangen werden, dass die traditionelle Beziehung erhalten bleibt, trotz der veränderten Bedingungen, die sich durch das kapitalistische Denken und Fühlen, auch – oder besonders – in Liebesdingen, entwickelt haben. Der „Freibrief für Fremdgänger“, die sich für nichts rechtfertigen und für niemanden verantworten wollen, wird bestimmt nur für diejenigen gelten, die es ohnehin nicht so genau nehmen mit Treue und Verbundenheit. Das „Herdentier“ Mensch orientiert sich an dem, was ihm vorgegaukelt, vorgemacht oder vorgeschrieben wird, aber dann besinnt er sich meist doch auf das, was wirklich zählt, nämlich echte Herzenswärme, ehrliche Hingabe und ein gutes Verhältnis, in dem Verständnis und Vertrauen gedeihen und wachsen können.

Es muss aber ausdrücklich erwähnt werden, dass Frauen beim „Fremdgehen“ ebenfalls beteiligt sind, sonst würde es ja nicht zu der Affäre und zu dem Betrug kommen. Bei ihnen geht es aber eher um Geborgenheit und Glücksanspruch und meist nicht nur um sexuelle Interessen.

Diejenigen, die außerhalb der Beziehung ihr „Glück“ suchen, ob männlicher- oder weiblicherseits, haben ihre Gefühle meist gut im Griff und setzen sie „von Fall zu Fall“ oder bei passender Gelegenheit ein, wenn die Liebe zu dem Partner bzw. der Partnerin ausgereizt bzw. entfremdet ist. Denn wer nichts zu verlieren hat, ist eher bereit, etwas zu wagen. Sie leiden meist auch nicht an Eifersucht, weil sie als Freidenker ihre Freiheit nicht aufs Spiel setzen und den Weg des geringsten Widerstands wählen wollen.

In vielen Paarbeziehungen heißt es etwas zu vereinfacht: „Er hat Angst vor Nähe“, oder: „Sie hat immer die falschen Männer“. Angesichts der so vielfach erschlossenen Auswahlmöglichkeiten und der demzufolge erschwerten

Entscheidungsfindung heutzutage und hierzulande, sich ganz und gar – oder gar für immer – auf eine Partnerschaft einzulassen, kann man fast schon von einer „kollektiven Überforderung" sprechen. Denn die männlichen und weiblichen Geschlechtspartner meinen ja, dass sie immer noch die gesellschaftliche Erwartung erfüllen müssen, paarweise das Leben zu schultern, quasi so: sie dürfen sich dieser „höchsten Lebensform" und damit der diktierten Norm nicht entziehen.

Es gibt also inzwischen – und künftig – solche und solche Lebensentwürfe, die sich eingebürgert haben, dabei sind diejenigen bisher noch in der Mehrzahl, die dem bisherigen gesellschaftlichen Norm- bzw. Nutzwert entsprechen und damit den Standardwert darstellen. Ebenso sind es diejenigen, die bereits jetzt als „Schmarotzer des Sozialwesens" gelten, weil sie nicht bereit sind, sich gemäß der verordneten Standardversion zu verhalten und ihre Unabhängigkeit verteidigen.

Alles in allem ergibt sich keine drastische Veränderung, das heißt: Die standesamtlich geschlossene Ehe bleibt als „ordentliche" Gemeinschaftsform erhalten, mit allen Pflichten und Rechten sowie Sozialansprüchen. Diejenigen, die in „wilder Ehe" leben, werden künftig wohl in der Mehrzahl sein, weil sie entweder ihre Partnerschaft nicht mit Reglements, Treueschwüren und Verordnungen belegen möchten, oder weil sie auf diese Art zum Beispiel leichter einen Partnerwechsel vornehmen können oder unkomplizierter beispielsweise ihre berufliche Situation verändern oder ihren Wohnort wechseln können. Allerdings gibt es inzwischen auch in diesen Beziehungen häufig Kinder, die in Mitleidenschaft gezogen werden, wenn es zu einer Trennung kommt.

Liebesnomaden und Singles sowie eingeschworene Solisten wird es wohl künftig auch mehr geben, obwohl sie – nach wie vor – als egoistisch gelten und ihnen ein mangelhaftes, nahezu parasitenhaftes Sozialverhalten vorgeworfen wird, da sie ihren Geschlechtstrieb nach ihren eigenen Sexualbedürfnissen ausrichten, und nicht nach einer geordneten „gesellschaftlichen Sinnstiftung". Auch weiterhin wird ihnen von denjenigen, die eine „ordentliche Ehe" führen das Etikett angehängt, dass „etwas nicht mit ihnen stimmt", aber mehr noch ist es wahrscheinlich die Angst, dass die „Beziehungslosen" als „potenziale Eindringlinge" bzw. als Gelegenheitsgeliebte interessant sein könnten, weil sie meist selbstsicher wirken, auf ihr gutes Aussehen achten und darüber hinaus gut situiert sind. Denn sie müssen ja nicht für eine Familie sorgen und können ihr Geld nach ihrem Gusto ausgeben.

Dennoch gilt dies in Fernsehserien, Filmen, Songs, in der Werbung … – überall wird der Idealzustand der Paare als höchste Wertschätzung hervorgehoben … – daher wird sich auch daran voraussichtlich nichts ändern, weil das menschliche Erbgut bzw. der Erhalt der Familien ja eine überlebensnotwendige Aufgabe ist, die man irgendwann möglicherweise der Forschung und dem Genlabor überlassen kann … – aber bis dahin ist es der ganz gewöhnliche Geschlechtsakt, der das menschliche Leben fortsetzt, als Akt der Liebe.

Die Tatsache, dass es immer noch alte Liebesgedichte und -lieder gibt – erst ab dem 18. Jahrhundert ist die romantische Liebe geprägt worden –, die die Menschen ansprechen und berühren, lässt in ihnen möglicherweise auch weiterhin die Illusion entstehen, dass sie immer noch an dieser Form der Liebe festhalten möchten. Auch dadurch geraten sie möglicherweise in ein ambivalentes Fangnetz der Gedanken und Gefühle, da die heutige Auswahlmöglichkeit an Beziehungspartnern verunsichernd und verwirrend ist, und auch deshalb, weil Frauen und Männer jetzt schon verschiedene und vielfältige Dinge in ihrem Leben ausprobieren und erreichen wollen.

In der Familie ist bisher meist noch das patriarchalische Machtdenken des Mannes verfestigt gewesen, aber nun hat das Selbstverwirklichungsdenken der Frauen einen gleichfalls hohen Stellenwert erhalten. Allerdings können sie nicht unbeschränkt die Familiengründung betreiben, sodass sie sich für Karriere oder Kind entscheiden müssen. Das „Heimchen am Herd“ ist jedoch mittlerweile zu einer fast diskriminierenden Bezeichnung geworden, während ein Mann mittleren Alters, der aus einer Beziehung bzw. Ehe mit einer gleichaltrigen Frau ausbricht, mit einer jüngeren Geschlechtspartnerin noch lange zeugungsfähig ist. Denn Männer entscheiden sich nach einer gescheiterten Beziehung bzw. Ehe meist nicht nur für eine jüngere, gegebenenfalls auch für eine „sozial unter ihm stehende“ Frau, weil die zu ihm aufblickt und ihm außerdem das unbeschwerte „Gefühl der Jugend“ gibt.

Außer den physikalischen Gesetzen ist also auch sonst die Gleichstellung von Frauen und Männern nicht vorhanden, wenn es um Familiengründung und längerfristige Planungen geht. Ein Beziehungspaar, das Gleichbehandlung und Gleichberechtigung pflegt, kann von „Glück“ reden, denn der

Mann, der seine Gefühle zeigt und sich um Haushalt und Kinder kümmert, und der auch auf die Interessen seiner Frau Rücksicht nimmt, ist ein „Glücksgriff", ein Musterexemplar, neudeutsch: „Mr. Perfect" oder „Mr. Right", aber dieser „Supermann" gilt auch bei anderen Frauen als begehrenswert.

Die Seele und der Verstand sind zufrieden, wenn in der Beziehung alles glatt läuft, aber ob beide, die „ordentlich vermählten" und die „wild zigeunernden" Geschlechtspartner die Chance auf die „ewige, die große Liebe" haben, ist eine andere Frage. Frauen möchten für ihre Kinder das perfekte „Drumherum" und den liebevollen Vater, aber ist er auch der perfekte Lebens- und Liebespartner und der richtige Mann für alles das, was sie sich wünscht? – Beide Geschlechtspartner haben immer mehr mit einer Verwirrung des Wertesystems zu tun, der durch den permanenten Wettbewerbsdruck entstanden ist. Alle wollen die Besten sein, und trotz vielfacher Gleichmacherei, beispielsweise im Mode- oder Schönheitswettbewerb, einzigartig sein. In der Liebesbeziehung bedeutet das für den Partner: er möchte der einzige Mensch sein, der in der kleinen Welt die einzigartige, höchste Wertschätzung erhält; er möchte „ankommen", im wahrsten Sinne des Wortes. Dadurch bezieht er eine gewisse Sicherheit bei all den Sozialisierungsversuchen und der Ungewissheit bzw. Verirrung und Verwirrung bezüglich der Werte, Ziele und Zwecke.

Die emotional geschützte und gestützte Komponente in einer Liebesbeziehung stärkt das Selbstwertgefühl und steigert den Sympathiewert im gesamten Umfeld, denn die positive Ausstrahlung und der Effekt der guten Laune sorgt bei den Mitmenschen für Pluspunkte und damit für ein weiteres Stimmungshoch.

Selbstbestimmung und Selbstmotivation sind ständige Wegbegleiter, auch bezüglich : des flachen Bauches, der schlanken Beine, des straffen Busens … – das sind die Hingucker und das „Körperglück" für „einfach gestrickte" Männer. Die Frauen halten sich jedoch daran, bis zum Jugendwahn und zur Magersucht, um von ihnen entdeckt und erobert zu werden. Die sexuelle Glückseligkeit ist eben nicht nur eine Hormonsache, sie ist mit viel Körperarbeit verbunden, und das betrifft auch Pärchen, die nicht „auf der Pirsch" oder „auf der Piste" sind, aber dennoch nach anderen Frauen bzw. Männern schauen, um Vergleiche anzustellen. Es braucht demnach sehr viel Energie, um eine erfüllte Lebens- und Liebesbeziehung zu führen. Deshalb sei die Frage erlaubt: Warum ist die „große Liebe“ so wünschenswert und weshalb suchen auch die Menschen danach, die behaupten, „über diesen Dingen zu stehen“ und sich nicht binden zu wollen? Sie behaupten zwar, lieber alleine leben zu wollen, als mit einem Menschen, der nicht hundertprozentig ihren Vorstellungen entspricht, vor allem bezüglich der physischen und „sexy“ Präsenz. Aber insgeheim halten sie doch nach dem oder der Allerbesten Ausschau, und kritteln an dem- oder derjenigen herum, bis der- oder diejenige lieber auf weitere Konfrontationen verzichtet. Sie schimpfen auf das oberflächliche Getue, aber dann schauen auch sie auf die äußeren Attribute und vergleichen sie mit dem Erscheinungsbild, das sie von ihrem Favoriten bzw. ihrer Idealfrau verinnerlicht haben. Aber da die Menschen bei der Partnerwahl meist nicht primär auf ihr psychisches Empfinden achten, sondern auf die „äußeren Reize“, wird es immer wieder zu Fehlentscheidungen, ergo falsch gewählten Partnerschaften kommen, die von vornherein zum Scheitern verurteilt sind. Die Schlagworte sind Unabhängigkeit, Unverbindlichkeit, und damit Unverbundenheit; auf eine Haltbarkeitsgarantie kommt es bei den „Nomaden im Partnerschaftsgefüge“ nicht an.

Es gibt allerdings inzwischen auch zu wenig männliche politische oder sportliche Vorbilder, und diejenigen, die diese Funktion im technologischen, wirtschaftlichen und wissenschaftlichen Gestaltungsbereich einnehmen könnten, sind oftmals umstritten oder nicht so attraktiv. Auch daraus ergibt sich, dass ca. alle zehn Jahre ein neuer „Männertyp“ „erfunden“ bzw. favourisiert wird: mal der „softie“ Allesversteher und „Gefühlsmensch“, mal derjenige, der sich nicht festlegen will und Kompromisse macht, um einen Konsens mit der Partnerin zu erreichen. Und mal ist es derjenige, der gar nicht weiß, was er will, und deshalb in „Liebesdingen“ Verantwortung und Verpflichtung scheut. Sie lösen ihre Probleme lieber alleine, leben nur gelegentlich bzw. lustbetont ihre Sexbedürfnisse aus und bleiben lieber Singles.

Dazu ein allgemeiner, etwas ausschweifender Blick auf die Gegebenheiten, die das eigentliche Lebens- und Liebesgefühl bestimmen, aber immer wieder zu neuartigen Handlungs- und Leitmotiven führen:

Die Biologie folgt nach wie vor den naturgegebenen Grundgesetzen, aber in den „Köpfen“ und in der Kultur der Menschen hat sich vieles verändert, somit auch ihr „Liebestrieb“. Liebeskummer hat früher so manche / so manchen zur Verzweiflung getrieben, heutzutage wird eher nach einer neuen Liebe gesucht, als könnte man die einfach in einem Supermarkt erwerben. Denn Treue und Verbindlichkeit sind nicht „sexy", sondern das Gegenteil von dem, was in unserer heutigen Gesellschaft gefordert bzw. „gewertschätzt" wird. Erneuerung und Flexibilität sind heutzutage angesagt, Veränderung und Verbesserung. Davon ist auch das Geschlechtsleben der Menschen betroffen, denn bei ihrer sexuellen Ortientierung eröffnen sich ihnen immerzu neue Varianten. Allerdings wird dies beispielsweise in den Schulbüchern nicht berücksichtigt, in denen gilt nämlich nach wie vor die klassische Rollenverteilung: „Erregung und Lust ist männlich; Beziehung und Romantik ist weiblich besetzt". Alle „Abarten", also Homosexualität oder Inter- bzw. Transsexualität werden nicht thematisiert. Auch die Trend- und Zukunftsforscher scheinen sich langfristig bei den menschlich triebgesteuerten Regungen nicht festlegen zu wollen, sodass das, was diesbezüglich in Zukunft passieren wird, unberechenbar bzw. unvorhersehbar ist. Die allgegenwärtigen „Drifts" (die so genannten Megatrends), die in die Gesellschaft, Kultur und Ökonomie mal mehr, mal minder die Spielregeln verändern und Trends implantieren, sind meist nicht dem endgültigen Wandel, sondern nur der Moderne geschuldet, also dem jeweiligen „Zeitgeist", und das macht sie einerseits inspirierend, aber ebenso irritierend. In vielen Büchern ist über die männlichen und weiblichen Befindlichkeiten in den jeweiligen Beziehungsmustern geschrieben worden; in Filmen, in Spaß- und Talkshows im TV sind diese Themen verhackstückt worden. Selbst innerhalb der Feminismusbewegung ist der Fundamentalstreit nicht beendet – ganz im Gegenteil: es sind immer wieder die männlichen Macht- und Patriarchat-Strukturen, die angeprangert werden. Auch die Gene und Hormone, die als geschlechtliches „Mitbringsel" und damit als Naturelemente verteilt werden, können nicht einfach verweigert werden.

Dass das männliche Geschlecht sich eher extrem verhält als das weibliche, ist ebenfalls ein ursächlicher Tatbestand, beispielsweise als Gewalttäter und bei anderen kriminellen Handlungen, aber ebenso sind sie Spitzenreiter in den Technologie-, Wirtschafts- und Wissenschaftsbereichen. Diese Spitzenleistungen werden jedoch meist durch knallharte Wettbewerbsstrategien geradezu gezüchtet, und der Bildungszuwachs bei den Frauen hat ebenfalls dazu beigetragen, dass ein Strukturwandel vollzogen worden ist, von der

Industrie- zur Kommunikationsgesellschaft. Aber das heißt ja nicht, dass eine von Frauen geleitete Lebenswelt harmonischer und netter gestaltet wäre, als es die von den „harten Kerlen“ ist, in der wir leben.

Und damit zurück zur Fortpflanzung bzw. zum „Geschlechtsverkehr“ und den neuartigen Formen der Liebe, die sich, auch wenn die Ethnologen, Evolutions-Forscher, die Philosophen, Psychologen, Soziologen nicht hundertprozentig wissen, wie sich der Geschlechtstrieb der Menschen entwickeln wird. Aber eines steht fest: Die Komplexität in Liebesdingen kann heutzutage schon als sexuelle Revolution gelten.

Liebe, Partnerschaft, Sex werden, so die Trendforscher, in Zukunft neu definiert (auch darüber ist bereits in dieser Abhandlung in einem anderen Kapitel geschrieben worden, doch hier soll es noch einmal aus der sexuellen Sichtweise erläutert werden).

Es wird individuell ausgehandelte Arrangements geben, die künftig die Partnerschaft und damit das Sex-Verhalten bestimmen und die „altmodischen“ Moralvorstellungen mehr und mehr verdrängen. Liebes-Praktiken, die als „Sittenverfall“ oder als „Sünde“ gegolten haben und stigmatisiert worden sind, werden sich als tolerierte Bestandteile in unserer heutigen und künftigen Gesellschaft etablieren. „Ein Partner ist nicht genug – ’Polyamorie’ oder ‚Polylove’ heißt das Stichwort (also mehrere Partner gleichzeitig). Andererseits werden sich auch asexuelle Partnerschaften (also ohne Sex) ergeben, die eher mit geistigen als körperlichen Liebesstoffen versorgt werden. Alle diese erotischen Formen werden aber dennoch die klassische monogame Beziehung nicht aussterben lassen – dann hätte die Menschheit ja kaum noch eine Überlebenschance –, sie verwandeln sich jedoch zu einer von mehreren Optionen bezüglich des „pluralisierten Sexstyles“. Damit wird ein gesellschaftlicher Wandel im Wertesystem eingeleitet, der persönliche sexuelle Wunschvorstellungen nicht ausgrenzt, sondern zulässt.

In seinem Buch „Verbesserung der Moralen“ meint der große islamische Denker Messkawee: „Solange die seelichen Wonnen gemeinsam zwischen dem Menschen und dem Tier sind, so sind sie wahrlich dem Menschen nicht würdig. Die Wonnen, die dem Menschen würdig sind, sind die geistigen Wonnen.“ (15)

Diejenigen, die Geschlechtsverkehr als animalische Triebbefriedigung, also „tierisches Tun“, herunterwürdigen, sind ja selbst auf diese Weise auf die

Welt gekommen, als Ergebnis des Gebärens aufgrund eines Geschlechtverkehrs zwischen einem Mann und einer Frau. Alle Menschen sind auf diese Art gezeugt worden, als Ergebnis eines Geschlechtsaktes; die geschlechtliche Vereinigung ist also etwas, was bei den Menschen und bei den Tieren wesentlich zum Über- und Weiterleben beiträgt und immer wieder als „Wunder der Natur“ betrachtet wird, wie die immer wieder, Jahr für Jahr, sprießende Pflanzenwelt auch. Deshalb ist es eigentlich arrogant und diskriminierend, die „niederen Instinkte“ bei den tierischen Lebewesen als plump und primitiv zu bezeichnen, und als „höheres Lebewesen“ den Menschen herauszustellen, denn bei denen geht es – unter Bezugnahme auf die Trendforscher – doch eigentlich auch nur noch um Sex ohne Verantwortung und Verpflichtung – das könnte man dazu provozierend sagen. Denn Lebensgemeinschaft und Liebesmüh gibt es auch bei den Tieren, wenn auch nur bei wenigen Tierarten, und soziales Verhalten gibt es bei denen als Naturgesetz auch. Aber die Menschen meinen, aufgrund ihrer Fähigkeit, Humanität und Kultur als Lebenskonzept zu schaffen und den Verstand zu benutzen, dass sie höhere Lebewesen sind, also ihr Menschsein auf einem höheren Niveau ausleben.

Die große Herausforderung für heutige bzw. künftige Liebespaare besteht daher darin, dem Partner bzw. der Partnerin ohne Eifersucht die persönliche sexuelle Freiheit zu lassen und dennoch miteinander eine Partnerschaft zu führen, in der der Familiensinn, also die Generationsfolge, nicht vernachlässigt wird. Der „moderne Alltag“ mit permanenter Arbeitsüberlastung, den sexuellen Reizmitteln und sonstigen stressbedingten Verpflichtungen macht es jedoch schwieriger, eine dauerhafte Beziehung zu führen, dazu kommen die Ansprüche besonders in Bezug auf das „Erotische“. Es wird wahrscheinlich künftig noch weniger Paarbildungen nach dem alten Rollensystem geben, sondern mehr kameradschaftliche Partnerschaften mit gelegentlichem Sex, in der eine freundschaftliche Vertrautheit herrscht und in der, quasi nach dem Kollektivsystem, der gezeugte Nachwuchs großgezogen wird, bis zum „Casual Dating“, einer noch unverbindlicheren Form des Gelegenheitssexes. Die Soziologin Eva Illouz schreibt in ihrem Buch „Warum Liebe weh tut“, so treffend: „Wir bewegen uns weg von monogamer Liebe und hin zu Partnerschaften mit mehreren Personen, die allerseits im Einverständnis und entlang gewisser moralischer Prinzipien organisiert werden.“

Das Internet (auch das ist bereits mehrfach erwähnt worden) ist für diese Lebens- und Liebesformen ein wesentlicher Motor. Denn es finden auch Menschen mit ungewöhnlichen Neigungen leichter einen Partner bzw. eine Partnerin. Die expandierenden Dating-Portale erleichtern das Suchen bezüglich der sexuellen Vorlieben. Der Sex in der Zukunft wird also experimenteller, und wenn die Arrangements freiwillig erfolgen, also ohne eigennützige Macht-, Zwangs- oder Zweckinteressen, dann ist das eben eine neue Lebensform für die Menschen.

Der Mensch kann ohne Essen und Trinken nicht leben, aber er kann ohne eine Partnerschaft existieren und ohne Sex leben. Aber ohne die geschlechtliche Fortpflanzung stirbt das menschliche Geschlecht aus.

* * *

Wer sich auf eine Bekanntschaft einlässt, folgt instinktiv seinem Geruchssinn – das ist in der Tierwelt seit Urzeiten so, und auch bezogen auf die Menschen so. Denn, so der Psychologe Marcus Damm: „Aufgrund des Geruchs wird das genetische Profil übermittelt.“ Demnach können Frauen erschnuppern, wer besonders gut zu ihnen passt. Der Biologe Claus Wedekind ließ Studentinnen an verschwitzten Männer-T-Shirts riechen und fand heraus, dass die Frauen während ihres Eisprungs, also an den „fruchtbaren“ Tagen, den Geruch von Männern bevorzugt haben, deren Genstruktur ihrer eigenen am wenigsten entsprochen hat, und das erklärt er so: „Je unterschiedlicher der Genpool ist, desto gesünder wird der Nachwuchs.“ Falls die Frauen die Pille nehmen, bevorzugen sie Männer, die ihnen genetisch ähnlich sind, weil durch die Pille eine Schwangerschaft simuliert wird und dadurch das Ansinnen nach einem Beschützer geweckt wird. Den finden die Frauen allerdings am ehesten bei einem genetisch ähnlichen Mann. Marcus Damm rät den Frauen, die an Familiengründung denken, deshalb, die Pille abzusetzen, um so möglicherweise den „richtigen Mann“ zu finden.

Dennoch erfolgt bei der Partnerwahl ein mehrstufiger Prozess. Denn am Anfang ist ja das Aussehen entscheidend, also der „erste Blick“; der Geruchssinn bringt sich erst beim näheren Kennenlernen ein. Als „besonders gut“ duftend gelten Männer mit einem hohen Testosterongehalt, was auf ein gut entwickeltes Immunsystem und eine starke Männlichkeit schließen lässt.

Deshalb sei den Männern geraten: Mit Sport und einer gesunden Ernährung können sie ihren Testosteronspiegel erhöhen und damit eine „Duftwirkung" bei den Frauen erreichen, die sozusagen unwiderstehlich ist. Frauen erkennen demnach mit ihrem Instinkt bzw. ihrer Nase, ob sie jemanden „gut riechen können", während bei den Männern das Aussehen der Entscheidungsträger bei der Frauenwahl ist. Allerdings können Frauen, die die „richtige Duftnote an sich haben", sie durchaus für sich gewinnen – beispielsweise mithilfe der Hersteller von künstlichen Duftstoffen, also Körperlotions, Parfüm etc. –, und sei es nur für ein erotisches Date. Denn sobald die Gefühle der Liebe „überschwappen", ist die Geruchssensibilität nicht mehr vorhanden; dann geht es nur noch um die Freude und die „Geschlechtswonne". Bei diesem rauschhaften Erleben, das alle Körperzellen erfasst, ist das Riechen, Schmecken und alles Sinnliche einbezogen. Bei dieser Glückseligkeit geht es nur um das, was zwei Menschen in diesem Moment miteinander erleben, und um ihre berauchten Gefühle sowie das geistige, körperliche und seelische Wohlbefinden.

Frauen machen sich einfach mehr Gedanken um die Beziehung, da sie empathischer und sensitiver sind. Für die Evolutionsforscher hat das auch den Grund, dass für den weiblichen Part meist immer noch – und künftig möglicherweise verstärkt – mit dem Risiko behaftet ist, mit dem Nachwuchs alleine sitzenzubleiben. Der Mann kann hingegen – vom biologischen her – eine neue Familie gründen bzw. hat mit einem geringeren Schaden bei einer Trennung zu rechnen. Außerdem: im Durchschnitt sind Frauen, aus evolutionären Gründen, samt und sonders wählerischer als Männer, mit dem Resultat, dass besonders intelligente Frauen oftmals lieber Single bleiben, weil sie kein entsprechendes Pendant finden. Andererseits drängen sie gesellschaftlich immer mehr nach vorne und in die Führungsetagen; ein „gebrochenes Herz" oder ein Kind von einem Mann, der die Verantwortung nicht mittragen möchte ... – das sind Komplikationen, die sie tunlichst vermeiden, von vornherein. Außerdem gibt es ja für ehrgeizige und erfolgsgewohnte Frauen kaum noch Männer, die sie intellektuell oder leistungsbewusst übertrumpfen können, und das bezieht sich auch auf ihre sexuellen Belange. Die fordern sie nämlich sehr viel selbstbestimmter und selbstbewusster ein, und das bezieht sich auch auf ihre Ambitionen im Beuteschema, die sie erst mal als „Bewährungsprobe" ausrichten, bevor sie an eine Familienplanung denken. Es ist demnach die „pure Lust“, die sie antreibt, und ein Mann, der sich einbildet, sie doch noch unterordnen oder gar „unterwerfen“ zu können, hat keine Chance bei diesen Frauen.

Ein besonders chauvinistisch, egomanisch oder gar sadistisch veranlagter Mann, der Erregung beim Geschlechtsverkehr durch Gewalt erzwingen möchte, kann heutzutage und hierzulande bei einer Frau, die keine masochistische Neigung hat, nicht punkten. Die meisten Frauen, die aktiv und selbstbestimmt am Geschlechtsleben teilnehmen, lassen sich nicht benutzen, nur, um dem Partner zu gefallen oder ihn zu halten.

Der französische Dichter Stendhal hat in seinem Buch „De l’amour“ („Von der Liebe“; 1822 erschienen) sinngemäß geschrieben: „Die Liebe ist das Vergnügen und der Genuss des Erblickens einer Person, die dich liebt und der du gefällst, einschließlich des Genusses der Berührung und des Erreichens dieses Menschen mit allen Sinnen und auf dem nächsten Weg.“ Also ist seiner Meinung nach die Liebe ein abstrakt empfundenes Gefühl, das sich beim Erblicken einer geliebten Person als sinnlicher Genuss einstellt, sodass die Annäherung und Berührung als Glücksmoment erlebt wird. Der sexuelle Kontakt ist demnach ein Ausdrucksmittel der Liebe, die sich demnach eigendynamisch entwickelt und ein Teil von ihr wird. In der Liebe entsteht das Begehren, das sich in Besitzergreifung äußert, die Sehnsucht nach der Vereinigung mit dem Partner nimmt immer mehr zu; der Wunsch, mit dem anderen eins zu werden, bestimmt alles Denken und Fühlen. Die Befriedigung beim sexuellen Beisammensein ist der Höhepunkt, den sich die in Liebe verbundenen Menschen gegenseitig schenken können, als körperlich, seelisch und sinnlich erfahrbare Nähe. Der Geschlechtsverkehr ist somit die Verkörperung der Liebe, denn Liebe ohne Geschlechtsverkehr ist wie eine reine Theorie, die nicht wirklich am eigenen Leib erfahren worden ist. Die Liebe gibt dem Geschlechtsverkehr seinen Geschmack; die Liebe wird durch die sexuelle Vereinigung als vorhanden und wahrhaftig erlebt.

Deshalb ist Liebeskummer aufgrund eines Treuebruches ein ernstes Problem. Denn nach einer Affäre ist der Beziehungsbruch in den meisten Fällen vollzogen, auch wenn der „ausgebrochene“ Partner Reue zeigt und der betrogene den Seitensprung verzeiht. Ein Misstrauen bleibt, die emotionale Narbe sitzt tief, die grundsätzliche Verletzung und der Vertrauensbruch sind nicht so einfach aus der Welt zu schaffen. Wenn es allerdings „am Klartext“

fehlt, erfolgt die Provokation häufig mit einem Seitensprung, um die Trennung voranzutreiben und sie aus moralischer und psychologischer Sicht zu rechtfertigen.

In einem Roman des Schriftstellers Yousef Eddrees hat die männliche Hauptfigur in der anderen Frau, die er begehrt hat, seine Frau gesehen. Diese Einbildung hat ihm eingegeben, dass er seine Frau ja liebt und dass er ihr treu sein und ihr nicht weh tun möchte. Das hat ihn am Ehebruch gehindert, und so konnte er seine Begierde bezwingen und sein Gewissen beruhigen.

Dass die sexuellen Bedürfnisse naturgegeben, normal und „Ehepflicht" sind, um die Fortpflanzung und die Generationsfolge zu gewährleisten, ist also die eine Sache. Eine andere ist das sexuelle Verlangen, das zum Ehebruch motiviert, um mit einem anderen Geschlechtspartner diese Lust zu „verkörpern". Alles in allem ist der Geschlechtsverkehr demnach ein menschliches Bedürfnis, auf das kein Mensch verzichten sollte. Das sexuelle Verlangen hat großen Einfluss auf die Menschen, ob männlicher- oder weiblicherseits; von Buddha ist sinngemäß überliefert worden: „Unter den Idealen, die einen Menschen über sich selbst und seine Umwelt hinausheben können, gehört die Ausschaltung weltlicher Begierden, Eitelkeit, Geringschätzung und Trägheit ...", aber die sexuelle Entfaltung und Erfüllung im Geschlechtsleben hat er für lebensnotwendig gehalten, da es nichts gibt, das stärker ist als das sexuelle Verlangen.

Schopenhauer, der mit alledem möglichst wenig zu tun haben wollte, war froh, als er altersbedingt von solcherart Verlangen befreit war.

Sex ist ein wirksames Macht- und Manipulationsinstrument seit Menschengedenken; es gilt als „Teufelszeug", wenn jemand – unabhängig davon. ob männlicher- oder weiblicherseits – das Verlangen nicht beherrschen bzw. kontrollieren kann. In Büchern und Filmen werden solche Extemfälle thematisiert, insbesondere in Pornofilmen, sodass junge Menschen verunsichert werden bezüglich ihrer eigenen sexuellen Erregung und dem „Reiz des Verbotenen". Die sexuelle Verführung findet überall als „Verlockungsmaßnahme" statt, in den gängigen Illustrierten, als Reklame in den Schaufensterauslagen und auf der Straße. Davon werden die Menschen bewegt und erregt; sie können bei dieser Überflutung gar nicht „weggucken". Die Verdrängung des sexuellen Verlangens kann sich fatal auswirken, wie ein Vulkan, in dessen Innern es brodelt, bis es eine explosionsartige Triebentladung gibt, die sogar zu einer Vergewaltigung führen kann.

Kontroll-, Moral-, Sitten- und Tugendwächter können gegen das elementare erotische Verlangen nichts ausrichten und den Wunsch nicht ausritzen.

Das zweite Kapitel: Die sexuelle Übereinstimmung

Der sexuelle Akt aktiviert die stärksten Empfindungen der Geschlechtspartner; er ist das Grundmotiv, der Lebensmotor der Menschen und hat einen Anfang, einen Inhalt und ein Ende. Das ist von Natur aus so vorgegeben, in diesen drei Schritten – es sei denn, es handelt sich um einen erzwungenen Geschlechts- bzw. Gewaltakt. Der Anfang ist, bei beiderseitiger Bereitschaft, quasi wie ein „Einreisevisum“, denn die meisten Frauen bevorzugen Kuschelsex, also ein Vorspiel, bevor es zum eigentlichen Paarungsakt bzw. zur Penetration kommt, und damit zum Sex, als „Thema“ und Zeugungsakt, bevor mit dem Höhepunkt, also dem Orgasmus, das Ende eingeleitet wird.

Der Gesandte Allahs, "Mohammed" (Allah segne ihn und schenke ihm Heil) hat dazu sinngemäß überliefert: „Ihr sollt nicht den Geschlechtsverkehr treiben, wie es die Tiere machen. Es sollte eine Art Botschaft sein, die euch dazu veranlasst, eingeleitet durch einen Kuss und das Sprechen“

Das Begehren des Geschlechtsakts ist bei den Menschen immerzu die Triebfeder, unabhängig von einer bestimmten Zeit – außer, der „Eisprung“ der Frau begünstigt die Fruchtbarkeitstage und damit ziel- und zweckbedingt den Kinderwunsch. Bei den tierischen Lebewesen ist dies meist „nur“ eine saisonell bedingte Paarungsphase insbesondere der Säugetiere, um den Fortbestand der Rasse bzw. Spezies ziel- und zweckbegründet zu sichern und zu vermehren. Beim Sexualakt verkehren Tiere auch bi- bzw. gleichgeschlechtlich miteinander – demnach unterscheiden sie sich auch diesbezüglich nicht von homosexuell veranlagten Menschen.

Das Begehren des Geschlechtsakts menschlicherseits ist aber auch ein Erfordernis zur Erhaltung der „Gesellschaft Homo sapiens“ und des „Kulturwesens Mensch“, mit dem Unterschied, dass deren Gefühle und die physische, psychische und soziale Verbundenheit zu einem mehr oder minder engen Verhältnis führen. Auch wenn dies eher flüchtig oder gelegentlich geschieht, aus einer sexull stimulierten Lust heraus, ist dies ein „Augenblick der Emotionen", die wie eine durch magnetische Anziehungskraft entstandene Energie funktioniert, mittels biologischer bzw. chemischer Reizmittel und geschlechtlicher Wirkstoffe. Dem Partner bzw. der Partnerin werden diese Reize durch die sinnliche Anregungs- und Empfangsbereitschaft vermittelt mit elektrisierenden Impulsen, die den Adrenalin- und Blutkreislauf anregen.

Ein Mann kann mit einem Porsche oder einer „Rolex" seinen Statuswert erhöhen, aber er braucht zur Paarung einen ganz „ordinären" Samen, wie die männlichen Tiere auch. Bei manchen Spezies bzw. Tierarten werden die Männchen von den Weibchen dominiert, zum Beispiel bei unseren „nächsten Verwandten", den Bonobos. Das hat für die Fortpflanzung einen einfachen Grund: Die Männchen sind auf die Weibchen angewiesen, deshalb gönnen sie ihnen bei der Nahrungsaufnahme die besten Stücke. Denn wenn sie gut genährt sind, bringen sie gesunden Nachwuchs auf die Welt. Das ist meist bei den Säugetieren so, auch wenn die Männchen sich nach der Geburt nicht um die Jungtiere kümmern, weil sie sich von anderen Weibchen zum Zeugungsakt animieren lassen. Es gibt aber auch männliche Tiere, die als „Vaterfigur" bei der Familie bleiben, um das Muttertier und die „Säuglinge" zu beschützen und zu ernähren, obgleich sie auch mit anderen Geschlechtspartnerinnen Nachwuchs zeugen. Das Thema „Tiere, Treue, Verantwortung" ist jedoch zu komplex für diese Abhandlung, in der es ja um die menschliche Verhaltensweise geht.

In wissenschaftlichen Ausarbeitungen ist „das Maß der Menschen", warum sie von einer Person sexuell stark angeregt werden, und von anderen weniger oder gar nicht, in allen Facetten analysiert und gedeutet worden; auch in dieser Abhandlung. Es gibt jedoch kein bestimmtes Maß, das die geschlechtliche Aktivität mit Bewertungs- bzw. Fähigkeitsbeweisen belegt. Die Geschlechtsreife stellt sich beim Mann während der Pubertät ein, aufgrund der vermehrten Absonderung von sexuellen Hormonen, und verringert sich ab ca. 50 aufgrund der verminderten Sexualhormone.[(16)] Dies ist kein Beweis der Fähigkeit, sondern eine „stinknormale" Formvorgabe, die dem vom Knaben zum Mann erwachsenen Menschen ermöglicht, seine Sexualität auszuleben und mithilfe seiner Spermien für „Vervielfältigung" zu sorgen, gemäß seiner Fähigkeiten. Dass diese durch Alkohol und andere äußere Beeinflussungen beeinträchtigt sein können, ist meist physisch bzw. psychisch bedingt, weil die Aktivität des männlichen Hormons dadurch verringert wird[17], ebenso der Drüsen-, Muskel- und Nerveneinsatz.

Die sexuelle Erregung der Männer erfolgt schnell und ungestüm, beispielsweise beim Anblick einer nackten Frau; die Durchblutung des Kopfes, des Körpers, insbesondere des Unterleibs bewirkt, dass er das „Objekt der Begierde" für eine sexuelle Vereinigung gewinnen möchte, möglichst sofort.

Die sexuelle Erregung der Frauen erfolgt meist nicht so schnell und nicht so ungezügelt, weil sie ihre Hemmungen überwinden müssen und sich einem fremden Menschen normalerweise nicht gleich so offen zeigen. Sie brauchen den Flirt, das Gespräch, bevor sie sich auf eine harmlose Berührung einlassen, erst nach einem Kuss und einer gewissen Vertrautheit sind sie bereit, sich „hinzugeben". Auch unbewusste Signale bringen sich entweder als Triebanimateure oder als Triebbremsen ein – je nachdem, ob und wie der „Funke überspringt". Das sinnliche Begehren kann beispielsweise durch eine leichte Handberührung und ein „nettes Küsschen" eingeleitet werden, ohne fordernden Nachdruck.

In seinem Buch „Die ideale Heirat" schreibt Dr. van de Veld sinngemäß: „Der Kuss gilt als ein Zeichen der Harmonie und der körperlichen[18] und seelischen Bereitschaft … Wenn der Geschlechtsakt dann gegenseitig gewünscht wird, sind die anfänglich feinen Berührungen wichtig, um die sexuelle Erregung zu steigern …"

Die Frauen brauchen häufig länger, um den Orgasmus, die Spitze der Wonne, zu erreichen,[19] deshalb muss der Mann sich entweder besonders einfühlsam oder besonders fordernd verhalten – je nach Individualität und Intensität des Liebesspiels. Alles das ist auf rationale Art nicht zu erklären, denn Frauen und Männer wissen seit Menschengedenken, wie sie auf die Bedürfnisse ihres Körpers zu reagieren haben – bei Hunger, Krankheit oder Müdigkeit –, und ebenso wissen sie, wie es mit der Sexualität funktioniert, ob aus Spaß oder aus Vermehrungsgründen. Denn mithilfe des Gehirns „denkt" auch der Körper, beispielsweise bei der Partnerwahl, und sendet entsprechende Signale aus dem Unterbewusstsein; das betrifft insbesondere das Erbgut, die Gene und damit die Generationsfolge.

Die ererbten Eigenschaften und der Instinkt der Lebewesen haben sich mittlerweile den Umweltbedingungen angepasst – bestmöglichst. Der Urinstinkt und der Verhaltenskodex haben sich an die Vielfalt im Weltgeschehen gewöhnt, und das gilt für die Menschen und die Tiere gleichermaßen. Also ist auch die Evolution flexibel geworden und hat sich den Lebensbedingungen der Menschen in der Moderne angepasst!

Literaturverzeichnisse

1- Geschichten von Ein Tausend Nacht und ein Nacht - aus der arabischen Tradition- das arabische Zentrum für Veröffentlichung und Verteilung- zweiter Teil, Seite Nr.. 33

2- Laila und Kais, die Legend von Verlieben und Liebe -aus der arabischen Tradition- die Literatur- und Kulturverlag, Kairo, drittes Kapitel, S. Nr.105.

3- Der Verlieb nach den Meinungen der Philosophen und der Weisen, verfasst von Sayed Siddik Abdelfatah, Alaminverlag, Kairo, das Kapitel des Verliebs, S. Nr. 137.

4- die selbe obengenannte Quelle, S. Nr. 142.

5- Geschichten von Ein Tausend Nacht und ein Nacht - aus der arabischen Tradition- das arabische Zentrum für Veröffentlichung und Verteilung- dritter Teil, S. Nr.105.

6- Der Verlieb nach den Meinungen der Philosophen und der Weisen, verfasst von Sayed Siddik Abdelfatah, Alaminverlag, Kairo, das Kapitel des Verliebs, S. Nr. 153.

7- die selbe obengenannte Quelle, S. Nr. 157.

8- Die Schwache der sexualen Aufklärung ist das Geheimnis der Unfreude Der Ehepartner, verfasst von Dr Abdulhady Misbah, ägyptischer libanesicher Verlag, zweites Kapitel S. Nr. 125.

9- Die selbe obengenannte Quelle, zweites Kapitel S. Nr. 29.

10- Der Sex und die Menschen, übersetzt- verfasst von Siegmund Freud, übersetzt von Khalil Hanna, die kulturelle Bibliothek, Kairo, viertes Kapitel S. 102.

11- „Wissenschaftlich bewiesen„ fünftes Kapitel, verfasst von Muhammad Kamel Abdulsamad, ägyptischer libanesicher Verlag, Kairo, viertes Kapitel, S. Nr. 242.

12- Die Welt als will und vorlsellung- von Arthur Schoppenhauer- die Kultur Verlag-S. 49.

13- Die zeitschrift vom halben Diesseits- Ausgabe November1991, Alahram für Veröffentlichung und Verteilung- S. Nr. 39.

14- Die Schwache der sexualen Aufklärung ist das Geheimnis der Unfreude Der Ehepartner, verfasst von Dr Abdulhady Misbah, ägyptischer libanesicher Verlag, drittes Kapitel S. Nr. 50.

15- Bücher, die das menschliche Denken schon verändert haben, übersetzt von Ahmed Aschschanawany, die ägyptische allgemeine Körperschaft für das Buch, das Kapitel der Vrebesserung der Moralen für Miskuee S. Nr.269.

16- Die sexuelle Enzyklopädie, verfasst von Abdulhusein Karim, Alahliaverlag für Veröffentlichung und Verteilung, Bairut, viertes Kapitel S. Nr. 129.

17- Die Schwache der sexualen Aufklärung ist das Geheimnis der Unfreude Der Ehepartner, verfasst von Dr Abdulhady Misbah, ägyptischer libanesicher Verlag, drittes Kapitel S. Nr. 60.

18- Die Ideale Heirat, übersetzt, verfasst von Dr van De Veld, die Literatur- und Kulturverlag, Kairo, virtes Kapitel S. Nr.109.

19- Der Sex und die Heirat, verfasst von Maxin divies, die Alilm lilmalayeen Verlag, sechstes Kapitel S. 304.